歴史文化ライブラリー
618

琉球王国の南海貿易

「万国津梁」の二〇〇年

中島楽章

吉川弘文館

目　次

「海の沖縄人」の発見―プロローグ……1
伊波普猷「海の沖縄人」／琉球の海外交流史／琉球の「南海貿易」／琉球史の時代・地域区分

海洋王国の船出

グスク時代の海域交流……10
東シナ海東縁海域／北からの海域交流／南からの海域交流／泉州の海外貿易／浦添ようどれ

朝貢貿易の開始……19
「三山」の形成／南島路の発達／明朝の成立と海禁／福建ディアスポラ／琉球の朝貢開始／福建海商と琉球貿易

朝貢貿易と歴代宝案……30
久米村の形成／統一琉球王国の成立／朝貢貿易の動向／朝貢使節の私貿

易／『歴代宝案』／『歴代宝案』の文書

琉球王権と華人 …… 39

明朝と琉球王府／王相と長史／王相懐機の活躍／懐機と対外通交／懐機と道教教団

南海貿易の発展

東南アジア「交易の時代」 …… 48

一四世紀の東南アジア／鄭和の遠征／交易の時代と港市国家／アユタヤ朝と華人／琉球の南海貿易開始／南海貿易と華人海商

シャムのアユタヤ朝 …… 58

港市国家アユタヤ／シャム宛の咨文／琉球の礼物／琉球の青磁輸出／シャムの礼物と商品／シャムの「香花酒」／官買をめぐる紛争／官買問題その後

パレンバンの華人政権 …… 72

パレンバンと華人集団／パレンバンの日本貿易／琉球—パレンバン貿易／懐機のパレンバン通交

ジャワのマジャパヒト朝 …… 79

マジャパヒト朝の繁栄／マジャパヒト朝と華人海商／琉球のジャワ通交／

ジャワからマラッカへ／朝貢体制のサブシステム

王朝交替と海外貿易

国際貿易港・那覇……89
港市国家としての琉球／首里城と貿易陶磁／「琉球国図」の那覇／朝鮮漂流民の見た那覇／那覇の福建海商

東・南シナ海域の結節点……98
那覇の南蛮人／チャンパとフィリピン／海外貿易の多角化／対日貿易の進展／朝鮮貿易と博多商人

尚泰久から尚円へ……106
動乱の時代／梵鐘鋳造ラッシュ／奄美諸島への進出／華人社会の変容／金丸の即位／相国寺の鐘銘／王朝交替のプロセス

王朝交替と交易勢力……117
博多商人と朝鮮通交／琉球王府と博多商人／那覇勢力と王朝交替／渓隠から芥隠へ／程鵬と蔡璟／対明通交の不祥事／久米村華人と福建海商

尚真王期の南海貿易

尚真王の五〇年……129

尚真王の治世／海外貿易の衰退？／貿易陶磁の動向／執照と符文／琉球船の渡航数／南海貿易の規模

日本・朝鮮貿易の成長……140

堺商人の琉球貿易／島津氏と琉球貿易／博多・堺の貿易陶磁／朝鮮貿易と南海産品

マラッカ貿易の進展……148

マラッカ王国の発展／海域アジアの集散港／琉球のマラッカ通交／礼物とインド綿布／貿易船のスタッフ／マラッカでの騒乱事件／琉球船の辞令書／船頭・桊殿と「ヒキ」／パサイとの通交

チャンパとベトナム……163

チャンパと南海貿易／琉球船と黎朝の交戦／チャンパ・琉球・マラッカ／沈香と陶磁器／ベトナムと青花貿易／琉球とベトナム青花／一五〇九年のベトナム通交／平人触の一括埋蔵船

ヨーロッパ人との出会い

ゴーレスとレキオス……176

尚真王と大航海時代／アラビア語航海書のアル・グール／アル・グールとリキーウー／ポルトガル人とゴーレス／アル・グール／ゴーレスの語源／マラッカ占領と琉球船

マラッカの琉球人……186
ポルトガル人とレキオス／琉球船のマラッカ貿易／琉球船の交易品／琉球人の風俗習慣／琉球船の交易方法
パタニ・交趾・広東……195
東南アジア貿易の多極化／スンダ・カルパとの交易／パタニと胡椒貿易／琉球のパタニ貿易／琉球船の交趾貿易／ティナイの琉球船／『おもろさうし』の交趾貿易船／琉球船の広東貿易／タマンの琉球船／広東貿易と朝貢貿易
ルソンとブルネイ……208
東洋航路と西洋航路／マゼラン艦隊と琉球／琉球船のルソン来航情報／琉球・福建とフィリピンの貿易／ルソン産綿布の対日輸出／ブルネイとの交易／ブルネイの龍脳貿易／ディオゴ・リベイロの地図
南海貿易の変容と終焉
日本銀と陳貴事件……222
一五一〇年代の変動／一五二〇年代の危機／日本・朝鮮貿易の拡大／ヴァスコ・カルヴォの情報／日本銀の登場／陳侃の琉球渡航／唐船の九州渡航／陳貴事件の経緯／陳貴事件の背景と影響
ポルトガル人の琉球到達……236

エスカランテの報告書／アユタヤの琉球人／ポルトガル人琉球漂着／琉球漂着の背景／レイテ島の琉球情報／ピントの琉球漂着情報／ポルトガル人の種子島到達／ペロ・ディエスの情報

ルソン貿易の動向……248

中継貿易の衰退／シャム通交の終焉／スペイン領フィリピンと琉球／琉球とルソン貿易／九州―琉球―ルソン貿易／琉球王府とルソン貿易／ルソンに往来する人々

南海貿易の落日……263

冊封副使謝杰の証言／貿易陶磁の激減／島津氏の圧力／対明貿易の変容／冊封使夏子陽の証言／最後の打開策／南海貿易の終焉

「万国の津梁」の二〇〇年―エピローグ……275

あとがき

主要参考文献

「海の沖縄人」の発見——プロローグ

1 「海の沖縄人」の発見

伊波普猷「海の沖縄人」

一九〇三（明治三六）年一月、のちに沖縄学の父と呼ばれる伊《い》波《は》普《ふ》猷《ゆう》は、京都の第三高等学校の学生だったが、故郷の『琉球新報』に「海の沖縄人」という一文を発表した。

伊波はそこで、東京帝国大学のお雇い外国人教師として、日本に近代的実証史学を導入したルートヴィヒ・リースの、『台湾島史』（冨山房、一八九八年）の一節を紹介する。それによれば、一五・一六世紀の琉球諸島は、「支那日本間の一大貿易場たるのみならず、遙かに暹羅《シヤム》、ボルネオ、フイリツピン諸島よりマラツカに至るまで其《その》貿易の中心と」なっていたと説く。琉球王国は二世紀にわたり、広大な海域で交易をくりひろげ、アジアに来航したポルトガル人も、琉球人をライヴァルとみなしていた、というのである。

伊波はこの一節を引いて、「何等の快事ぞ！」と感嘆し、那覇港にシャム・ボルネオ・フィリピンなどの商船が集まり、マラッカ海峡を琉球船団が南海産品を満載して航行する情景を思い描く。そして「今日の沖縄人中能《よ》くこの壮快なる父祖の偉業を熟知する者果して幾人かある」と、今では沖縄人自身も、海洋王国としての歴史を忘れ去ってしまったと歎くのである（『伊波普猷全集』第一〇巻、平凡社、一九七六年。ふりがなは中島による）。

二〇世紀初頭には、かつて琉球王国が東南アジアまで海上貿易をくりひろげた歴史は、地元沖縄においてさえ忘却の淵に沈んでいたようだ。琉球王国が清朝に最後の進貢船を派遣したのは、伊波が生まれる直前の一八七四（同治一三・明治七年）のことであり、清朝との朝貢貿易はごく近い過去のことだった。しかし琉球王国による南海貿易の記憶はすでに失われ、伊波はその歴史を、欧文文献に基づくリースの著作を通じて再発見したのである。

琉球の海外交流史

その後、一九三〇年代に琉球王国の外交文書集『歴代宝案《れきだいほうあん》』が学界に紹介されたことにより、琉球王国の対外関係の研究は飛躍的に進展する。沖縄戦による破壊と戦後のアメリカ統治により、その研究はいったん沈滞するが、一九七二（昭和四七）年の本土復帰を経て、一九八〇年代から琉球王国の海外交流史研究はふたたび活発化し、多くの成果が生みだされている。ただしその中心は明清中国や日本・朝鮮との関係史にあり、東南アジア諸国との海上貿易への関心は、必ずしも高いとはいえない。東アジア諸国とは異なり、東南アジア諸国の側には、琉球との通交に関する史料がほとんど残されていないのも、その一因であろう。

これに対し、大航海時代に東南アジアに来航したポルトガル人やスペイン人が残した史料には、琉球王国による南海貿易の実態を示す、貴重な記録がかなり残されている。その多くはつとに戦前の研究でも紹介されており、戦後にはトメ・ピレス『東方諸国記』のような重要史料も新たに翻訳されている。しかし従来、これらのイベリア史料を総合的に利用した研究は行われてこなかった。このため近年、私はイベリア史料をできるだけ包括的に利用し、『歴代宝案』などの漢文史料も併用して、琉球王国の海外貿易について研究を進めてきた。本書でも漢文・欧文史料をひろく利用することによって、一四世紀末から一六世紀末の二〇〇年間におよぶ、「海の沖縄人」たちの交易活動の実態を、特に南海貿易を中心として描きだしてみたい。

琉球の「南海貿易」

ここで本書のタイトルでもある「南海貿易」について説明しておこう。琉球王国時代を通じて、海外貿易の中心は明朝・清朝との「朝貢貿易」だった。琉球の朝貢使節を乗せた「進貢船」が福建に渡航し、そこから使節団が北京に赴いて朝貢を行う。その間に福建や北京で朝貢貿易が行われたのである。

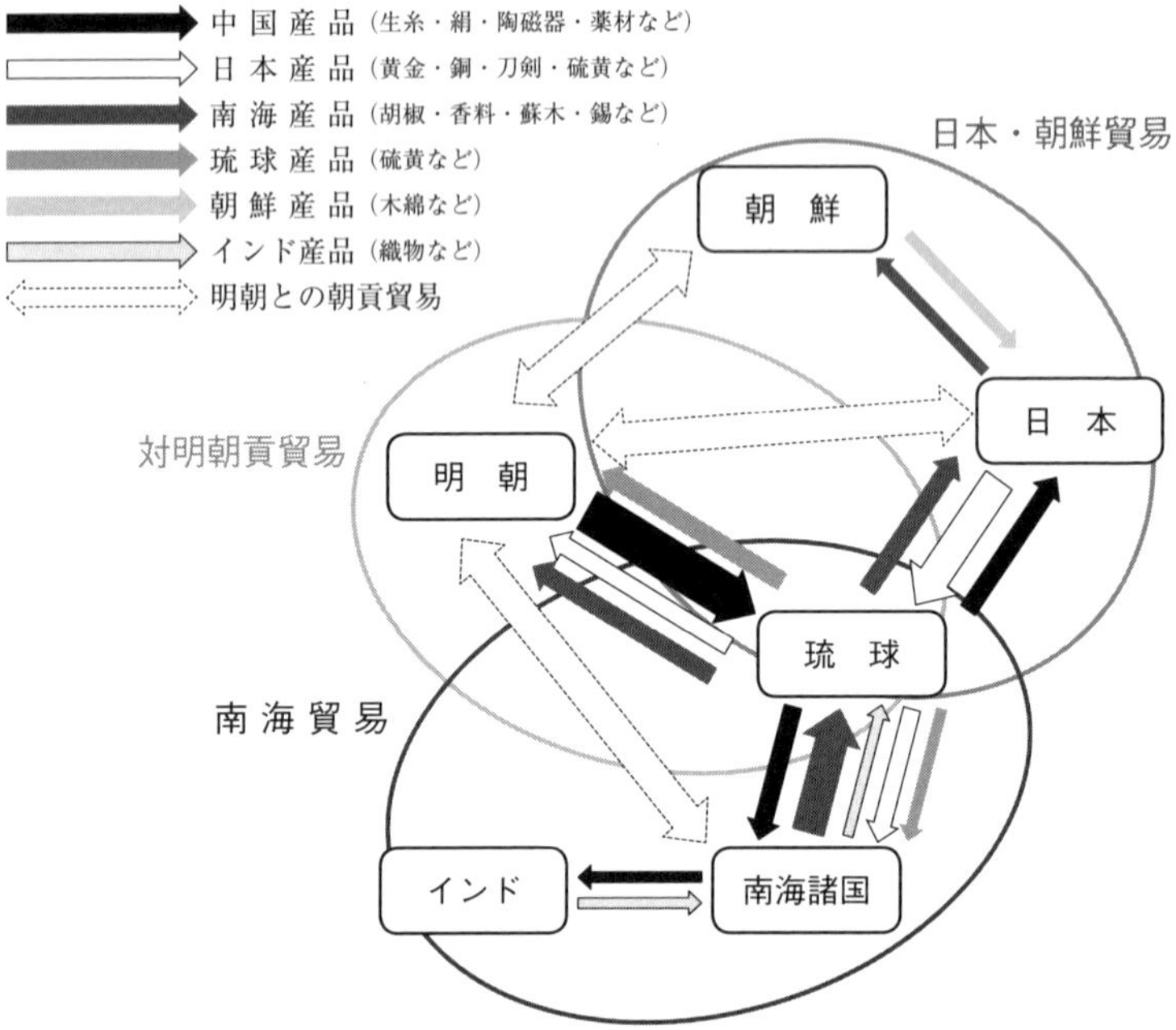

図1　琉球の中継貿易（概念図）

ただし本書であつかう琉球王国の前半期には、琉球の海外貿易は①明朝との朝貢貿易（および密貿易）、②東シナ海域での日本・朝鮮貿易、③南シナ海域での南海貿易、という三本柱からなっていた。明朝は一四世紀末から「海禁」政策により、華人海商の海外貿易を禁止し、対外通商を朝貢貿易に限定していた。これによってそれまで華人海商が行っていた、東・南シナ海を結ぶ海上貿易は機能不全になり、それを琉球王国の中継貿易が補ったのである。琉球王国の南海貿易のパートナーとなったのは、貿易港を拠点に海外通商を推進していた東南アジアの諸王朝であり、ここではそれらの国々を「南海諸国」と総称する。

中国産の生糸・絹・陶磁器・薬材などは、日本・朝鮮や東南アジア諸国で大量の需要があった。一方で日本産の黄金・銅・刀剣などは、中国や東南アジアで歓迎された。そして東南アジア産の胡椒などの香辛料、沈香などの香料、蘇木《そぼく》（すおう）、象牙、錫といった南海産品は、中国・日本・朝鮮できわめて需要が高かった。琉球王国は南海貿易を通じて、東南アジア諸国に中国・日本産品を輸出し、南海産品を中国・日本市場に供給したのである。琉球王国の中国貿易、日本・朝鮮貿易、そして南海貿易は密接不可分にリンクしていたのであり、このため本書では南海貿易を中心として、中国・日本・朝鮮貿易の動向についてもひろく展望することにしたい。

琉球史の時代・地域区分

琉球史の時代区分としては、農耕が本格的に始まった一一世紀ごろから、一六〇九（慶長一四）年の島津氏の琉球侵攻までの約六〇〇年を「古琉球」、それから一八七九（明治一二）年の琉球処分までの二七〇年を「近世琉球」と呼ぶ。考古学的には、農耕の開始期から一五世紀初頭の統一琉球王国の成立までの約四〇〇年を、「グスク時代」とも称する。

また地域区分としては、九州と台湾との間に連なる島々を「南西諸島」と総称する。そのうち奄美大島《あまみおおしま》を中心とする島々を「奄美諸島」（お役所用語では「奄美群島」だが、本書では「諸島」に統一する）、沖縄本島を中心とする島々を「沖縄諸島」、宮古《みやこ》・八重山《やえやま》の

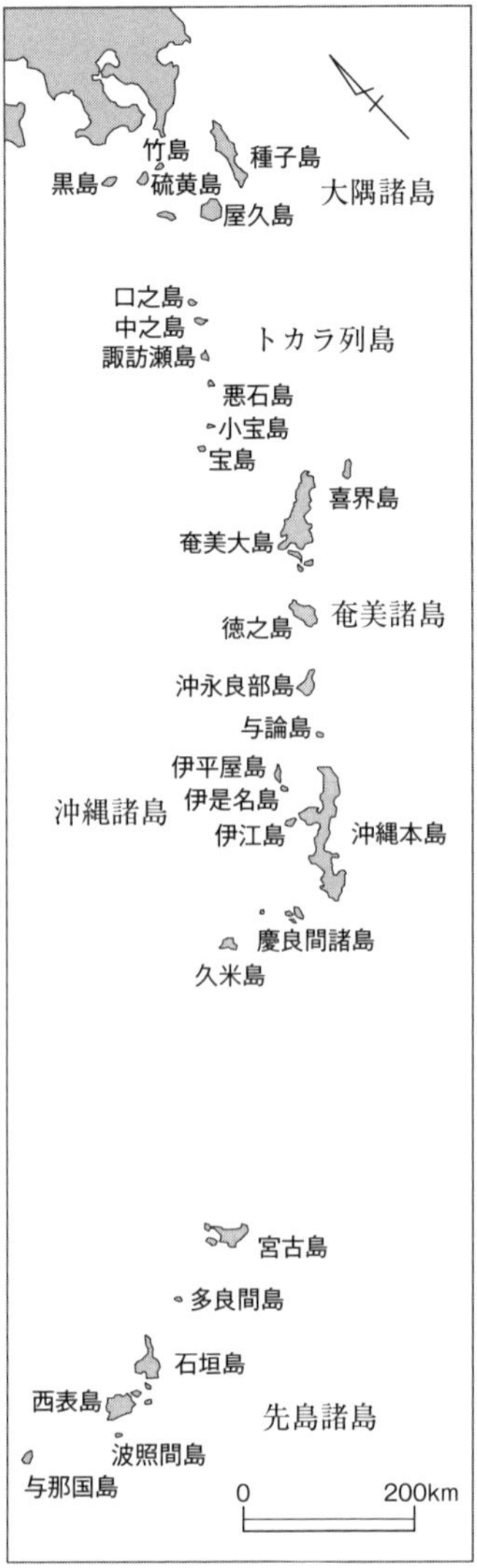

図２　南西諸島の地理区分

新里2018, p.２より

島々を「先島諸島《さきしま》」と呼ぶ。また沖縄・先島諸島をあわせて「琉球諸島」とも称する。本書でもこうした時代・地域区分を用いる。琉球をめぐる海域については、東シナ海とその周辺の海域（黄海・日本海など）を「東シナ海域」、南シナ海とその周辺海域（ジャワ海・スールー海など）を「南シナ海域」と称する。さらに東シナ海域と南シナ海域を総称して、「東アジア海域」と呼ぶことにしたい。

なお本書の巻末には参考文献リストを附しているが、本文でも必要に応じて叙述の典拠となる先行研究を、論文であれば著者名と刊行年、書籍であれば著者名・刊行年・頁数をかっこ内に記して附記している。多くの研究で共通認識となっている一般的事項については、特に典拠は附していない。また本書の叙述には、中島楽章『大航海時代の海域アジアと琉球―レキオスを求めて―』（思文閣出版、二〇二〇年）をはじめ、筆者の従来の研究にもとづく部分も多いが、それらは文献リストに示すだけで、煩を避けて本文中では附記していない。

海洋王国の船出

グスク時代の海域交流

東シナ海東縁海域

ユーラシア大陸の東端に位置する東シナ海は、その西端の地中海になぞらえて、「東アジアの地中海」と呼ばれることもある。東シナ海の西縁には、中国大陸の海岸線が続く。一方、その東縁には朝鮮半島から対馬・壱岐を経て九州にいたり、さらに奄美諸島・沖縄諸島・先島諸島から台湾にいたる島々が連なる。ここでは朝鮮半島から台湾にいたる海域を、「東シナ海東縁海域」と呼ぶことにしたい。

本家の地中海は、ユーラシアとアフリカの二大陸に囲まれ、南北にキリスト教圏とイスラーム教圏という二つの文明が対峙していた。これに対し、東シナ海では古来西側の中国大陸が文明の中心であり、東側の島々はその周縁に位置していた。また総じて波おだやかな地中海では、東西・南北を結ぶ海上交通が発達したのに対し、東シナ海の中央には黒潮が南北に流れており、黒潮を横断する東西方向の海上交通には困難がともなった。

それでも先史時代から、人々は対馬海峡を越えて、中国大陸・朝鮮半島と日本列島の間を往来してきた。弥生文化と水稲農耕も、このルートを通じて日本列島に伝播していく。そして南西諸島にも、日本本土から縄文系の人々が南下していったようである。ただし南西諸島には弥生文化の影響はほとんど及ばず、サンゴ礁のラグーンでの漁労を中心とした、狩猟採集文化が一〇世紀ごろまで続いていた。この時代を考古学的には貝塚時代と呼ぶ。

北からの海域交流

しかし一一〜一二世紀に転機が訪れる。この時期は日本では平安時代後期、中国では北宋時代に当たる。日本では螺鈿《らでん》細工に用いるヤコウガイなどの南島産品の需要が増大し、これらの産品を求めて、本土からの移民が南西諸島に流入し、農耕文化ももたらした。移民集団は各地に集落を作って交易や開拓を行い、しだいに現地民とも融合して、現在の沖縄人につながる人々が形成されていく。一三世紀ごろからは、交易や農耕の拠点として、丘陵上に防御性をもつ集落（グスク）が築かれるようになる。琉球史では農耕が始まった一一世紀ごろから、統一琉球王国が成立する一五世紀初頭までをグスク時代と称する。

特に九州と南西諸島を結ぶ海域交流の拠点となったのが、奄美諸島の喜界島《きかいじま》である。喜界島の城久《ぐすく》遺跡には、多くの建物群の遺構が残されており、農耕・製鉄遺構も確認されて

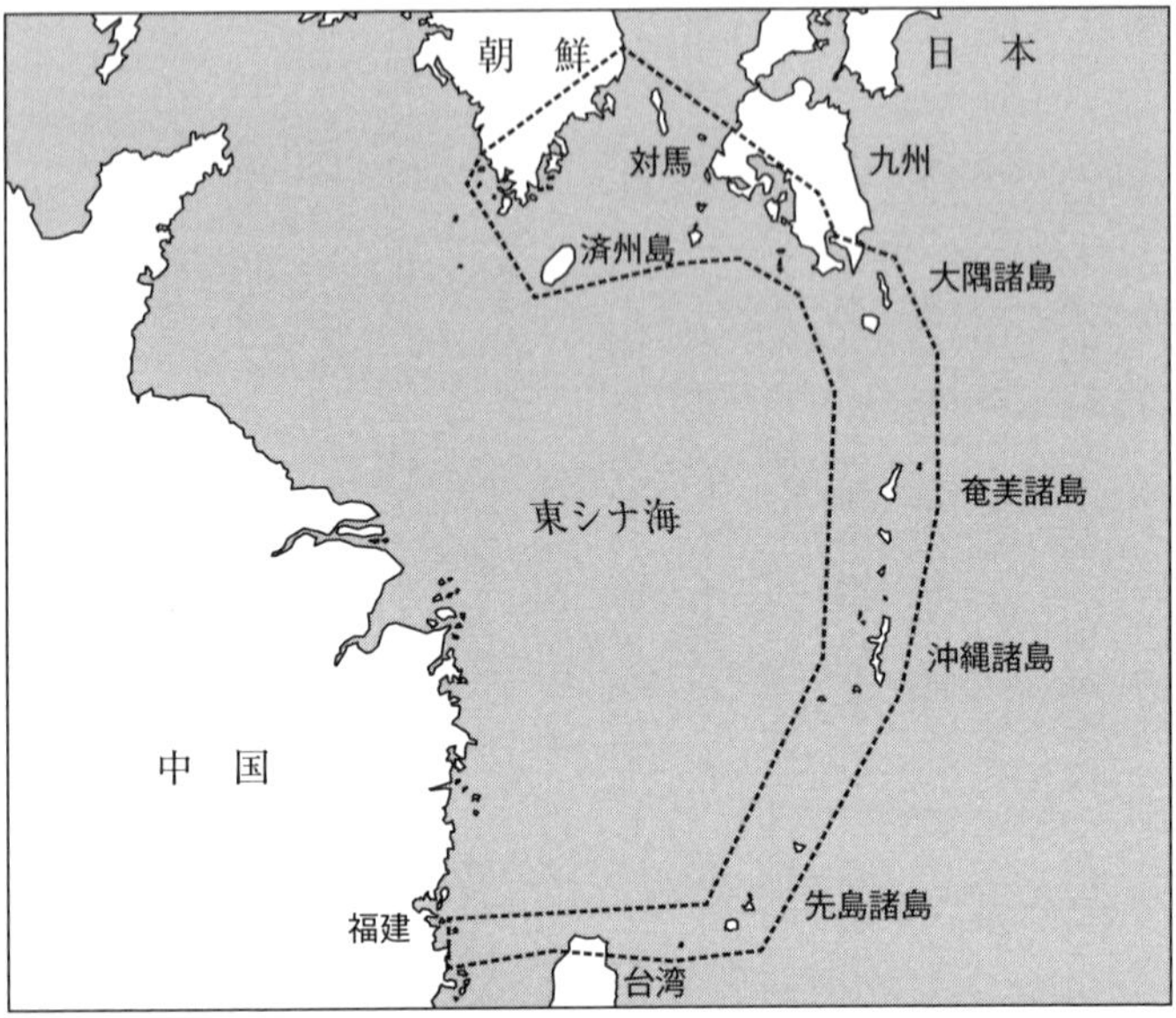

図３　東シナ海東縁海域　Smits 2019, p.11により作成

いる。一一世紀後半からは、中国から博多に輸入された白磁や、西《にし》彼杵《そのぎ》半島で生産された石鍋などが、喜界島を結節点として奄美・沖縄諸島各地に供給されるようになる。また奄美諸島の徳之島では、高麗からの技術移転による陶器（カムィヤキ）の生産も始まり、やはり奄美・沖縄諸島全域に供給された。

最近では古人骨のDNA分析によっても、グスク時代に北方から南西諸島への大規模な移住が起こったことが裏づけられている。近年のDNA分析による日本人の起源に関する研究によれば、もともと日本列島に居住していた縄文系の人々に、弥生時代に東北アジアから渡来して稲作農業をもたらした人々、さらに古墳時代に中国大陸から渡来した人々が混合して、現在の日本人が形成されたと考えられている。

一方、先島諸島では宮古島の長墓《ながばか》遺跡で先史時代と近世の人骨が発掘されており、先史時代のＤＮＡ組成は一〇〇％縄文系統であった。これに対し、近世のＤＮＡ組成は日本本土と同じく、縄文系・東北アジア系・東アジア系の三系統を含むが、縄文系の比率は本土より高かった。このことはすでに三系統を含んだＤＮＡ組成を持つ集団が、先島諸島に移住して縄文系のＤＮＡ組成を持つ人々と混合したことを示している。そしてＤＮＡの比較分析によれば、こうした混合の開始期はグスク時代が始まる一一世紀ごろだと考えられるという（Cooke et al. 2023）。おそらく一一世紀前後に九州から奄美・琉球諸島に南下した集団が、先住集団と混合してその後の琉球人が形成され、その一部がさらに先島諸島にも移住して、やはり先住集団と混合して、先島の人々を形成したのだろう。

南からの海域交流

一〇世紀以降、日中貿易のメインルートは、浙江《せっこう》の寧波《ニンポー》（明州・慶元）と博多を結ぶ直航ルート（大洋路）であり、中国磁器も寧波から博多に運ばれ、博多から奄美・沖縄諸島に供給されていた。ただし奄美大島の倉木崎海底遺跡では、一二世紀末ごろの中国磁器が一六〇〇点近く出土しており、その四分の三が浙江龍泉窯《りゅうせんよう》の青磁、四分の一が福建産青磁・白磁であった。また福建産の陶器も七三〇点にのぼる（森二〇一五：二二四〜二三二）。龍泉窯青磁の積出港である浙江の温州や福建の福州から、奄美諸島近海を経て九州に北上するルートが、浙江と博多を直結する大洋路のバイパスとして利用されていたのかもしれない。

一三世紀後半ごろから、福建《ふっけん》方面から先島・沖縄諸島への、南からのヒトやモノの移動はさらに増加していった。一三世紀後半から、先島・沖縄諸島では、福建の閩江《びんこう》流域で生産された粗製白磁が多数出土するようになる。この種の粗製白磁は奄美諸島では少なく、日本本土ではほとんど出土しない。このことは福建産の粗製白磁が、博多から南西諸島へと南下する従来のルートではなく、福建から北上するルートで、先島・沖縄諸島に運ばれていたことを示している。おそらく先島・沖縄諸島からは、タカラガイ・硫黄などの特産品が福建に輸出され、その代価として粗製白磁や鉄器などが輸入されたのだろう（新里二〇一八：六七〜八四）。

また琉球では、日本本土よりかなり遅れて、一三世紀後半ごろの遺跡から一定量の中国銅銭が出土するようになるが、そのなかには先島諸島の遺跡が多い。それらの遺跡では、本土ではほとんど流通していない大型銭も出土しており、福建から先島に交易に赴いた人々が、沖縄本島に先がけて銅銭をもたらしたのだろう（宮城二〇二二）。

泉州の海外貿易

福建では宋代から急速に経済開発が進んだが、山がちで平地に乏しく、人口過剰と耕地不足により、多くの人々が海外に活路を求めた。とりわけ最大の海外貿易港として繁栄したのが、福建南部の泉州である。一二世紀から華人海商の大型ジャンクは南シナ海からインド洋へと航海圏を広げ、インド西岸のマラバール海岸まで進出した。またイラン系・アラブ系のムスリム海商も中国沿岸に来航し、泉州・広州などにはムスリムのコミュニティも形成されていった。

一三世紀後半の泉州では、南宋末期にムスリム系の蒲寿庚《ほじゅこう》が海外貿易を司る市舶司《しはくし》の長官となり、元朝の泉州攻略にも協力して、特権的な海外貿易を行っていた。「蒲」とはアラブ系人名に用いる「アブー」の音写である。なおボルネオ島北岸のブルネイには、一二六四年の「泉州判院蒲公之墓」と記した墓碑が残されており、おそらく蒲寿庚につながる泉州蒲氏の一族が、ブルネイに居留していたことがわかる。特に元代には、モンゴル支配層と結びついた多くのムスリムが、陸路・海路の双方から官員や商人として泉州に移住している。また泉州の華人海商も、南シナ海・インド洋での航海・交易活動をさらに拡大し、南シナ海域の主要港市には華人コミュニティも形成されていった。これらの華人海商のなかにも、ムスリムが少なくなかった（向二〇二四：一六七〜九四、三五三〜四一一）。

またブルネイには、一四世紀初頭の「マハーラージャー・ブルニー」と称するスルタンの、アラビア語墓碑も残されている。この墓碑はブルネイでは産出せず、泉州では豊富な輝緑岩で造られており、泉州に残る多くの元代のムスリム墓碑もおもに輝緑岩である。また、この墓碑の形状や書体も、泉州のムスリム墓碑と共通しており、泉州で造られた墓碑がブルネイに運ばれたと考えられる。おそらく当時のブルネイでは、泉州のムスリムと深く結びついた王権が形成され、スルタンと称していたのだろう（Chen 1992）。

一方、泉州の華人海商は東シナ海域でも日本・高麗貿易に進出し、南海産品を泉州から浙江の慶元《けいげん》（寧波）を経て、日本や高麗に輸出していた。さらに一四世紀初頭には、泉州海商の交易活動は南西諸島にも及んでいたことが確認できる。すなわち一三一七年、宮古島の住民が浙江の温州に漂着したが、元朝は彼らの身柄を泉州に送り、泉州から先島方面に向かう船によって送還するように命じているのである（万暦『温州府志』巻一八）。

一四世紀初頭には、泉州の商船が先島に往来していたのであり、先島諸島に福建産の粗製白磁をもたらしたのも、それらの商船だったにちがいない。泉州海商による大規模な南海貿易とくらべれば、先島・琉球諸島との交易はごくマイナーな一支線にすぎないが、それでも当時世界最大規模の国際貿易港であった泉州との交易ルートが開けたことは、先島・琉球における海域交流の進展に重要な意味をもったにちがいない。

浦添ようどれ

一四世紀に入ると、沖縄各地では丘陵上に石積みの城壁をめぐらした大型グスクが発達していく。それらの大型グスクを拠点として、海上交易や農業開拓により勢力を拡大した首長層を、「按司《あじ》」と呼ぶ。とりわけ浦添《うらそえ》グスクと今帰《なき》仁《じん》グスクは、のちの中山・山北王国に連なる初期王権の本拠となった巨大グスクであった。浦添グスクの崖下には「浦添ようどれ」という王墓が造営され、多数の高麗系の瓦が出土している。そのなかには「癸酉年高麗瓦匠造」という記銘をもつものもあり、「癸酉」とは一三三三年を指すという説が有力である（吉岡・門上二〇一一：三五四〜九）。

また浦添ようどれの墓室には、石製の棺（石厨子）のなかに王族の遺骨が残されており、男性王族の頭骨には典型的な中世日本人の特徴が認められるという。一方、遺骨のDNA分析によれば、母系の系統が南中国・東南アジアに由来する者もあり、泉州方面から渡来した華人集団の女性が、王族と通婚していた可能性も指摘されている。またこれらの石厨子は、泉州産の輝緑岩で造られており、石厨子の彫刻は泉州の様式で、その台座の形状や彫刻は泉州のムスリム墓石とも共通している（安里二〇〇六：九六〜九）。

この石厨子がブルネイのアラビア語墓碑と同じく、泉州で造られ、琉球に運ばれたことは疑いない。一四世紀前半は泉州の海外貿易の最盛期であり、ムスリムを含む泉州海商の交易ネットワークが南・東シナ海域に広がっていた。そして浦添ようどれの石厨子やブルネイの墓碑が示すように、泉州海商は現地における王権の成立にも重要な役割をはたしていたと考えられるのである。

なおブルネイには、国王が中国を訪れた際に中国の王女を与えられ、その子孫が王位を継承してブルネイに繁栄をもたらしたという伝承がある。またアユタヤ・ジャワ・マラッカなどでも、中国の王女が現地の王家に嫁ぎ、その子孫が王統を継いでいくという「中国王女」伝承が残されている（Reid 2010）。「中国王女」伝承が象徴するように、東南アジア各地に渡航した泉州などの華人海商は、華人女性と王族との婚姻も通じて、現地王権と結びついていったようだ。そして浦添ようどれの被葬者にも、母系が南中国・東南アジアに由来する者がいたとされる。おそらく同時期に琉球に渡航した華人交易集団も、同様に婚姻関係も通じて浦添の初期王権と結びついていったのであろう。

朝貢貿易の開始

「三山」の形成

一四世紀中期は東アジア海域で倭寇の活動が激化した時期でもあった。琉球の初期王権の主体も、九州から南下した倭寇勢力だったという説もあるが（吉成二〇一一、Smits 2019）、現時点では確実な論拠が乏しく、仮説の域を出ない。ただし琉球における初期王権の成立に、北方から渡来した海上勢力が関わっていたことは疑いない。おそらく一四世紀に新たに九州・高麗方面から南下した海上勢力が、現地の首長（按司）層と結びつき、華人交易集団とも連携して、大型グスクを拠点とする有力首長が成長するうえで重要な役割をはたしたのだろう。

一四世紀中期までに、沖縄本島では各地のグスクに割拠する首長層が、特に有力な首長を盟主として、ゆるやかな連合体を形成していったようだ。一四世紀後期になると、本島

図4　三山概略図　上里2018，p.24より

中部・北部・南部の首長連合体は、それぞれ「中山」「山北」「山南」と称して、それぞれ明朝や高麗と通交を行うようになる。その総称が「三山」である。このうち中山では浦添グスク、北山では今帰仁グスクという突出した巨大グスクが出現し、初期王権の拠点となっていたが、南山ではいくつかの主要グスクが分立し、安定的な王権は成立しなかった。

沖縄本島で「三山」が成立した一四世紀中期は、気候の急激な寒冷化により、ユーラシア各地で危機的状況が連鎖的に発生した、「一四世紀の危機」のただなかであった。この時期には寒冷化により農業生産が低下して飢饉が頻発するとともに、ペストが東西交易ルートを通じて拡大し、特に西部ユーラシアで壊滅的なパンデミックをもたらした。飢饉や疫病の蔓延は、各地で叛乱や戦争も誘発し、モンゴル諸政権の支配も解体に向かっていく。

中国大陸でも一三二〇年代から天災があいつぎ、一三五〇年代には大規模な農民叛乱

（紅巾《こうきん》の乱）が勃発する。泉州でも一三五七〜六七年にはイラン系武装勢力の叛乱が発生し、その内部分裂や鎮圧の過程で、多くのムスリムが離散しあるいは殺害され、ムスリムのコミュニティも壊滅してしまった。元朝の動乱は高麗にも波及し、日本でも一三三三年に鎌倉幕府が滅亡して南北朝の戦乱が続く。九州では倭寇の活動が激化し、朝鮮沿岸を襲撃して高麗の衰退に拍車をかけた。琉球の「三山」は、東アジア全域で政治的混乱と戦乱が連鎖的に拡大するなかで形成されていったのである。

南島路の発達

一四世紀の危機にともなう元朝支配の動揺は、東シナ海域にも波及していった。一三四八年には浙江沿海部で方国珍《ほうこくちん》の海上勢力が叛乱を起こし、九州近海での倭寇の激化もあって、日中貿易のメインルートであった、慶元―博多間を直結する「大洋路」が機能不全となる。その代替ルートとして浮上したのが、福建から南西諸島を経て九州にいたる「南島路」である。特に一三五〇年代には、「南島路」により南西諸島・九州西岸を北上し、有明海の高瀬港から陸路で博多にいたるルートがしばしば用いられた（榎本二〇〇七：一七六〜二〇九）。

海外からの輸入陶磁器（貿易陶磁）の出土状況も、南島路の成長を裏づける。一四世紀後半には琉球での中国陶磁出土量が急増する一方、博多での出土量は大きく減少している。また九州東岸の日向各地や、瀬戸内の草戸千軒遺跡でも、一四世紀後半に琉球に輸入され

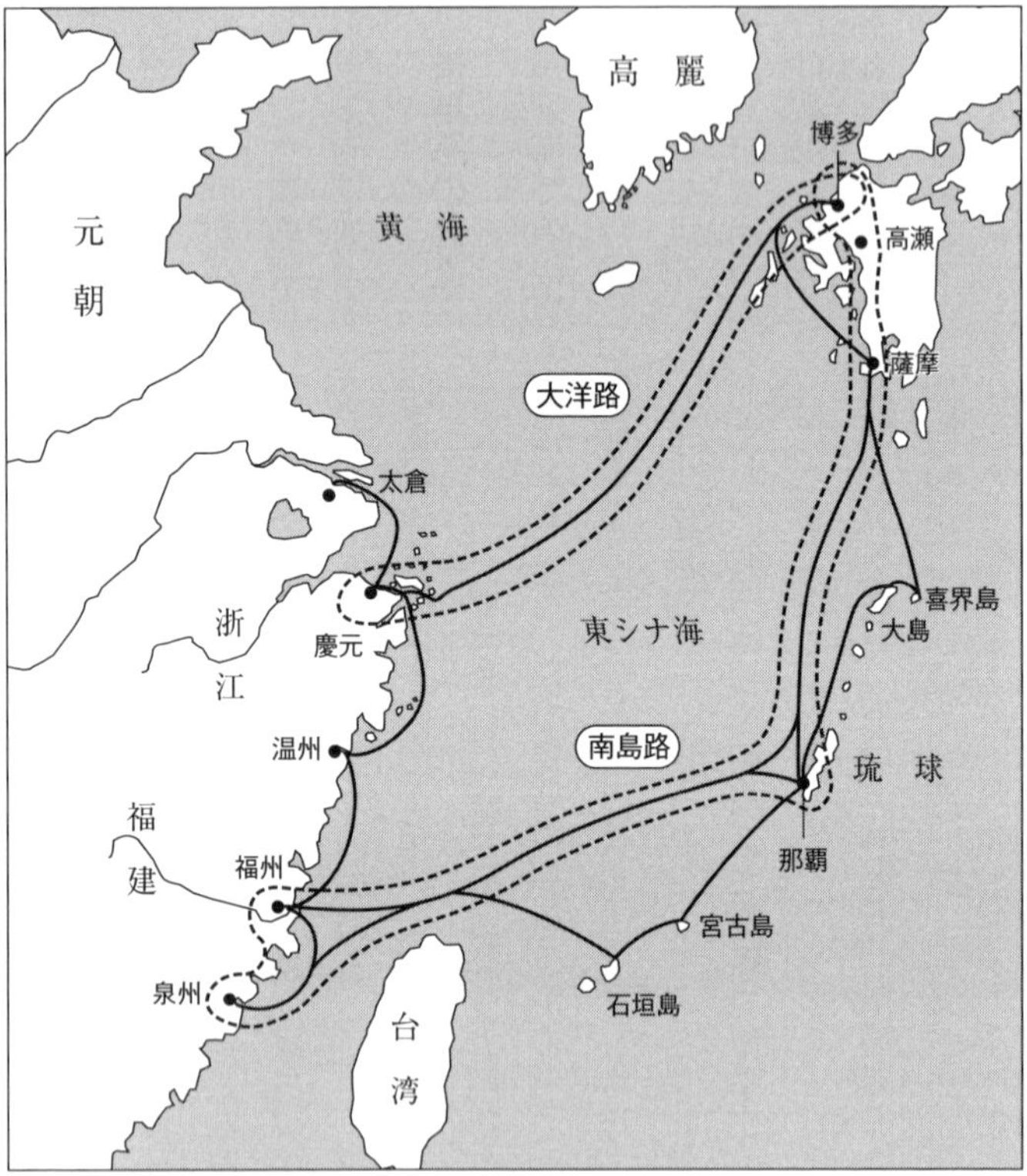

図５　14世紀東シナ海域の主要航路

た中国陶磁が多く出土しており、「南島路」経由で南西諸島を北上し、九州東岸・瀬戸内海を経て畿内にいたる物流ルートが活発化していたことがわかる（柴田二〇一七）。「南島路」の発達は、東シナ海東縁海域における海上交流の拡大をもたらした。一四世紀中期の寒冷化や戦乱を逃れて、南西諸島に南下して交易や農耕を営む人々も多かっただろう。また福建方面から琉球に北上する華人海商も増加していったようだ。那覇の臨海寺には、戦前まで元代末期の一三四二年の銘をもつ仏像が残されており、当時すでに華人が那覇に居留していたことをうかがわせる（上里二〇一八：四九）。こうした海上交易や農耕の発展による富の蓄積は、浦添や今帰仁のような巨大グスクを拠点とする、首長連合体としての琉球三王国が成立する基盤ともなっていた。

明朝の成立と海禁

元朝末期の軍閥混戦を制した朱元璋は、一三六八年に南京を帝都として明朝を建て、元朝をモンゴル高原に駆逐して中国本土を統一した。明の太祖洪武帝である。洪武帝は一四世紀の危機で荒廃した農村の復興につとめ、自給的な農業帝国を作りあげることをめざしたが、一方で宋元時代からの商業化・都市化や、海外貿易の発展には抑制的であった。一三七四年には、洪武帝はそれまで海外貿易を管轄していた市舶司を廃止し、「海禁」政策を厳格化し、民間の海外貿易を全面的に禁止したのである。

る。

琉球の朝貢開始

一三六九年、洪武帝は日本に使者を派遣して朝貢を促し、二年後には南朝の懐良《かねよし》親王が明朝に朝貢した。ただし明朝と日本との朝貢関係は安定せず、一三八六年に洪武帝は日本との国交を断絶してしまう。一方、一三七二年に洪武帝は琉球にも使者を派遣し、これに応じて中山王の察度《さつと》が明朝に朝貢して、一三八三年には中山国王に冊封された。つづいて一三八〇・八三年には山南王・山北王も朝貢使節を派遣し、一三八五年にはともに国王に冊封されている。こうして琉球の三王国は明朝の朝貢・冊封体制に組みこまれることになった。洪武年間（一三六八〜九八）を通じて、中山は三二回、山南は一三回、山北は一一回の朝貢を行っており、一三七一年からの二八年間に、年平均二回の朝貢が行われたことになる（以下、琉球の朝貢に関する基礎的データは、赤嶺他二〇一三による）。

琉球の進貢品の大部分は、軍需品としての硫黄と馬匹であった。とりわけ重要性が高いのは、沖縄諸島北西の硫黄鳥島で産出する天然硫黄である。中国では宋元時代から火器が発達し、黒色火薬の原料である硝石と硫黄の需要も急増したが、中国大陸では天然硫黄はほとんど産出せず、海外、特に日本からの輸入に依存していた。明代には火器の使用はさらに拡大し、硫黄の需要も増大したが、その主要供給地となったのが琉球である。一五世紀に日本の遣明船貿易が軌道に乗ってからも、日本産硫黄は朝鮮により多く輸出され、明朝に安定的に硫黄を供給したのはむしろ琉球であった（山内二〇一九）。

洪武帝は琉球の朝貢貿易を積極的に支援した。琉球三王国には朝貢回数の制限もなく、日本や南海諸国と異なり、明朝が発給する「勘合」を持参する必要もなかった。さらに一三八五年からは、明朝は中山と山南に対し、進貢船として海船を下賜するようになる。それらは福建沿岸の水軍に配備されていた軍船を払い下げたもので、一四二四年までに計三〇隻が下賜されている。さらに洪武帝は、これらの進貢船を運航する船員や、外交交渉を担う通事（通訳）などのスタッフも琉球に派遣した。また琉球人の子弟を国立学府である「国子監《こくしかん》」に留学させ、朝貢を担う人材を育成するなど、琉球の朝貢貿易をハード面・ソフト面の双方で全面的にサポートしたのである（岡本二〇一〇）。

福建海商と琉球貿易

洪武帝による琉球優遇策には、倭寇対策としての側面もあった。そのころ倭寇の活動は華北から江南・浙江近海にも拡大し、方国珍などの残党も倭寇と結びついて東南沿岸を脅かしていた。明朝としては、倭寇勢力が琉球を拠点として東南沿岸を襲撃し、硫黄貿易も掌握するような事態は絶対に避けなければならない。このためにも琉球の海上貿易を全面的にサポートして、朝貢体制にしっかりと組みこむ必要があったのである。

また明朝の琉球優遇策は、福建の海上勢力を朝貢貿易体制に取りこむ意義ももっていた。宋元時代まで、福建海商は泉州を拠点として、日本からインドまで航海・交易圏を広げていた。しかし明朝の海禁政策により、華人海商の自由な貿易活動は禁じられ、朝貢貿易の窓口も、日本は寧波一港、南海諸国は広州一港に制限された。福建に残された合法的な海外貿易ルートは、わずかに泉州を窓口とする琉球の朝貢貿易だけであった。

とはいえ福建海商の海外貿易を完全に封殺してしまえば、かえって密貿易や海賊行為に走り、倭寇勢力とも結託して明朝の沿岸支配を脅かしかねない。このため洪武帝は琉球の朝貢貿易を促進して、海外貿易から排除された福建海商の「受け皿」とした（岡本二〇一〇：二七〜三四）。福建海商のエネルギーの暴発を防ぐため、琉球の朝貢貿易というルートを開き、ガス抜きを図ったわけである。福建海商とすれば、琉球三王国の使節を商船に同乗させ、進貢船という看板を掲げれば、海禁体制のもとでも合法的に貿易を行うことができた。これは一四世紀初頭の日本において、東シナ海を往来する商船が、寺社造営の費用捻出という名目で、幕府のお墨付きを得た「寺社造営料唐船」という看板を掲げたことと軌を一にする（村井二〇一三：二四一〜七二）。

南海諸国の朝貢貿易も、当初はもともと南海貿易に従事していた華人商船に各国使節が同乗して、進貢船という名目を掲げることによって行われていたのだろう。こうして琉球

朝貢貿易の動向

永楽帝は一四〇三年に朝貢貿易の窓口として市舶司を復活し、南海諸国は広州、琉球は泉州、日本は寧波の市舶司から入貢することになった。ただし実際には、琉球は福建北部の福州や、浙江の温州や寧波から入貢することも許されていた（岡本二〇一〇：二九〜三一）。

当時の琉球の進貢船には、朝貢使節をはじめ、船長・通事・火長（航海長）・直庫（副船長）などの役職者、および多数の船員や従者など、一〇〇人あまりが乗船していた。使者と直庫はほとんど琉球人だったが、通事と火長は久米村華人の専職であった。進貢船は二〜三隻の船団を組んで、秋冬または春の季節風で那覇から泉州に渡航し、そこから数十人の使節団が北京に向かった。使節団は泉州から武夷《ぶい》山を越えて浙江に入り、杭州から大運河を北上して北京にいたり、紫禁城で皇帝に謁見した。帰途は大運河を南下して福建にいたり、夏季の季節風で帰国したのである（小葉田一九三九：一二六〜二六四）。

琉球の進貢品は、通常は国産の馬と硫黄であり、明朝皇帝はそれに対して各種の絹織物を下賜した。しかし朝貢貿易の実質的な中心は、国王の名義で持ちこまれた附帯商品（附搭貨物）の交易であった。附帯商品は東南アジア産の蘇木《そぼく》（すおう）と胡椒が中心であり、関税は免除されていた。明朝政府はそれらを一括して買い上げ、代価としておもに紙幣（宝鈔《ほうしょう》）を支給したが、のちには紙幣の価値が暴落したため、絹に換算して支給するようになる。琉球使節は代価として受領した紙幣や絹によって、福建や北京で官設の仲介商（牙行《がこう》）を通じて華人商人と交易を行い、各種の中国商品を入手したのである。

朝貢使節の私貿易

日本の朝貢貿易では、室町幕府だけでなく、幕府から勘合を入手した有力大名・寺社も遣明船を派遣し、博多や堺などの商人が上納金を払って、その経営を請け負っていた。これに対し、琉球の進貢船はもっぱら国王によって派遣され、積載貨物も国王の附帯商品が中心であった。琉球の朝貢貿易はあくまで国王を経営主体とする国営貿易だったのである。ただし実際には、進貢船の使節や乗員は地位に応じて一定量の商品を持ちこむことを許され、それを重要な収入源としていた。琉球使節による交易は、おもに泉州（のちに福州）や、北京の宿舎（会同館）で行われ、附帯商品の代価として支給された物品や、使節や乗員の個人商品を、官設の仲介商（牙行）を通じて中国商品と交易した。

たとえば一四三六年には、琉球の使節たちが一人あたり「海螺」（ヤコウガイ）九〇個、「海巴」（タカラガイ）五万八〇〇〇個を持ちこみ、それらを申告しなかったため没収されるという事件が起こっている。これに対し、琉球使節はなんとか代価を支給してほしいと懇願し、正統帝は通例どおり支払うことを命じた（『英宗実録』巻一五）。この場合は使節の私的商品も、国王の附帯商品とともに明朝政府が一括して買いあげていたようだ。政府が買いあげた残りは民間商人との交易が許されたと思われる。また実際には、政府に申告せず、密貿易に近い形で交易が行われることも稀ではなかっただろう。

なお琉球産のタカラガイは、雲南などで貝貨としてひろく用いられていた。たとえば一四三四年には、琉球使節が特例として五九〇万個近い大量のタカラガイを進貢している。また那覇港の船着き場であった渡地村跡ではタカラガイ八〇一八個が出土しているが、そのうち五五九三個は一四世紀後半〜一五世紀前半の地層から出土しており、明代前期に大量のタカラガイが輸出されていたことが確認できる（上田二〇一六：一六三〜六）。

『歴代宝案』

ここで琉球対外関係史の基本史料である『歴代宝案』について説明しておこう。琉球王国が授受した外交文書は、琉球が送った文書は相手国に残され、相手国から送られた文書は首里の王府に保存されていた。ただし漢文外交文書の作成にあたった久米村華人は、後日の外交業務の参照のために、海外諸国との往復文書の写しを取ってファイルしていた。近世琉球期の一六九七年にいたり、従来の外交文書のファイルが未整理で検索が難しくなっていたので、すべての文書をあらためて筆写し、整理編集することにした。こうして成立したのが『歴代宝案』第一集である。その後も第二集・第三集・別集が編纂され、全体では一四二四〜一八六七年の四五〇年近くにわたる一大史料集となった。『歴代宝案』は二部作成され、一部は首里王府に、一部は航海の女神を祀る久米村の天妃宮《てんぴぐう》に収められた。

一八七九年の琉球処分ののち、琉球王府の『歴代宝案』は内務省に接収されたが、関東大震災で焼失してしまう。一方、久米村の『歴代宝案』は、一九三一年に学界に紹介され、二年後に沖縄県立図書館に移管されたが、沖縄戦で焼失してしまった。しかし不幸中の幸いとして、それまでに各種の写真版や写本が作られていた。一九八九年からは沖縄県教育委員会によって、それらの写真版や写本にもとづく校訂本と訳注本の編纂・刊行事業が始まり、二〇二二年にいたり校訂本一五冊、訳注本一五冊が完成した。また、二〇二一年には「琉球王国交流史デジタルアーカイブ」(https://ryuoki-archive.jp/)も公開され、『歴代宝案』や関連史料の全文検索も可能になっている。これらのプロジェクトによって、琉球王国の海外交流に関する研究環境は飛躍的に改善された。

『歴代宝案』は一五世紀以来の外交文書を体系的に収録した、海域アジアでも他に類例のない史料であり、文献史料がきわめて乏しい一五世紀以前の東南アジア史にも、貴重な情報を提供している。ただし『歴代宝案』はあくまで久米村華人が作成した漢文外交文書集なので、彼らの管轄外であった日本との外交文書や、漢文文書による通交が行われなかった諸国に関する文書は収録されていないことには注意が必要である。

『歴代宝案』の文書

『歴代宝案』第一集には一四二四年から一六九七年にいたる、計一〇三七件の文書が収録されており、古琉球期の文書や、南海諸国に関する文書はすべて第一集に含まれている。

明清王朝との文書としては、まず皇帝が琉球国王に下した「詔勅《しょうちょく》」や、琉球国王が皇帝に上進した「表《ひょう》」や「奏《そう》」がある。また外交を管轄する礼部《れいぶ》や、福建の民政を統括する布政司と琉球国王の間では、「咨文《しぶん》」が授受された。咨文は同格の官庁間で用いる平行文書であるが、朝貢国の国王も礼部や布政司と同格とみなされ、咨文が授受されたのである。さらに琉球国王は、福建に渡航する進貢船には「執照《しっしょう》」を、北京に赴く使節団には「符文《ふぶん》」を発給した。「執照」や「符文」には、進貢船の乗員や北京に赴く使節のリストが記され、進貢船と使節団の構成人員を証明する集団パスポートとしての役割をはたしていた。

また琉球国王と南海諸国の国王も、相互に「咨文」を授受していた。明朝の朝貢国は、実態はともかく朝貢体制の建前としてはすべて同格になるので、平行文書である咨文が用いられたのである。また琉球国王が南海諸国に船を派遣する際にも、乗員全員のリストを記した「執照」を発給していたが、「符文」は発給していない。

ただし『歴代宝案』では、一四四三～六二年の文書はすべて欠落している。また南海諸国に関する文書には、欠落やかたよりも多い。たとえば琉球国王から南海諸国に送った文書は、一四七二年以前は一件を除いてすべて咨文であるが、一四七三～一五〇八年は空白期となっており、一五〇九年以後はすべて執照となっている。

『歴代宝案』の校訂本・訳注本では、たとえば第一集巻四〇の五番目の文書であれば、「一―四〇―〇五」といった通し番号が付されている。本書で使用する文書はすべて第一集なので、本書で『歴代宝案』の文書を引くときには、たとえば上記の文書であれば、「宝案四〇―〇五」と付記することにしたい。

なお琉球と明朝との通交については、『明実録』も重要な史料である。『明実録』は洪武帝であれば『太祖実録』、永楽帝であれば『太宗実録』というように、皇帝の治世ごとに編纂され、琉球使節の来貢についても網羅的に記録されている。また朝鮮との通交については、やはり国王の治世ごとに編纂された、『朝鮮王朝実録』が基本史料となる。また近世に久米村系の士族が編纂した『家譜』にも、『歴代宝案』にはない通交事例が残されていることがある。ただし『歴代宝案』と『家譜』の記録を合わせても、南海諸国との通交についてては、あくまで全体の一部しか復元できないことには注意しなければならない。

琉球王権と華人

明朝と琉球王府

一五世紀初頭までに、琉球では那覇に福建系を中心とする華人コミュニティの久米村が成立し、明朝との朝貢貿易や南海諸国との通交を担うようになる。また東南アジアでも、各地の港市に福建や広東からの移住者のコミュニティが成長し、現地の王権と結びついて朝貢貿易を推進していた。久米村華人と東南アジア各地の華人集団は、共通するルーツと文化的背景をもち、漢語・漢文による意思疎通が可能で、貿易活動に必要な航海技術や交易知識を共有していた。琉球王国の南海貿易は、久米村華人と南シナ海域の華人ネットワークの連携を通じて進められていったのである（真栄平一九八三）。

ただし琉球の場合、王権が明朝国内の王府に準じる性格をもち、明朝が朝貢を担う華人スタッフを派遣したり、彼らに正式に官職を授与していた点に特徴がある。もともと洪武帝は多くの皇子たちを王として冊封し、国内各地に配置して軍事指揮権を与えていた。諸王の政務機関が王府であり、その長官が王相《おうしょう》、次官が長史《ちょうし》である（王相は一三八〇年に廃止）。そして琉球王国にも、国内の王府と同じ王相や長史が置かれたのである。

最初に中山王国の王相として登場するのが、亜蘭匏《あらんほう》という人物である。「亜」という姓は華人にはきわめて稀であり、むしろ外来人名の漢字表記に用いられることが多い。たとえば『元史』には、一二八二年に元朝が南インドへの使節として派遣した亜闌《あらん》という人物が現れる（『元史』巻二一〇）。「闌」も華人の名としては稀なので、彼もおそらく外来系だろう。亜蘭匏もムスリムやウイグルなど、外来系のルーツを持つ人物だったのではないか。彼は一三八二〜九八年に、一〇回にわたり明朝に朝貢しており、一三九四年には中山王の要請により、国内王府の長史と同じ正五品という官品を授与されている（『太祖実録』巻二三七）。明朝国内ではすでに廃止されていた王相という称号を認めたうえで、官品は国内王府の長史と同格としてバランスを取ったわけである。

王相と長史

亜蘭匏につづき、王相となったのが程復《ていふく》と王茂《おうも》である。程復は一三九二年に通事として入貢し、中山王の要請により明朝から官職を授与された。一四一一年にも程復は長史として入貢した、その際にすでに四十余年にわたって中山王に仕えているので、引退して故郷の江西省饒州《じょうしゅう》府に引退したいと請願した。永楽帝はその要請を認めたうえで、程復を「琉球国相兼左長史」に、もう一人の長史であった王茂を「琉球国相兼右長史」に格上げしている（『太宗実録』巻一一五）。程復は一四一一年時点で、四〇年以上にわたり中山王に仕えてきたというので、海禁強化以前の一三七〇年ごろに琉球に渡来したことになる。海禁強化後に渡航したとも公言できないので、年数を水増しした可能性もあるが、いずれにせよ一三七〇年前後に自主的に琉球に渡来し、そのまま国王に仕えていたのだろう。

同じようなケースとして、福州府出身の潘長孫《はんちょうそん》は一三九〇年に梢水《しょうすい》（上級船員）として琉球に派遣され、一四〇五年には火長（航海長）に昇ったが、一四三一年に高齢のため帰郷したいと願い出て許されている（宝案一六―一九）。明代前期には、琉球王府の華人スタッフには現地採用組と明朝からの派遣組が混在し、明朝が人事権を及ぼす場合もあったわけである。彼らのなかには、琉球移住後も出身地との紐帯を維持している者も多く、琉球に定住せず帰郷した者も少なくなかったようだ。

なお一四二五年には琉球国王が明朝に対し、近年では通事が不足しているので、漢語に通じた「本国人」の范徳《はんとく》を通事に任命したと報告している（宝案一六―〇二）。范徳は「本国人」といっても、琉球に定住した華人、あるいは華人と現地女性との間に生まれた二世だろう。久米村の華人コミュニティは、このように一四世紀後半のディアスポラによる渡来者に、明朝が公式に派遣したスタッフが加わり、彼らが琉球人女性との通婚なども通じて、しだいに現地化することによって形成されていったのである。

このように一四世紀末から、明朝は華人の朝貢支援スタッフを琉球に派遣し、海船を給与するとともに、王相や長史などを明朝の官僚制度のなかに位置づけて、琉球への直接的関与を強めていった。それとともに、当初は福建海商が琉球使節を同乗させ、進貢船の看板を掲げて行っていた朝貢貿易も、しだいに琉球王府が主導し、久米村華人が実務を担う国家貿易という形を整えていったのだと思われる。

王相懐機の活躍

亜蘭匏・程復・王茂につづき、一四二〇年代からほぼ三〇年にわたって、王相として第一尚氏王朝を支えたのが懐機《かいき》である。彼の出身地や琉球に渡来した経緯は明らかではないが、「懐」も華人の姓としてはかなり稀であり、むしろ外来人名の音写に用いられることが多いので、やはり外来系のルーツを持っていた可能性もある。懐機はまず一四一八年に長史として入貢し、その後は尚巴志（在位一四二二～三九）から尚金福（在位一四五〇～五三）にいたる四代の国王のもとで、王相として外交・内政を主導した。

内政面では、懐機が首里や那覇において、大規模な建築事業を実施したことが注目される。まず一五二七年、彼は首里城西北の丘陵に中国風の築山と人工池を造営した。現在も首里城外に残る安国山《あんこくざん》と龍潭《りゅうたん》である。また那覇でも、懐機時代に港湾機能の整備が進められ、多くの寺院も建立された。特に浮島北岸の、東シナ海を一望する波上《なんみん》には、航海の女神である媽祖《まそ》を祭る天妃宮《てんぴぐう》にくわえ、一四三〇・三三年に宣徳帝の命により、日本産品を買いつけるために渡来した宦官の柴山《さいざん》が、禅宗寺院の大安寺と千仏霊閣を創建している。波上には同じころに道教の天尊廟《てんそんびょう》・龍王殿も建立されており、華人系の道教・仏教寺院が集中する聖地となっていたようだ（高橋二〇一五：四一一〜一二）。

さらに尚金福王時代の一四五一年には、懐機の建設事業の総仕上げとして、那覇の浮島と対岸の首里方面を直結する「長虹堤《ちょうこうてい》」が建造された。おそらく懐機の傘下には華人系の建設技能集団がいたと思われ、彼らの先進的な土木技術と、海外貿易がもたらした膨大な利益が、懐機時代における一連の大規模なインフラ整備を可能にしたのだろう。

懐機と対外通交

琉球国王の王相である懐機は、明朝から見れば陪臣にあたる。それにもかかわらず、懐機は国王とならんで、明朝皇帝と直接的に進貢品と下賜品を授受していた。たとえば一四三〇・三三年に宣徳帝が宦官柴山を琉球に派遣した際には、国王とともに懐機に絹織物を下賜し、一四三一・三四年に国王と懐機が謝恩のため進貢を行っている（宝案一―一二―九・一二、一―一六―一五・一一）。

特に一四三四年に懐機が屏風や刀剣とともに、「海獺皮」(ラッコの毛皮)二〇〇張を進貢していることは興味深い。ラッコの毛皮は遣明船貿易でも主要輸出品の一つとなっており、アイヌ民族が千島列島産のラッコ皮を渡島《おしま》半島に運び、それが津軽の十三湊《とさみなと》から若狭の小浜《おばま》を経て、京都に運ばれたと考えられている(関口二〇一三)。ラッコ皮はおそらく小浜を経て琉球に運ばれ、それを懐機が明朝に進貢したのだろう。

また一四三二〜四二年には、室町幕府の管領であった細川持之《もちゆき》が、琉球使節が京都に到来した際に二通の書簡を託している。その一通目は「琉球代主《よのぬし》」宛に、絹織物と香料の返礼として、太刀と馬を贈ることを、二通目は「王将軍」宛に、絹織物の返礼として、太刀と小袖を贈ることを伝えている(関二〇一五:一一七〜八)。琉球の「代主《よのぬし》」とは、「世の主」すなわち琉球国王を指す。また「王将軍」には「琉球国の執事なり」という附記があるので、この時期に王相であった懐機を指すにちがいない。懐機は明朝皇帝だけではなく室町幕府に対しても、国王とともに贈答品を授受していたのである。

懐機と道教教団

懐機は中国道教の最大教団であった、江西省龍虎山の教主にも一連の書簡を送っている。まず一四三六年、懐機は龍虎山に使者を派遣して、「誥《こう》録《ろく》」を下賜することを請願した(宝案四三─一三・一四)。これに応じて、一四三八年には国王は砂金八〇両(二・九六キロ)、懐機は砂金四〇両(一・四八キロ)などを献納して、

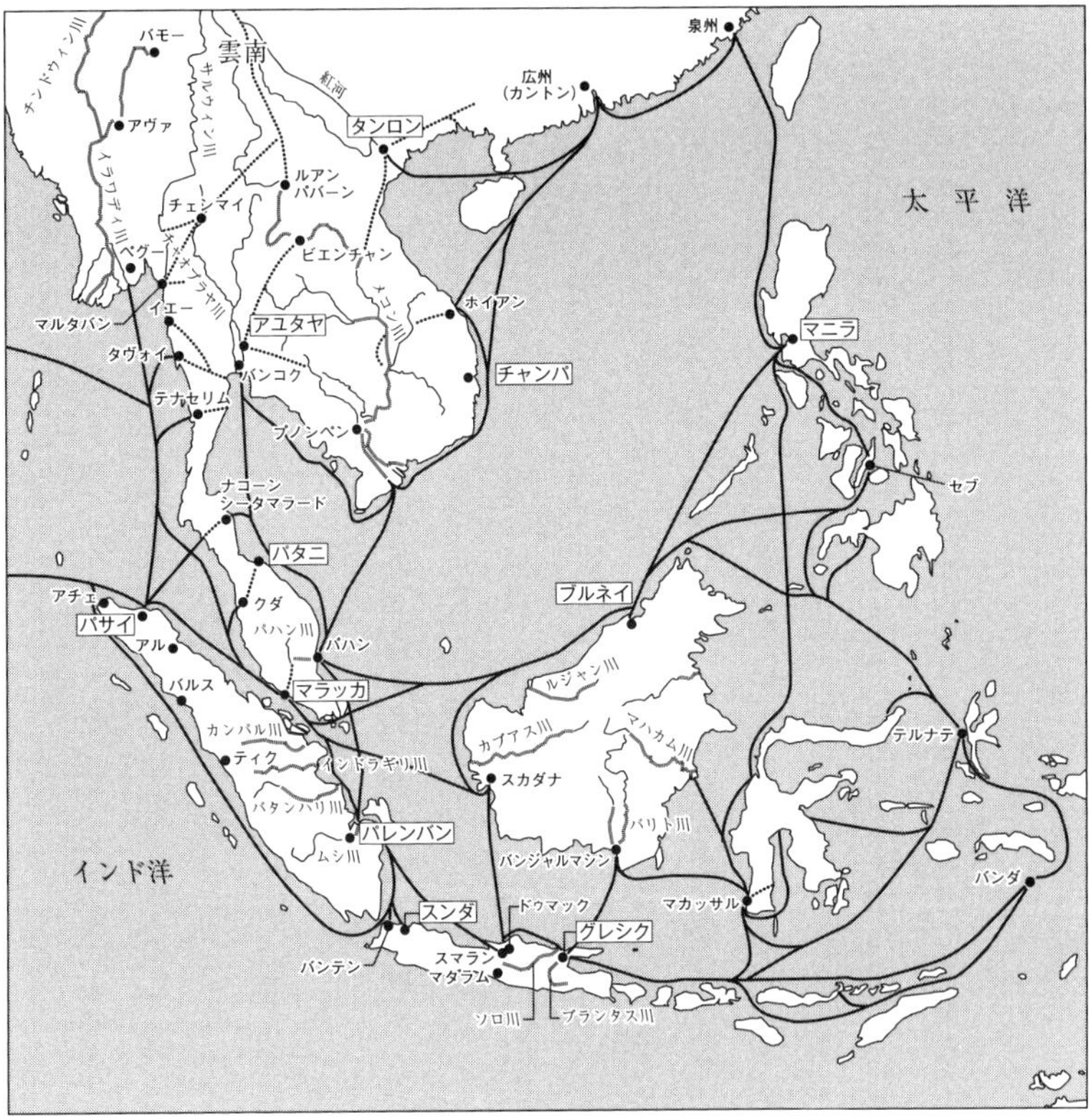

図7　東南アジアの主要港市と航路　リード2021，p.94に加筆

□ 内は琉球船の渡航地
―― 主要な海路
―― 航行可能な河川
…… 主要な陸路

しかし一四世紀になると、ユーラシア全域で気候変動が激化し、「一四世紀の危機」が深刻化するなかで、東南アジア大陸部でも旱魃や洪水が頻発して農業生産が縮小し、陳朝・アンコール朝・パガン朝などの衰退につながった。これに対し、この時期にはタイ系の諸民族がチャオプラヤ川・イラワディ川などの流域に南下し、アンコール朝・パガン朝を圧迫して勢力を拡大していった。一方、島嶼部は気候変動の影響をあまり受けず、ジャワ島ではマジャパヒト朝が全盛期をむかえ、マラッカ海峡からモルッカ諸島にいたる海上貿易を掌握して繁栄をつづけていた（山崎二〇二一、松浦二〇二三）。

鄭和の遠征

一三〜一四世紀には、華人ジャンクは福建・広東から南シナ海・ベンガル湾を経て、インド西南岸のマラバール海岸まで渡航して交易を行っていた。特に泉州は東南アジア・インド洋貿易の拠点として繁栄し、多くのムスリム海商も来航した。しかし一四世紀後期には明朝の海禁政策により、華人商船の海外渡航も、海外商船の中国来航も禁止されてしまう。それによって福建・広東から東南アジア各地に、大規模な華人ディアスポラが生じることになる。洪武年間にはベトナム・チャンパ・シャム・ジャワなどの諸国が明朝と朝貢貿易を行い、福建・広東から流入した華人がそれを担った。しかし洪武帝は朝貢貿易もしだいに抑制するようになり、南海貿易もかつてなく縮小してしまった。

一四〇二年に即位した永楽帝は、一転して朝貢体制を海域・内陸アジア全域に拡大しようとした。そのために実施されたのが七回にわたる鄭和《ていわ》の南海遠征である。一四〇五年の第一回遠征では六二隻の艦隊に乗員二万八〇〇〇人近くが分乗し、その後も同様の大艦隊が派遣された。鄭和艦隊は冬季の北東風で福建から南シナ海を南下し、チャンパを経てジャワに到り、夏季にスマトラを経てマラッカに向かい、秋季の季節風でベンガル湾を渡ってインド西南岸のカリカットに到った。帰路は春季にカリカットからマラッカに戻り、夏季の南西風で南シナ海を北上して帰国したのである（小川一九九八）。

鄭和の南海遠征の目的は、東南アジア・インド洋諸国に朝貢を促し、朝貢使節を送迎し、かつ寄港地で国家貿易を行うことであった。これにともない、東南アジア諸国が派遣する朝貢船も急増し、一四世紀後期に沈滞した東南アジアの中国貿易は再拡大に転じ、胡椒や蘇木（すおう）をはじめとする大量の東南アジア産品が中国に供給された。鄭和の第七回遠征が終了する一四三三年までが、明朝の朝貢貿易の最盛期であった。

交易の時代と港市国家

明朝の海禁政策は、宋元時代における海外貿易の拡大を大きく逆行させ、永楽年間の貿易拡大も一時的なもので、一五世紀中期にはふたたび急激に縮小している。ただし一四世紀後期の海禁にともなうディアスポラによって、多数の華人が東南アジア各地に流入し、一五世紀初頭の鄭和の遠征により大艦隊がくりかえし東南アジア諸港に来航したことは、海上貿易に関わる人材・技術・物資の移転をもたらした。

また一四世紀中期以降、モンゴル支配の解体にともない、中央ユーラシアのキャラバン貿易ルートが衰退し、ユーラシア東西交易のメインルートは陸路から海路へと決定的に転換する。さらに西アジアやヨーロッパで胡椒などの香辛料の需要が高まるとともに、中国でも胡椒需要が増加し、胡椒栽培は原産地の南インドから、スマトラ島・ジャワ島にも拡大していく。一方、クローブやナツメグは、当時は世界中でインドネシア東端のモルッカ・バンダ諸島だけで生産されていた。これらの海域アジア産品は、ムスリム海商によってインド洋から紅海やペルシア湾を経て地中海岸に運ばれ、ヴェネチア商人のレヴァント貿易によってヨーロッパ市場にも供給されたのである（リード二〇〇二：一〜二一）。

海上交易の拡大とともに、一五世紀の東南アジアでは、それまでの内陸部での水田農耕を基盤とする王朝に対し、海上貿易を基盤とする新興国家が台頭していく。東南アジア史ではこのように経済活動の重心が自給的農業から交易活動に移行した一五〜一七世紀を「交易の時代」と呼び、この時代に台頭した、王権と海外貿易が不可分に結びついた国家を、「港市国家」と称する。こうした「港市国家」では、王権が主要河川下流部の貿易港を王都として、河川流域の後背地で生産される商品の調達と輸出、海外商船がもたらす商品の輸入と分配を掌握していた。シャムのアユタヤ朝がその典型である。

一方、マラッカのように後背地をほとんどもたず、もっぱら貿易ルートの結節点という地理的条件を活かして、集散港として繁栄した港市国家もある。さらにジャワのマジャパヒト朝のように、内陸水田地帯を基盤とする王権が、沿岸部の貿易港を勢力下において、海外貿易の掌握を図ることもあった。これらの貿易港には、いずれも華人をはじめとする外国商人のコミュニティが存在し、王権と結びついて海外貿易を推進していたのである。

アユタヤ朝と華人

一四・一五世紀に台頭した新興港市国家の代表が、シャムのアユタヤ朝である。タイ系の諸民族は、もともと中国南部からインドシナ半島北部の山間盆地で、ムアンと呼ばれる小首長国に分かれて水田農耕をいとなんでいた。そのうち一二〜一三世紀からチャオプラヤ川流域に進出したのがシャム人である。一三世紀後半には有力なムアンを中心とする政治的統合が進み、チャオプラヤ川の上流にラーンナー王国、中流にスコータイ王国が成立する。さらにシャム人は下流のデルタ部に進出し、そのうち中国史料で「羅斛《らこく》」と呼ばれる勢力は、デルタ東部でアンコール朝を圧迫して領域を拡大していった。一方、中国史料で「暹《せん》」と呼ばれる勢力は海洋民化して、デルタ西部からマレー半島へと進出していく。

一三四九年には羅斛が暹を併合し、中国史料ではシャムを「暹羅」と表記するようになる。またシャムの年代記では、一三五一年にウートーン侯がアユタヤを首都として即位し、アユタヤ朝を開いたと伝えている。初期のアユタヤ朝では、デルタ東部のロッブリー王家と、西部のスパンプリー王家が王位を争っていたが、一四〇九年にはスパンプリー王家による安定的な王権が確立した。

なお「暹」の中心地であったペッチャブリーには、国王が中国商船に蘇木を供与したところ、中国の皇帝は喜んで皇女を国王に嫁がせたという伝承が残されている（深見二〇一三）。また一七世紀前半の説話によれば、ウートーン侯はもともと中国皇帝の皇子であったが、中国を追われて二〇万人の部下とともにマレー半島にいたり、そこで大量の蘇木を入手し、皇帝に献上して赦免を得た。さらに彼はシャムに北上し、アユタヤを建設して王朝を開いたのだという（石井二〇二〇）。いずれも後世の伝承であるとはいえ、シャムで蘇木などの交易を行っていた華人コミュニティが、アユタヤ朝の成立に深く関与し、王家とも血縁関係にあったことを反映している。

琉球の南海貿易開始

アユタヤ朝と琉球王国は、いずれも一三世紀から一四世紀にかけて、首長（ムアン／按司《あじ》）の連合体として成立した初期王権が、華人コミュニティと結びついて交易国家として発展し、一五世紀初頭に統一王朝が確立するという点で、パラレルな国家形成のプロセスをたどっている。琉球がまず南海貿易のパートナーとしたのもアユタヤ朝であった。

『歴代宝案』における南海貿易に関する最初の文書は、一四二五年に中山王尚巴志がシャム王に送った咨文《しぶん》である（宝案四〇―〇一）。そこには「洪武・永楽年間には、曽祖・祖王・先父王から現在に到るまで、毎年しばしば使者を派遣してきた」と記している。尚巴志は対外向けには察度《さっと》王の子孫ということになっており、曽祖とは察度王、祖王とは武寧王を指す。先父王はもちろん実父の尚思紹である。おそらく琉球のシャム貿易は、一三七二年に察度王が明朝との朝貢貿易を開始してから、さほど遅くない時期に始まったのだろう。また一四〇四年にはシャム国王が琉球に派遣した船が、福建沿岸で遭難するという事件も起こっている（『太宗実録』巻三四）。当時は琉球船がシャムに渡航するだけではなく、シャムからも琉球に商船が渡航していたのである。

また一三九〇年には、中山王察度が明朝に、馬や硫黄とともに南海産品の胡椒・蘇木も進貢しており（『太祖実録』巻一九九）、一四〇九年には、中山王尚思紹が朝鮮王朝に胡椒・象牙・明礬《みょうばん》・蘇木などの南海産品を献上している（『（朝鮮）太宗実録』巻一八）。これらの南海産品も、シャムから輸入したものにちがいない。

さらに同時期から、九州・西国の諸勢力が、蘇木・胡椒・香料などの南海産品を、日本産の銅や硫黄などとともに盛んに朝鮮に輸出するようになる。また永楽年間に、日本の遣明船が寧波に輸出した、計二四八種の商品リストが残されているが、そこにも蘇木・胡椒・香料など、二〇数種類の南海産品が含まれている（高宇泰『敬止録』巻二〇）。これらの南海産品のなかには、日本に来航した東南アジア商船（南蛮船）が船載したものもあっただろうが、多くは琉球から日本に中継輸出されたものにちがいない。『歴代宝案』の記録が始まる以前の一五世紀初頭から、すでに琉球はシャムと明朝・日本・朝鮮を結ぶ中継貿易の拠点となっていたのである。

南海貿易と華人海商

一四世紀末からシャムと琉球を結ぶ交易を担っていたのも、おそらく福建海商だろう。それ以前から、福建海商は南・東シナ海域を結ぶ海上交易を活発に行っていた。たとえば一四世紀中期、泉州海商の孫天富《そんてんふ》・陳宝生《ちんほうせい》は、合資して海外貿易に乗りだし、高麗からジャワ・シャム・カンボジアにいたるまで、東・南シナ海域でひろく交易に従事していたという（王彝《おうい》『王常宗集』続補遺）。一四世紀後期には、彼らのような泉州海商の多くは、海禁を避けて東南アジア各地に離散し、一部は琉球にも移ったのだろう。その後も東南アジア各地や琉球に移動した泉州などの福建海商は、同郷ネットワークを維持していたはずである。

琉球の朝貢貿易も、最初期は福建海商の商船に三山の使節が同乗し、進貢船という看板を掲げて、那覇と泉州を往復する形で行われていたのだと思われる。琉球―シャム間の貿易は海禁の制約を受けないので、当初は福建海商による民間貿易として進められ、しだいに外交的には明朝の朝貢国間の通交という形式を取るようになったのではないか。琉球王国の南海貿易は、それまでの福建海商の南海貿易の延長線上に進められたのである。

シャムのアユタヤ朝

港市国家アユタヤ

『歴代宝案』には一四二五年から一五七〇年の一四六年間にわたる、琉球王国と南海諸国との外交文書が収められている。このほかに、久米村華人の家譜や『明実録』に、『歴代宝案』にはない通交事例が記録されていることもある。それらを含めると、表1に示すように、一四一九～一五七〇年の一五二年間に計九二回の通交事例を確認できる（豊見山二〇〇二：二八六～七）。そのなかでもシャムのアユタヤ朝との交易は、計四八回と全体の半数以上を占めており、第二のマラッカ（計一八回）の二・七倍におよび、期間も一四一九～一五七〇年の一五〇年余りにわたっている。琉球王国にとって、アユタヤ朝は南海諸国のなかでも、もっとも長くコンスタントに通交を行った貿易パートナーであった。

琉球王国とアユタヤ朝は、王都と海外貿易港が近接ないし一致し、海外貿易を掌握する港市国家であった点でも共通している。那覇は外洋船が停泊可能で国場《こくば》川水系の後背地がひろがる、琉球随一の貿易港であった。一方、アユタヤはチャオプラヤ川とタイ東北部を貫流するパーサック川の合流点であり、外洋船がチャオプラヤ川を遡航できる限界点でもあり、豊富な山林産品や米穀を供給する後背地と、海上貿易ルートの結節点であった。

ただし港市国家としての琉球王国とアユタヤ朝には、大きな違いもある。那覇の後背地で産出する輸出商品は乏しく、琉球の海外貿易を支えていたのは、硫黄・馬・タカラガイなどの南西諸島各地の産品、そしてなによりも中国・日本・朝鮮・東南アジア産品の中継貿易であった。これに対し、アユタヤにはチャオプラヤ川上流・中流のラーンナーやスコータイ、パーサック川流域の東北部などから、蘇木・沈香・象牙・銀・硝石などの豊富な山林産品が運ばれていた。また下流デルタの後背地は豊かな米産地でもあった。アユタヤ朝は後背地から供給されるこれらの山林産品や米穀の輸出を独占していたのである。

さらにアユタヤには、マレー半島西岸の港市からマレー地峡を陸路で横断して、インド洋方面の商品も運ばれてきた。インド洋と南シナ海を結ぶメインルートはマラッカ海峡経由の海路であるが、軽量で高価な商品であれば、むしろマレー地峡経由の陸路のほうが、所要日数は少なく輸送コストも低かった。アユタヤにはインドシナ半島の産品にくわえ、

表1　琉球から南海諸国への貿易船派遣年一覧

	暹羅	旧港	爪哇	満剌加	蘇門答剌	安南	巡達	仏大泥
1	1419*							
2	1420*							
3	1425(2)							
4	1426							
5	1427							
6	1428	1428						
7	1429(2)							
8		1430	1430					
9	1431							
10	1432(2)							
11	1433(3)							
12	1434(2)							
13	1435							
14	1436							
15	1437(2)*							
16	1438(2)*	1438	1438*					
17	1439							
18		1440	1440					
19			1441(2)					
20	1442		1442					
21				1463	1463			
22	1464(2)*			1464				
23	1465			1465				
24				1466				
25				1467	1467			
26				1468	1468			
27	1469			1469				
28				1470				
29				1471(2)*				
30	1472△			1472(2)*				
31				1475△				
32	1477*							
33	1478*							
34	1479*			1479*				
35	1480*			1480*				
36	1481(2)							
37								1490▲
38								1498▲

39				1492▲				
40				1503△				
41	1509(2)			1509		1509		
42				1510				
43				1511				
44	1512							
45	1513						1513	
46	1514							
47	1515							1515
48								1516
49	1517							
50	1518(2)						1518	
51								1519
52	1520							1520
53	1521							
54	1522△							
55	1526							1526
56	1529							1529
57								1530
58	1533							
59	1536							1536▲
60	1537							
61	1538							
62	1540							
63	1541							
64								1543
65	1550							
66	1554							
67	1564							
68	1570▲							
計	48回	4回	5回	18回	3回	1回	2回	11回

記号：無印＝『歴代宝案』に派遣先があるもの.
　＊　＝『歴代宝案』の関連文書による.
　▲　＝『琉球家譜』による.
　△　＝『歴代宝案』『琉球家譜』以外による.
　(　)＝派遣船数. 数字のないものは最低1隻を表す.
豊見山2002, p.286-287より.

インド洋方面の産品も集まり、その交易はつねに売り手市場であった（石井二〇二〇）。

シャム宛の咨文

一四三二年の中山王尚巴志のシャム国王宛て咨文によれば、中山王国は洪武・永楽年間から、毎年二〜三隻の貿易船をシャムに派遣していたという（宝案四〇―一三）。一四世紀末には、琉球三王国は一年に平均二〜三隻の進貢船を派遣しているので、明朝などに輸出する南海産品を調達するため、アユタヤ朝にも年間二〜三隻の貿易船を派遣していたとしても不思議ではない。それらの南海産品は、日本や朝鮮にも中継輸出されたのである。

『歴代宝案』には、琉球国王からシャム国王への咨文が二七通、シャム国王から琉球国王への咨文が四通、シャム国王の臣下から琉球国王などへの書簡が三通収められている。ここでは一例として、統一琉球王国が成立したばかりの、一四二九（宣徳四）年一〇月四日付の琉球国王（琉球国中山王）の咨文を、書き下し文により紹介しておこう。

切照《かんがみ》るに、本国は貢物稀少なり。この為に今、正使の有南結制等を遣わし、洪字号海船に坐駕し、磁器を装載して、貴国の出産の地面に前往《すすみゆ》き、胡椒・蘇木等の貨を収買せしめ、回国して以て大明の御前に進貢するに備えんとす。仍《な》お礼物を備えて詣前《おめみえ》し、奉献して少《いささ》か遠意を伸《の》べんとす。幸希《のぞむら》くは収納せられよ。仍《な》お煩《ねが》わくは、今差《つか》わす人員は早きに及びて打発《ふなで》せしめ、風迅に赶趁《はやのり》して回国するを聴《ゆる》さんことを。庶《こいねがわ》く

ば四海をして一家とし、永く往来を通じ便益ならしめよ。今、奉献の礼物の数目を開坐《かきしる》して咨を移《おく》る。（宝案四〇―〇七）

こうした文章がシャム宛咨文の基本的なフォーマットであり、他の南海諸国への咨文も大同小異である。琉球の正使はつねに琉球人名であり、通事は久米村華人だったはずだが、この咨文には記されていない。渡航目的は、どの咨文でも一律に、磁器などの中国産品を胡椒・蘇木などの南海産品と交易し、明朝への進貢品とするためだと記している。また南海諸国への咨文の日付は、大半が八～一〇月である。琉球国王が八～一〇月に咨文を発給したのち、琉球船は晩秋以降の北東風で南シナ海を南下し、翌年初夏の南西風で琉球に帰航した。その冬には南海産品を満載した進貢船が、北東風で明朝へと向かったのである。

琉球の礼物

咨文の本文の後には、琉球国王がシャム国王に贈る「礼品」を列挙している。上記の一四二九年の咨文では、次のとおりである。

織金段五匹　色段二十匹　腰刀四把　摺扇二十把　硫黄二千五百斤　大青盤二十個
小青盤四百個　小青碗二千個

「織金段」「色段」は中国産の緞子《どんす》であり、「腰刀」「摺扇」は日本産の短刀と扇子だろう。「大青盤」「小青盤」「小青碗」は中国産の青磁皿・青磁碗である。これらの礼物は、緞子の種類が異なる以外は、品目・数量ともほぼつねに同一である。シャム以外の東南アジア諸国への礼物も、品目・数量ともにほとんど変わらない。ただし「硫黄」だけは、アユタヤ朝以外では、安南（ベトナム）に贈られた事例が一件あるにすぎない。一五世紀の東南アジアでは、中国式の金属製火器が伝播・普及しており、火薬の需要が高かった。黒色火薬の主原料は硝石と硫黄であるが、シャムでは天然硝石は豊富に産出するものの、硫黄は産出せず、そのために琉球産硫黄を必要としたのである。

琉球の青磁輸出

琉球の礼物の中心は、総計二四二〇個の青磁である。咨文の本文にも、「磁器を装載して、貴国の出産の地面に前往《すすみゆ》き」とあるように、中国産磁器、特に青磁は琉球王国のもっとも重要な輸出品であった。そのことは考古資料からも裏づけられる。一四世紀後半から一五世紀にかけて、那覇港では貿易商品の荷揚げ場であった渡地《わたんじ》村や、琉球王府の海外商品倉庫であった御物城《おものぐすく》などの港湾施設が整備されていく。それらの遺跡からは大量の貿易陶磁が出土しており、特に青磁が大半を占める。また首里城でも一五世紀前半をピークに、大量の貿易陶磁が出土するが、やはり青磁が中心である。貿易陶磁の出土量に占める青磁の割合は、那覇港では四分の三、首里城や今帰仁《なきじん》グスクでは二分の一に達する。それらの青磁の産地は、おもに浙江省の龍泉窯《りゅうせんよう》一帯であった（瀬戸二〇二一・二〇二三）。

宋元時代には、華人商船が大量の中国産青磁・白磁を東南アジアに輸出していた。南シナ海域で発見された当時の沈没船に積まれていた陶磁器は、ほぼすべて中国産である。しかし一四世紀末には、海禁強化により華人海商の南海貿易は途絶し、中国産陶磁の輸出も急減する。一五世紀前期には朝貢貿易による陶磁輸出が拡大するが、それでも宋元時代には及ばなかった。

その一方、東南アジアへの華人ディアスポラにともない、陶磁器の生産技術も伝播し、シャムやベトナムなどでは陶磁器の輸入代替生産が発達した。一四世紀後期〜一五世紀前期の南シナ海域の沈没船では、中国産陶磁は三〇〜四〇%にとどまり、残りはシャム・ベトナム産であった。さらに一五世紀中期には、朝貢貿易が縮小したうえ海禁政策も維持されていたので、中国産陶磁の輸出はさらに激減し、当時の沈没船では中国産陶磁の比率は一〇%に満たない。東南アジア史では一五世紀中期における中国産陶磁の激減を、「明代のギャップ」（The Ming Gap）と称する（Brown 2010）。

しかし当時の東南アジアでも、中国産磁器の需要はなお大きかった。そのため琉球王国が、中国産青磁の代表的ブランドである、龍泉窯青磁の輸出センターとなったのである。なお江西の景徳鎮《けいとくちん》では、一四世紀前半から西アジア産のコバルトを用いて青花（染付）の生産が始まっていた。ただし琉球の陶磁貿易は、一五世紀までは青磁にほぼ特化していたようだ。龍泉窯は浙江南西の山間部に位置しており、河川によって青磁を浙江南部の温州や福建北部の福州に運ぶことができ、そこから沿岸航路で泉州に運ぶこともできた。琉球の進貢船は泉州だけではなく、しばしば福州や温州にも入港しており、そこでも大量の龍泉窯青磁を調達したにちがいない。これに対し、景徳鎮から温州・福州には陸路と河川でかなりの距離を運ばねばならず、輸送コストがかなり高かったのである。

シャムの礼物と商品

上記の一四二九年の琉球国王の咨文に対して、アユタヤ国王は一四三〇年三月二十一日付の咨文を、帰国する琉球使節に託して送っている。そこでは琉球国王への礼物として、次の品々を列挙している。「蘇木三千斤　祐《ゆう》紅《こう》布《ふ》二十匹　剪《せん》絨《じゅう》花《か》氈《せん》一領　西洋糸牙耳布一条」（宝案三九—〇二）。このうち「祐紅布」はシャム産の紅色綿布、「剪絨花氈」はペルシア産の絨毯、「西洋糸牙耳布」は、マラバール産のシャリアート布という綿布を指すようだ（Kobata and Matsuda 1969: 64、小川一九九八：一二三〇〜一）。インド洋からマレー地峡を越えてアユタヤに運ばれた高級織物が、三〇〇〇斤（一・七七トン）の蘇木とともに贈られたわけである。

シャム国王からの礼物は、蘇木を除けば儀礼的なものであり、琉球船はそのほかに大量の南海産品をアユタヤで調達していた。もっとも重要な商品は、やはり蘇木と胡椒である。蘇木は東南アジア大陸部が主産地であり、紅色染料の原料として東アジアでは非常に需要が大きく、シャムのもっとも主要な輸出品であった。胡椒はスマトラ島・ジャワ島のほか、アユタヤ朝の勢力下にあったマレー半島でも産出した。琉球の進貢船が明朝に輸出する附帯商品も、通常は蘇木と胡椒、およびマレー半島産の錫であった。

シャムの「香花酒」

一五世紀初頭には、琉球船がシャムに渡航するだけではなく、シャム船も琉球に来航していた。実態としては、福建海商の貿易船が琉球とシャムの間を、両国の使節を乗せて往復していたのだろう。しかし『歴代宝案』に記録が残る一四二〇年代からは、琉球とアユタヤ朝の通交は、ほとんど琉球船がシャムに往来する形で行われている。例外として、一四七八年にアユタヤに渡航した琉球船が火災で焼失したため、翌年にはシャム国王が自国船によって琉球船の乗員を送還している。ただしこのシャム船は琉球近海で遭難し、那覇に入港することはなかった（宝案三九―一一～一四）。

一四七九年に琉球船の乗員を送還したシャム船は、琉球国王への礼物として、大量の蘇木のほか、「蜜林檎香白酒」二一埕《かめ》、「蜜林檎香紅酒」二九埕も積みこんでいた。また翌年には琉球との通商関係者と思われる人々が、帰航する琉球船に託して、礼物として「香花紅酒」「香花白酒」などを贈っている（宝案三九―一二～一四）。一四八一年にもシャム国王は琉球国王に「香花酒」を贈っており、「内に椰子あり」という注記がある（宝案三九―一六）。各種の「香花酒」は、シャムからの主要な礼物となっていたのである。

シャムの酒といえば、泡盛の原型となったといわれる米製の蒸留酒「ラオ・ロン」が有名だが、上記の「香花酒」は、また別種の蒸留酒だったようだ。たとえば一五世紀初頭に鄭和艦隊の通訳としてシャムに渡航した馬歓《ばかん》は、「酒には米子酒、椰子酒あり」と記している（『瀛涯勝覧』）。米子酒とは米製の蒸留酒（ラオ・ロン）、椰子酒とはヤシの果汁から作った蒸留酒（いわゆるアラック）だろう。

また一六世紀末には、インドではココヤシの果汁を蒸留してヴラカという白色で度数の強い酒を造り、ポルトガル人はそれに干しぶどうを混合して、パーサという赤色の酒を作っていたという（リンスホーテン『東方案内記』第五六章）。「香花白酒」とはヴラカ、「香花紅酒」とはパーサのようなヤシ製の蒸留酒ではないか。「蜜林檎」とはなんらかの熱帯産果実であり、「蜜林檎香白酒・紅酒」とは、香花酒にそれらを漬けこんだリキュールだろう。香花酒の「内に椰子あり」と記すように、ヤシの実を漬けこむこともあったようだ。

なお沖縄では、黒褐色の釉薬《ゆうやく》をかけたシャム製の陶器壺が多数出土しているが、特に首里城（二五七点）、今帰仁グスク一帯（一〇三点）の出土数が突出して多い（瀬戸二〇一三）。これらのシャム産陶器壺は、商品の運搬・貯蔵用の「コンテナ陶器」であり、おもに香花酒の容器だったと考えられている（吉岡・門上二〇一一：一六五～八七）、アユタヤ朝の礼物として大量の香花酒が首里城に運ばれ、その一部が山北監守が置かれた今帰仁グスクなど、各地の主要グスクに分配されたのだろう。

官買をめぐる紛争

一四二九～三〇年の咨文のやりとりからは、琉球とシャムとの通交は順調に行われていたかに見える。しかし実は、その前後に両国間では交易紛争が延々と続いていた。それが「官買」問題である。

琉球船は毎年二～三隻がアユタヤに来航し、シャム産品を明朝をはじめ日本や朝鮮にも中継輸出しており、アユタヤ朝にとっても明朝との朝貢貿易を補う、東アジア貿易の重要なサブルートとなっていた。このためシャム当局も元来は琉球船を優遇し、民間商人との自由な交易を許していたようだ。ところが一四一九年に琉球船団が来航すると、アユタヤ朝は一転して、積載した磁器を政府が一括購入し（官買）、蘇木も政府が独占販売する（官売）と通告し、民間商人との交易を許さなかった。かつ磁器を安値で買いたたき、蘇木は高値で売りつけたので、琉球船団は大きな損失を出してしまった（宝案四〇―〇一）。

その後も、シャム当局は官買・官売を撤回せず、一四二四年には琉球はついにアユタヤへの派船を中止してしまった。翌一四二五年、琉球はあらためてアユタヤに派船し、官買の中止を求めた（宝案四〇―〇一）。その結果、なんらかの妥協が成立したようで、一四二六～二九年には琉球船が連年シャムに渡航して交易を行っている（宝案四〇―〇三～〇五、〇七・〇八）（村井二〇一三：三一七～二六）。

一四一九年にアユタヤ朝が突然に官買・官売を要求した背景には、鄭和の遠征があった可能性がある。一四一二年から鄭和艦隊に通訳として参加した馬歓によれば、艦隊がアユタヤに入港すると、西北二百余里（約一二〇キロ）の「上水」まで川船を派遣して交易を行ったという（『瀛涯勝覧』暹羅国）。「上水」とは、チャオプラヤ川中上流の産品集散地であったナコーンサワンを指すという（深見二〇一三）。鄭和艦隊はアユタヤだけではなく、その上流まで赴いて交易を行っていたのである。一五一〇年代にはアユタヤ朝の朝貢貿易に鄭和艦隊の交易が加わり、シャム産品の対明輸出が急増し、このため一五一九年にいたり、アユタヤ朝は琉球船に対して強気に出て、官買・官売を強要したのではないか。

官買問題その後

一四二九年の琉球船は、さきに引用した咨文だけを見れば、平穏無事に交易を行ったように見える。ところがこの琉球船は翌一四三〇年に帰国し、アユタヤでは「管事頭目」がまたもや磁器の「官買」を強要したと報告している。このため同年末には、琉球はアユタヤへの派船を中止し、かわりにスマトラ島のパレンバンと、ジャワのマジャパヒト朝に貿易船を派遣した。ところがパレンバンに渡航した琉球船は、そこに来航したシャム船から、アユタヤで「官買」を強要した「管事頭目」が罷免されたという情報を得た。このため琉球は、同年末にあらためてアユタヤに派船を行っている（宝案四〇―〇九・一一、四三―〇八）（村井二〇一三：三二七～九）。

孫）の誤写であり、「那弗答」とはペルシア語のナーフーザ（船主）に由来し、南蛮船の船長《ナフダ》を指している。この南蛮船は、施済孫が鄧子昌を船長として派遣した商船だったわけである（和田一九六七）。九州探題の要請を受けた琉球では、この時点ではパレンバンとの通交関係がなかったため、シャムに渡航する琉球船に鄧子昌一行を同乗させ、シャム経由でパレンバンに送還している（宝案四三―〇四）。

琉球―パレンバン貿易

鄧子昌一行が琉球からシャム経由でパレンバンに送還された七年後、一四二八年には琉球の王相懐機がパレンバンの「管事官」に書簡を送り、「本国の頭目」である実達魯《したる》が、小船一隻に磁器などを積載して交易に赴くと伝えている（宝案四三―〇四）。これは史料的に確認できるかぎり、琉球船がアユタヤ朝以外の南海諸国に渡航した初例である。

なお『歴代宝案』には、一四二八年九月付の琉球国王の咨文も収められており、本文には宛先がないが、「旧港に往く」という註記があり、同じ日付で琉球国王が実達魯に発給した「執照」（渡航証明書）も残されている（宝案四〇―〇六、四一―〇二）。おそらく当初は、琉球国王とパレンバンの国王が咨文により通交する前提で文書を準備したが、その後、パレンバンの首長は国王ではなく、一ランク下の「宣慰司」であることが判明したため、咨文は実際には送られず、かわりに王相懐機がパレンバンの「管事官」に書簡を送ることにしたのだろう。

上記の「執照」によれば、まず実達魯が懐機に対し、パレンバンに渡航して交易を行いたいと上申し、懐機がそれを国王に伝達して認可を得たのだという。パレンバンとの通交は、実達魯の要望を懐機を経由して王府が承認するという形で始められたのである。実質的には、実達魯はパレンバンの「那弗答」鄧子昌と同類の貿易船主だったと思われる（村井二〇一九：二二二〜四）。

この実達魯の父は漳州湾北岸の泉州府南安県の出身で、洪武年間に琉球に派遣されて通事に任じられ、実達魯も永楽年間に通事となったという（『憲宗実録』巻六五）。実達魯は一四二五年に朝貢使節として明朝に赴いているが（宝案一六―〇一）、当時の朝貢使節は基本的に琉球人名だったので、彼も琉球人名を名乗ったのかもしれない。

実達魯の子である蔡璟《さいえい》は、通事からさらに長史に昇った。一方、実達魯は琉球だけではなく、福州府長楽県にも妻子をもち、同県の戸籍に登録されていた。のちに長楽県で実達魯が残した妻子が没すると、蔡璟は一四六四年に明朝に朝貢した際、彼の男子にその戸籍を継がせたいと請願して認可されている（宝案一七―一五）。初期の久米村華人のなかには、実達魯のように琉球と福建の双方に基盤をもち、自発的に南海貿易を企図するような、福建海商としての性格をなお強く残していた者もあったのである。

懐機のパレンバン通交

実達魯のパレンバン貿易は、おそらく十分な利益をあげたのだろう。このため翌一四三〇年には、琉球は「官買」問題がこじれていたアユタヤ朝には派船せず、ふたたびパレンバンに派船している。上述のように、この琉球船がパレンバンに来航したシャム船から、アユタヤ朝の「管事頭目」が罷免されたという情報を得たわけである。一四三〇年以降の通交も、王相懐機がパレンバンの首長と書簡を礼物を授受するという形式で行われた。

そのころパレンバンでは、施進卿の次女と思われる「施二姐《しにしゃ》」が、施済孫の後継者となっていたようである。一四三〇年の派船に際しては、懐機はパレンバンの「本目娘《ほんもくじょう》」などに書簡を送っている（宝案四三―〇八・〇九）。「本目娘」とは「施二姐」を指すにちがいない（和田一九六七）。

翌一四三一年、琉球船がパレンバンから帰国し、「本頭娘《ほんとうじょう》」と「施氏大娘仔《ししだいじょうし》」の書簡と礼物をもたらした（宝案四三―一〇）。「本頭娘」は「本目娘」と同じく「施二姐」を指し、「施氏大娘仔」は施進卿の長女で、「施二姐」の後見役となっていた女性だと思われる（和田一九六七）。東南アジアは女性も財産を相続できる双系制社会であり、女性が現地の商業活動を担っていた。一六・一七世紀には、パタニやアチェなどのイスラーム系港市国家でも、女性がしばしば国王となっている。パレンバンの華人政権で女性首長が登場した背景にも、こうした社会的要因があったのだろう。

懐機がパレンバンに送った礼物は、中国産の緞子、日本産と思われる武器類や工芸品である。一方、「本頭娘」や「施氏大娘仔」からの礼物は、苾布《ひっふ》（ベンガル産綿布）などの織物類・沈香・象牙などである。また「淡梧《たんはい》仙酒」も贈られているが、これは米製の発酵酒であるタパイを指すという（Kobata and Matsuda: 141-142, 195）。

その後しばらくの中断を経て、一四四〇年にも懐機は「本頭娘」と「施氏大娘」に書簡を送り、貿易船の派遣を告げている（宝案四三—一二・一三）。パレンバンに関わる文書はこれが最後であるが、『歴代宝案』の文書欠落期である一四四三〜六二年にも、パレンバンとの通交が行われていた可能性はある。ただし一四三〇年代以降のパレンバン華人政権の動向については、『歴代宝案』がほぼ唯一の史料であり、この政権がいつまで存続したのかも明らかではない。一五世紀中期には朝貢貿易の衰退とともに、パレンバンの華人社会と広東・福建との交流も縮小し、しだいに現地社会に融合していったようである。

ジャワのマジャパヒト朝

マジャパヒト朝の繁栄

琉球はパレンバンに続き、その宗主国であったジャワのマジャパヒト朝とも通交を開始する。マジャパヒト朝は一三世紀末に元朝のジャワ遠征を撃退して、ジャワ島東部の肥沃な水田地帯を基盤として成立し、一四世紀にはマラッカ海峡からモルッカ諸島にいたる、東南アジア島嶼部全域に勢力を拡大していく。明朝が成立すると、マジャパヒト朝は積極的に朝貢貿易を行った。永楽〜宣徳年間（一四〇三〜三五）におけるジャワの朝貢回数は計三四回で、南海諸国のなかでもっとも多い。一五世紀前期には、鄭和艦隊も毎回ジャワに寄港して交易を行っている。マジャパヒト朝の経済的基盤は、ジャワ島東部の稲作とともに、モルッカ諸島のクローブ、バンダ諸島のナツメグ・メース、ティモール島の白檀などの特産品交易であった。これらの商品はジャワ島北岸港市から、マラッカ海峡・インド洋を経て、イスラーム圏やヨーロッパに運ばれていった（青山二〇〇一）。

一四世紀後期の華人ディアスポラにともない、ジャワ島北岸の港市にも多くの華人が流入した。馬歓によれば、ジャワ島北岸の港市には西方から渡来したムスリムとともに、広東・漳州・泉州出身の華人が居留しており、彼らの多くもムスリムであった。特にトゥバンには広東や漳州出身の華人が多く、グレシクでは華人が新たに港を開いて、「新村」と称し、広東人を村主として各地の商船が集まる交易拠点となっていたという（『瀛涯勝覧』爪哇国）。

マジャパヒト朝と華人海商

ジャワの華人海商による活発な海上貿易を象徴するのが、陳彦祥《ちんげんしょう》という人物である。彼は一三九三年にアユタヤ朝の使節として朝鮮に渡航し、一四〇六年にはマジャパヒト朝の使節として朝鮮に再渡航した。ところが途中で倭寇に襲撃され、朝鮮王朝から軍船を給与されて帰航するが、この軍船も日本近海で遭難し、室町幕府に保護されてジャワに送還された。一四一一年、陳彦祥はマジャパヒト朝の使節として日本に再来航し、博多に停泊中に孫を朝鮮に派遣して、先年の厚遇に謝意を表したのである（和田一九八一）。

陳彦祥はまずアユタヤ朝、ついでマジャパヒト朝の使節として朝鮮・日本に渡航しており、当時の華人海商が東南アジア大陸部・島嶼部から東アジアにいたる、広域的交易活動を続けていたことを示す。また彼は「亜列《アルヤ》」(=亜烈)というマジャパヒト朝の爵位をもっていた。一五世紀前中期にはマジャパヒト朝の朝貢使節や通事のうち、半数近くが華人系の姓名をもち、その多くが「亜烈《アルヤ》」やその下の「八致《パティ》」の官爵を帯びている。ジャワ人名の使節のなかにも、実際には華人系が多かったであろう(和田一九八一)。マジャパヒト朝では琉球における久米村と同じように、北岸港市の華人コミュニティが明朝との通交・貿易を担っており、そのなかには陳彦祥のように、朝鮮・日本貿易に乗りだす者もいたのである。

ジャワ北岸港市の華人には、久米村華人と同じように、故郷との紐帯を維持していた者も少なくなかったようだ。たとえば一四三六年に明朝に朝貢に赴いた八致満栄は、本名を洪茂仔《こうもし》という華人であった。彼はもともと福建漳州府龍渓県の漁民で、倭寇に拉致されてジャワに脱出したのだと称し、帰郷したいと請願して許されている。また一四三八年に朝貢に赴いた亜烈馬用良《ばようりょう》と二人の通事も、やはり龍渓県の漁民で、ジャワに漂流してそのまま寄留したのだと称し、帰郷して祖先を祭ってからジャワに帰航したという(和田一九八一、Reid 1999: 65-9)。彼らが倭寇に拉致され、あるいは漂流してジャワに流寓したというのはもちろん怪しく、実際には海禁を破って密航した可能性が高い。

漳州府龍渓県は福建南部の漳州湾南岸に位置し、琉球との密貿易拠点でもあった。上述の実達魯の父も、漳州湾北岸の泉州府南安県の出身である。久米村華人とジャワ島北岸港市の華人には、いずれも漳州湾地域（漳州府・泉州府）をルーツとする者が多く、琉球とマジャパヒト朝との通交も、彼らの同郷ネットワークを通じて進められたのだろう。

琉球のジャワ通交

一四三〇年、琉球は官買問題が再燃したアユタヤ朝への派船を中止し、上述のようにパレンバンにふたたび派船するとともに、ジャワにも貿易船を派遣した（宝案四〇―〇九）。琉球船二隻が船団を組んで那覇を出航し、一隻がパレンバン、もう一隻がジャワに渡航したのだろう。その後、一四三八年にもジャワに派船しており（宝案四〇―二三）、一四四〇年にはまたもやシャムで「官買」問題が生じたのを受けて、パレンバンとジャワに商船を派遣した（宝案四〇―二六）。

このジャワ渡航は成功だったようで、翌一四四一年には二隻の船団をジャワに派遣したが、いずれも福建沿岸に漂着して引き返した。このため翌年には、あらためて二隻の船団をジャワに派遣している（宝案四〇―二七・二八・三〇）。このように一四四〇年代初頭には、琉球はかなり積極的にジャワのマジャパヒト朝との通交を行っており、『歴代宝案』の文書欠落期である一四四三〜六二年にも、通交は継続していたにちがいない。

琉球国王のジャワへの礼物は、硫黄を含まないことを除けば、シャムへの礼物とおおむね同じである。ジャワからの礼物は、ジャワ王の咨文がないためわからない。なお一六世紀初頭のポルトガル人トメ・ピレスは、ジャワ北岸における華人海商の拠点港であったグレシクについて、かつてはインド商人のほか、「シャム人・華人・琉球人《レキオス》たちが船で来航していた」と記している（『東方諸国記』第五部）。一五世紀中期の琉球船来貢の記憶は、半世紀後も現地の人々に残されていたのである。

ジャワからマラッカへ

琉球国王からジャワ国王への咨文では、冒頭で東南アジア島嶼部の地域大国としての、マジャパヒト朝の隆盛を讃頌《さんしょう》することが多い。とりわけ「四海を懐柔し、諸国は来帰す」（宝案四〇―〇九）、「四海の遐邇《とおきちかき》は、競《われ》趨《さき》に来庭す」（宝案四〇―二三）、「大徳は遠く四海に聞こゆ」（宝案四〇―三〇）など、マジャパヒト朝の勢威が「四海」に及び、周辺諸国が来朝していることを讃えるのが特徴的である。

しかし一五世紀中期ごろから、マジャパヒト朝の繁栄には影が差しつつあった。マジャパヒト朝の海外貿易の大きな柱は、ジャワ北岸港市の華人を担い手とする明朝との朝貢貿易であった。ところが一四四〇年代には、明朝は財政負担の大きい海域アジアとの朝貢貿易の縮小策に転じ、マジャパヒト朝に対しても朝貢を三年一回に制限した。実際にマジャパヒト朝の朝貢は、一四〇〇～四〇年代の四七回から、一四五〇～九〇年代にはわずか七回と急減している（和田一九八二）。一五世紀中期には東南アジアの沈没船でも、中国陶磁が激減する「明代のギャップ」が生じており、明朝の南海貿易の急激な縮小を反映している。

一五世紀中期に、マジャパヒト朝にかわり東南アジア島嶼部の交易センターとして台頭したのがマラッカ（ムラカ）王国であった。マラッカはマジャパヒト朝に服属しながらも、海域アジアの東西を結ぶ貿易港として成長し、朝貢貿易の縮小後も華人密貿易者を通じて対明貿易を維持した。またイスラームを受容してムスリム海商を誘引し、ジャワ島北岸港市の華人系・西方系ムスリム海商も、しだいにマジャパヒトの統制を離れ、マラッカとの関係を深めていった。一五世紀後半には東南アジア島嶼部におけるマジャパヒト朝の存在感はしだいに薄れ、一六世紀前期には史料上から姿を消す。琉球王国もこの間に、島嶼部における交易拠点を、新たな集散港として台頭したマラッカに移したのである（Reid 1999: 69-78）。

朝貢体制のサブシステム

第一尚氏王朝時代の琉球王国は、東南アジア大陸部ではシャムとの通商を継続的に行うとともに、島嶼部では一四二〇年代末からはパレンバン・ジャワと貿易を開始し、一四五〇年代からは集散港として台頭したマラッカとの通商も推進した。それによって琉球王国の中継貿易は、朝貢貿易だけでは不十分な中国―東南アジア貿易のバイパスとして機能するとともに、東南アジア―日本・朝鮮貿易のメインルートともなったのである。

明代の朝貢体制は、明朝と朝貢国との一対一の関係の集積からなっており、求心的な放射状のシステムであった。このシステムのもとでは、宋元時代に発達した南・東シナ海域の交易ネットワークは機能不全に陥ってしまう。宋元時代には、東南アジア各地の産品は福建海商によって泉州にもたらされ、そこから寧波（明州・慶元）を経て、日本や朝鮮にも運ばれていた。たとえば一三二三年に慶元から博多に向かう途中で沈没した「新安沈船」には、膨大な陶磁や銅銭などの中国産品とともに、大量の胡椒や紫檀などの南海産品も積載されており、それらはおもに福建海商によって、東南アジアから泉州を経て慶元に運ばれたものにちがいない。

しかし一三世紀末には明朝の海禁政策により、華人海商による南海産品の供給ルートは途絶してしまった。一四世紀初頭にパレンバンの華人政権や、ジャワの陳彦祥が直接に日本・朝鮮貿易に乗りだしたのは、従来の南・東シナ海を結ぶ交易ルートの途絶にビジネスチャンスを見いだしたためであった。しかし東南アジアと日本・朝鮮を直結するルートは、倭寇や海難などのリスクも大きい。これに対し、琉球王国はより低いコストとリスクにより、南・東シナ海域を結ぶ中継貿易を安定的に進めることができた。

明朝にとっても、琉球王国の中継貿易は南海諸国や日本の朝貢貿易を補って、南海・日本産品を調達する重要なバイパスであった。琉球王国の中継貿易は、明朝を中心とした放射状の通商システムを補う、朝貢貿易のサブシステムとして機能したのである。特に一五世紀後半に南海諸国の朝貢が急減し、日本の朝貢も一〇年一回に制限されてからは、琉球の中継貿易が明朝に南海・日本産品を運ぶ、もっとも安定的なルートとなった。

琉球の南海貿易を担った久米村華人にも、彼らの交易パートナーとなった東南アジア諸港市の華人にも、福建にルーツを持つ者が多かった。明代には海禁政策により、福建と南シナ海域を直結する合法的な交易ルートは途絶したが、福建系華人は琉球の南海貿易を担うことにより、南シナ海域に散開した同郷人とも連携して、南海貿易に関与することができた。琉球の中継貿易は朝貢貿易のサブシステムとして、また福建海商のサテライトとして、放射状で硬直的な朝貢・海禁体制を補完し、南・東シナ海域の海上交易をリンクする役割をはたしたのである。

王朝交替と海外貿易

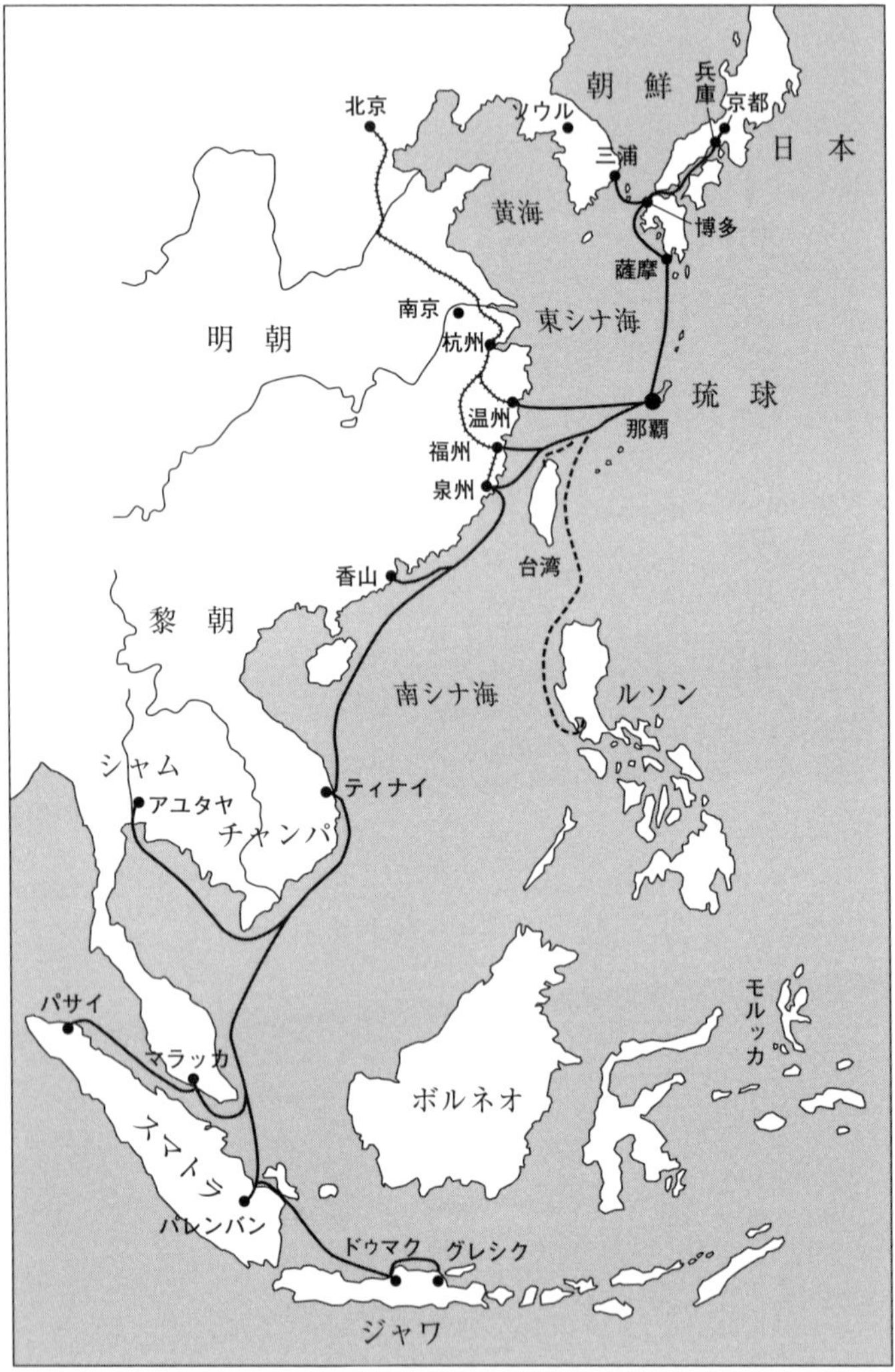

図８　第一尚氏王朝時代の海外貿易ルート（15世紀中期）

——— 海外貿易航路　┈┈┈ 朝貢使節行路

- - - - 史料上未確認の推定航路

国際貿易港・那覇

港市国家としての琉球

東南アジア史では、王権が貿易港を基盤として、海外貿易と不可分に結びついて成立した国家を「港市国家」とよぶ。琉球王国もまた、宮廷機能をもつ首里と、港湾機能をもつ那覇を中枢とする、港市国家としての性格をもっていた（高良一九九三）。

典型的な港市国家の一つであるマラッカと、琉球王国の首里・那覇を比べてみよう。マラッカはマラッカ川の河口に成立した港市である。マラッカ川の東岸は宮廷地区であり、丘陵上に王宮があり、丘陵のふもとに大モスクがあった。マラッカ川の西岸は商業地区であり、河口部の橋のたもとにジャワ人市場と呼ばれる交易拠点があり、その周囲には華人・グジャラート人・クリン人・ジャワ人などの居留地が形成されていた（図9）。

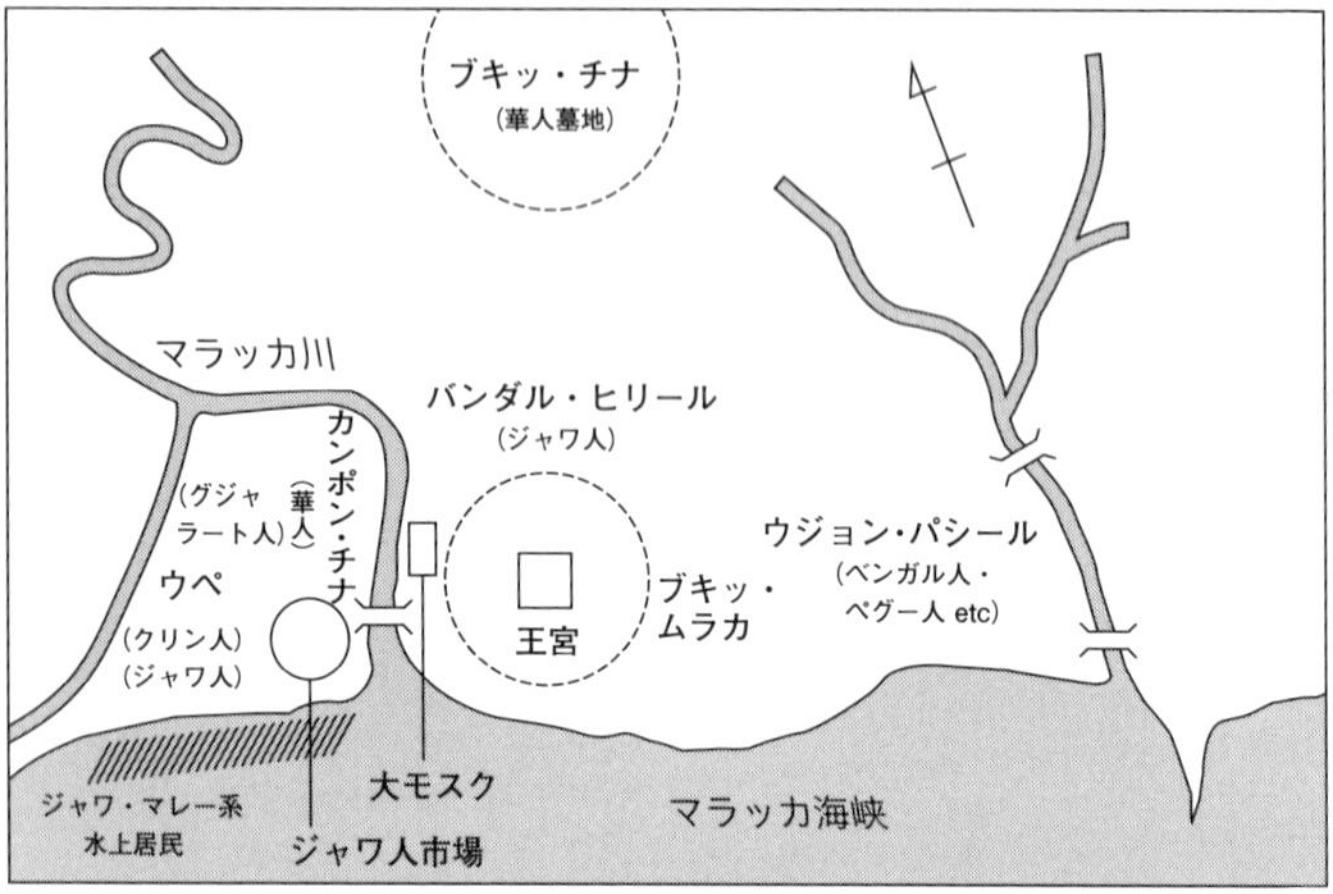

図9　1500年ごろのマラッカ（概念図）　中島2020, p.194より

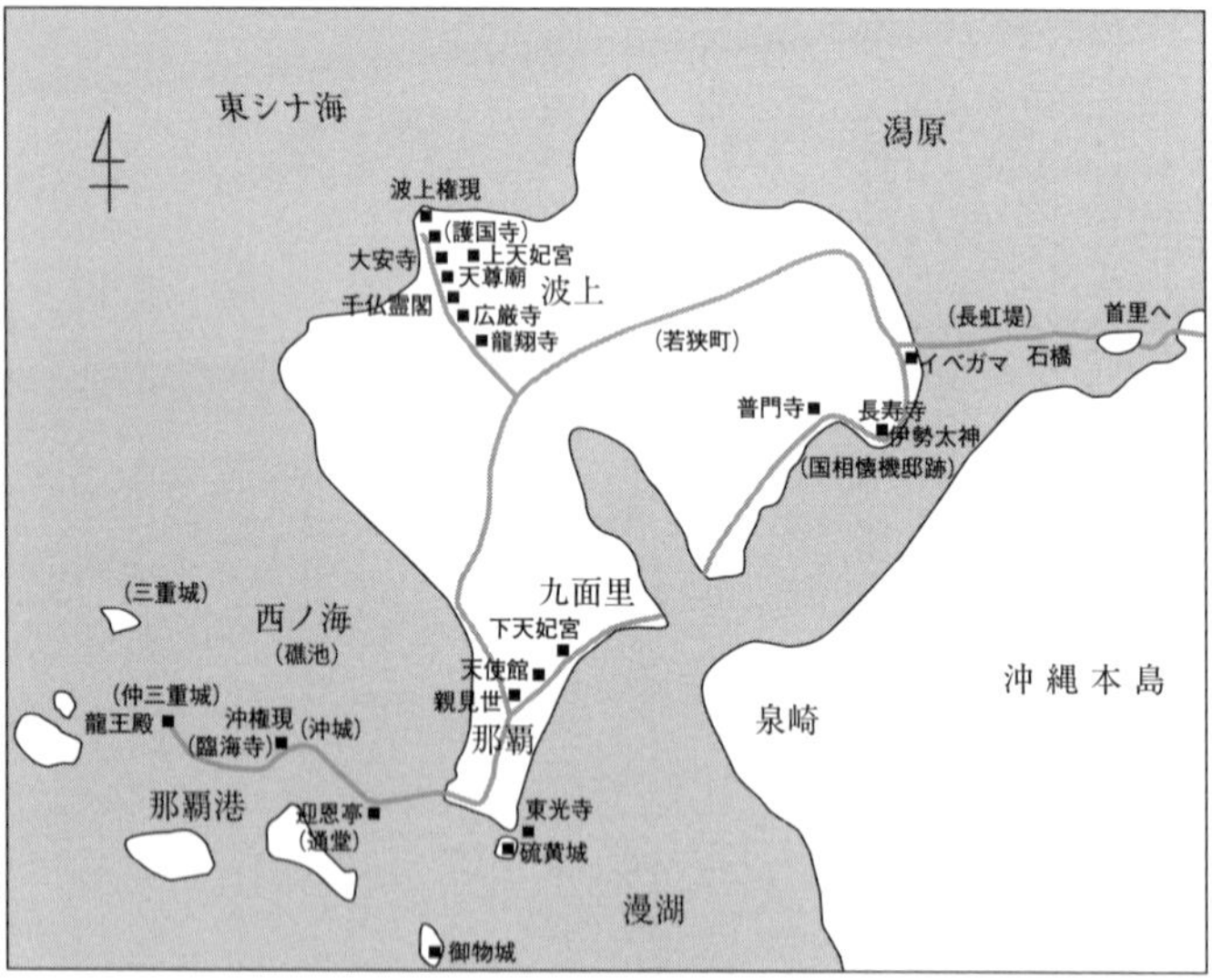

図10　15世紀半ばの那覇島推定図　高橋2015, p.421より

一方、首里—那覇首都圏はマラッカと比べると宮廷と港湾がやや離れているものの、国場川河口部の東北岸の丘陵上に首里城があり、その周囲には一五世紀中期までに、王家により相国寺・天界寺などの禅宗寺院が建立されていた。国場川の河口に位置し、首里と長虹堤で結ばれた那覇では、港湾付近に王府の交易場である親見世《おやみせ》、冊封使の宿泊施設である天使館、貿易品倉庫である御物城《おものぐすく》などが設けられ、その周囲に華人居留地の久米村、日本人居留地の若狭町などが形成されていた（図10）。マラッカと首里—那覇はかなり類似した空間構造をもっていたことがわかるだろう。

首里城と貿易陶磁

明朝との朝貢貿易開始後の、首里と那覇の関係の変化を示す手がかりが、貿易陶磁の出土動向である。朝貢開始以前の一三世紀後半〜一四世紀前半には、首里城出土の貿易陶磁は六一点、那覇港ではわずか一点にすぎず、むしろ北部の今帰仁《なきじん》グスクが三六一点と多い。しかし朝貢貿易開始後の一四世紀後半〜一五世紀初頭には、首里城では三三〇点、那覇港では六八九点と急増し、今帰仁グスクとその周辺でも五一九点を数える（瀬戸二〇一三）。この時期には那覇港や今帰仁グスクの出土量が多く、実態としては那覇港や今帰仁の外港の運天港を拠点とする華人商船が、琉球三王国の朝貢貿易を請け負っていたことを反映している。

つづく一五世紀前期〜中期には、那覇港での貿易陶磁の出土数は七七二点と漸増にとど

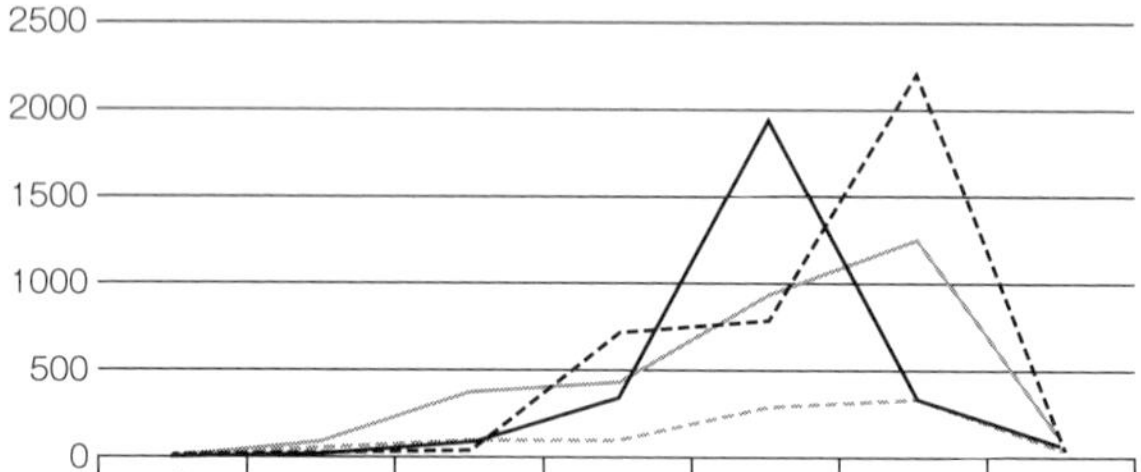

	1期 11後〜12時前	2期 12後〜13前	3期 13後〜14前	4期 14後〜15初	5期 15前・中	6期 15末〜16前	7期 16後
——今帰仁グスク	1	66	361	429	918	1245	110
------今帰仁ムラ	1	38	70	90	280	317	33
——首里グスク	0	0	61	330	1941	343	73
------那覇港	0	0	1	689	772	2210	14

図11　首里・那覇・今帰仁における貿易陶磁出土量　瀬戸2023, p.92より

まる。これに対し、首里城では火災による一括廃棄品の大量出土もあって、一九四一点と六倍近く増加し、今帰仁グスクとその周辺での出土数も一一九八点に達しており、いずれも高級品を多く含む（瀬戸二〇二三）。この時期は朝貢貿易の最盛期であり、進貢船が那覇にもたらした貿易陶磁の大半が首里城に運ばれ、さらに王権によって今帰仁などの主要グスクに分配されたのである。たとえば首里城正殿後方の二階殿跡では、この時期の貿易陶磁がまとまって出土しており、その六割近くが中国産青磁であるが、天目茶碗も二割にのぼり、国内外への配付用のストックだったようだ。また南海貿易で輸入されたベトナム製青花などが三・九％、タイ製陶器壺も三・七％含まれることも注目される（瀬戸二〇二一）。

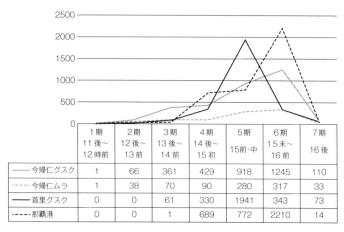

「琉球国図」の那覇

一五世紀前期は朝貢貿易の全盛期であり、琉球と明朝の関係がもっとも密接な時期であった。ただし一五世紀中期になると、那覇では朝貢貿易に限らず、より多様な海外貿易が成長していったようだ。この時期の那覇の状況を伝える貴重な地図が、『海東諸国紀《かいとうしょこくき》』（一四七一年）所収の「琉球国之図」と、一七世紀末に作成された「琉球国図」（沖縄県立博物館・美術館所蔵）である。

『海東諸国紀』は、朝鮮王朝の高官申叔舟《しんしゅくしゅう》が日本・琉球情報をまとめた著作であり、「琉球国之図」は、一四五三年に博多商人道安《どうあん》が朝鮮王朝に献上した博多—薩摩—琉球間の地図に基づく。一方、「琉球国図」は福岡藩士が道安の地図と同系統の原図を模写して、大宰府天満宮に奉納したものであり、那覇・首里については「琉球国之図」よりも情報量が多い（上里他二〇〇五）。どちらの地図も、懐機《かいき》が一四五二年に建造した長虹堤《ちょうこうてい》を「石橋」として描く。また「琉球国図」には首里附近に四つの寺院を記すが、尚泰久が一四五四年に即位後、首里附近に創建した天界寺や万寿寺は記していない。両図での首里・那覇の描写は、道安が地図を朝鮮王朝に献上した、一四五三年ごろの状況を示すと見てよいだろう。

「琉球国図」では、那覇を首里城西南の河口部に、ひょうたん型の浮島として描き、石橋（長虹堤）から首里城へと直線上の街道がのびている。浮島の中央には、「この地に王の庫蔵、衆多《あまた》あり」とあり、王府の交易施設「親見世」に属する倉庫群を指すのだろう。その北側には「久面《くめ》里」（久米村）が位置し、「江南人の家ここにあり」と附記する。また南側には「那波皆津《なはみなと》」（那覇港）があり、「日本人・本嶋人（琉球人）の家ここにあり」と

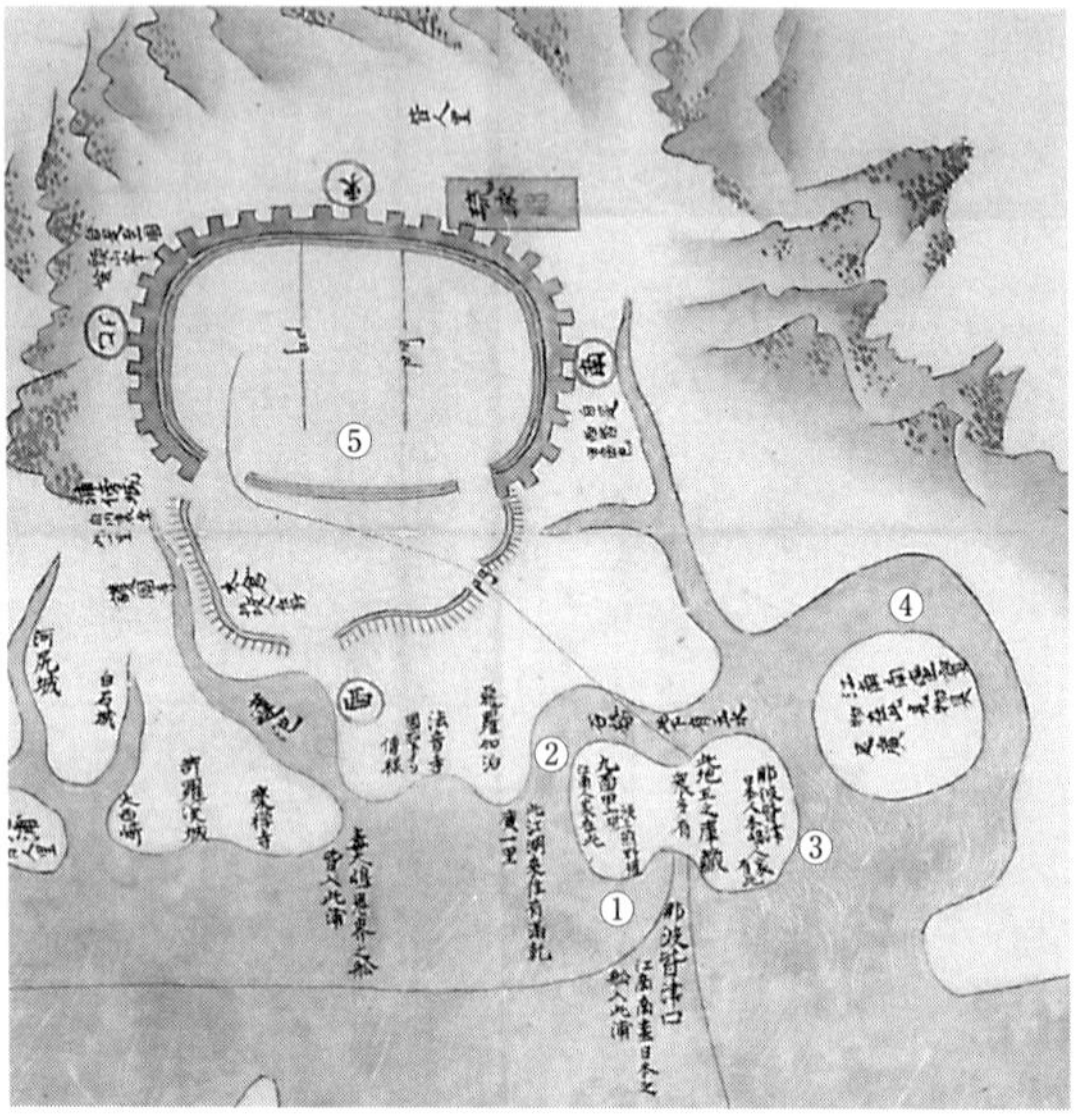

図12 「琉球国図」（部分）　沖縄県立博物館・美術館所蔵
①那波皆津口（那覇港口）:「江南・南蛮・日本之船入此浦」
②九面里（久米村）:「江南人家在此」
③那波皆津（那覇港）:「日本人・本嶋人家有此」
④見物具足広（御物城）:「江南・南蛮宝物在此」
⑤首里城

記している。この時点では日本人は琉球人とともに港湾付近に雑居していたようだ。

また浮島南方の湾内には円形の島が描かれ、「江南・南蛮の宝物ここにあり。見物具足《おものぐす》広《く》」とある。王府の輸入品倉庫の御物城である。さらに浮島の西方近海には「那波皆津口」(那覇港口)とあり、北方の日本や西方の中国へと航路がのびており、「江南・南蛮・日本の船、この浦に入る」と附記している。『海東諸国紀』の「琉球国之図」でも浮島の西南部に、「湾口、江南・南蛮・日本の商舶の泊まる所」とあり、やはり海外商船が河口部の湾内に入って停泊していたという。なお両図に記す「江南」とは、ひろく長江以南の地域を指しており、「江南」の商船とは、おもに福建の商船を指すと思われる。

朝鮮漂流民の見た那覇

また一五世紀後半の琉球王国の状況を伝える貴重な史料として、琉球諸島に漂着した朝鮮人が本国に送還されたのち、朝鮮政府に報告した一連の陳述がある。とりわけ一四六一年に宮古島に漂着して那覇に送られた肖得《しょうとく》誠《せい》らの陳述(『世祖実録』巻二七)と、一四七七年に与那国島に漂着し、翌年那覇に送られた金非衣《きんひい》らの陳述(『成宗実録』巻百五)には、当時の那覇港における海外貿易の実態を伝える興味深い記事が含まれている(池谷他二〇〇五:一四四～五二、二二七～四九、村井二〇一九:一七八～八〇)。

まず那覇に来航する海外商船について。肖得誠は「市は江辺にあり。南蛮・日本国・中原の商船、来たりて互市す」と述べ、金非衣も「江南の人、及び南蛮国の人、皆な来たりて商販し、往来絶えず」と説く。「南蛮」・「中原」（中国）・「江南」（長江以南）・「日本」の商船が来航し、河口沿いの市場で交易を行っているというのである。また久米村については、梁成が「土城に百余家あり、皆な我が国及び中原の人ここに居す」と伝えており、土塁で囲まれ、華人だけではなく朝鮮人も雑居していたようだ。

さらに金非衣は、華人の住居や服飾について次のように記している。「唐人の商販に来たり、因《よ》りて居する者あり。その家は皆な瓦を蓋《ふ》き、制度は宏麗なり。内には丹艧《たんわく》（朱塗り）を施し、堂中には皆な交倚《こうい》（折りたたみ倚子）を設く。その人は皆な甘套《かんどう》（黒色の冠）を着し、衣は則《すなわ》ち琉球国の如し」。那覇に居留する華人商人は、瓦葺きで室内は朱塗りの邸宅に住み、明朝風のライフスタイルを送っていたのだという。

那覇の福建海商

肖得誠や金非衣たちによれば、一五世紀後半の那覇には華人商船が入港し、華人商人が明朝風の生活を送っていたという。これらの華人商船は、明らかに海禁を破って来航した密貿易船である。

海禁が厳しかった一五世紀前半にも、琉球への密貿易が絶えることはなかった。その拠点となったのは、やはり福建南部の漳州湾地域、とりわけ漳州湾南岸の漳州府龍渓県である。一四三〇年には、漳州の海防指揮官が龍渓県民から賄賂を受けて、琉球への密貿易を見逃したため弾劾されている（『宣宗実録』巻六九）。一四三八年にも、龍渓県民が琉球に密航して交易を行ったとして処罰された（『英宗実録』巻四七）。前章で述べたように、マジャパヒト朝の朝貢使節や通事にも龍渓県出身者が多いが、彼らも元来は海禁を破ってジャワに渡航した密貿易者であろう。

一四五二年に広東で海賊勢力の叛乱が発生した際にも、福建の沿海民が外洋船に中国産品や軍器を積んで、琉球に密航することをあらためて禁じている（『英宗実録』巻二一七）。ところがその後は、一六世紀前期まで福建—琉球間の密貿易を禁じた記録は確認できない。このころには海禁もなしくずし的に弛緩しており、福建当局としても、密貿易が深刻な海賊行為を誘発しない限り、見て見ぬふりをしていたのだろう。それによって那覇には華人密貿易船がひんぱんに来航し、華人海商が邸宅をかまえて居留するようになったのである。

東・南シナ海域の結節点

那覇の南蛮人

肖得誠や金非衣たちは、那覇には華人商船とともに「南蛮」商船も来航し、「南蛮国の人」が交易を行っていたと述べ、「琉球国図」や「琉球国之図」にも、那覇港には「南蛮」商船も来航すると記す。また琉球王府の祭祀歌謡（おもろ）を集めた『おもろさうし』のなかにも、「たう・なばん　よりやう　なはどまり」（唐・南蛮寄り合う那覇泊）と、やはり那覇港に華人商船や南蛮商船が集う状況を歌いあげるものがある（巻一三、第八首）。

これらの「南蛮」商船はどこから来たのだろうか。『歴代宝案』を見るかぎり、琉球とシャム・パレンバン・ジャワ・マラッカとの通交は、もっぱら琉球船が相手国に往来することによって行われている。唯一の例外として、一四七九年にはシャム船がアユタヤで焼失した琉球船の乗員を送還しているが、このシャム船も琉球近海で遭難して那覇には到達していない。南海諸国の商人が、琉球船に同乗して那覇に来航することはあったとしても、琉球船が渡航していた国々から、多くの貿易船が那覇に来航していたとは考えにくい。

那覇港の「南蛮」商船は、むしろ『歴代宝案』には現れない地域から来航したのではないか。具体的にいえば、現在のベトナム中部にあたるチャンパやフィリピン諸島などである。チャンパやフィリピンは、南海諸国のなかでも琉球にもっとも近いが、『歴代宝案』には外交文書が残されていない。それは琉球との通商関係がなかったからではなく、国家間の公的通交という形をとらずに、商船が往来して交易を行っていたからであろう。

チャンパとフィリピン

金非衣は那覇で実見した南蛮人について、「椎髻《ついけい》しその色は深黒なり」と述べている。髪を束ねてまげを結い、肌色は黒いというのである。この描写も、彼が実見した南蛮人が、チャンパやフィリピンから来航した、オーストロネシア系の人々だったことを示唆している。馬歓はチャンパの人々（チャム人）について、「男子は蓬頭（ざんばら髪）、婦人は髻《まげ》を脳後に撮《ゆ》い、身体は倶に墨《くろ》し」と記す（『瀛涯勝覧』占城国）。一方、やはり鄭和《ていわ》艦隊に随行した費信《ひしん》は、「男女とも脳後に椎髻す」と記している（『星槎勝覧』占城国）。男子の髪型に違いはあるが、全体としては金非衣の証言に近い。

チャム人は南シナ海を中心に、北方は広東・福建、東方はブルネイ・ルソン、南方はマラッカ・スマトラ・ジャワへと活発な航海・交易活動をくりひろげており（Reid 1999: 39-55）、彼らが福建方面から、さらに琉球に来航したとしても不思議ではない。また一四七一年にはベトナムの黎朝がチャンパの首都ヴィジャヤを占領し、国土の北半を奪っており、それにともなうチャム人のディアスポラが、琉球にも及んでいた可能性もある。

またフィリピン諸島の人々も、南シナ海東縁海域に沿って活発な航海活動を行っていた。一四世紀中期の汪大淵《おうだいえん》によれば、「三島」（マニラ湾地域）の男性は「拳髪」（縮毛）、女性は「椎髻」であり、男性はつねに華人商船に随行して泉州に来航し、交易を行っていた。またミンドロ島の住民は「男女とも椎髻」で、木綿や蜜蠟などの特産品を華人商船と交易していたという（『島夷誌略』三島・麻逸）。

フィリピン諸島北端のバタン諸島から那覇までの直線距離は八五〇キロにすぎず、那覇から博多までの直線距離とほぼ等しく、実際の航行距離は那覇—博多間よりも短い。その間には島々も点在し、黒潮と季節風を利用して容易に渡航することができた。明代にはフィリピンからの朝貢貿易は一五世紀初頭まで散発的に行われただけだが、実際にはフィリピンの航海者は福建方面に渡航して密貿易を行うとともに、那覇にも来航して中国・日本産品を入手していたのだと思われる。

なお海外諸国のなかでも、台湾は琉球にもっとも近いにもかかわらず、古琉球期の文献史料では、台湾との交易関係はほとんどまったく確認できない。ただし実際には、朝鮮人漂流民が那覇で実見した南蛮人のなかに、台湾の先住民が含まれていた可能性もある。

海外貿易の多角化

金非衣によれば、当時の琉球で次のようなさまざまな商品が流通していたという。「綵段《さいだん》・繒帛《そうはく》・苧布《ちょふ》・生苧《せいちょ》・梳《くし》・剪刀《はさみ》・針・菜蔬・魚肉の塩醢《しおづけ》・南蛮国の班繒《はんそう》・班綿布・檀香《だんこう》・白経黒緯の綿布・藤唐・青黒白の綿布・磁器」。このうち綵段・繒帛は中国製の絹織物、苧布・生苧は琉球産の苧麻（からむし）、南蛮国の班繒・班綿布はおそらくインド産の型染め絹布・綿布、檀香は東南アジア産の香料である。このほかに中国産・日本産と思われる針などの雑貨類、琉球産の各種食品、東南アジア産と思われる各色綿布、中国産の磁器などもある。那覇には明朝や南海諸国に渡航した琉球船だけではなく、那覇に来航する「江南・南蛮・日本」の貿易船によって、多種多様な海外産品が流入していたのである。

統一琉球王国の成立後、明朝への朝貢回数は一四三〇年代には年平均二・九回だったが、その後は減少傾向にあり、一四六〇年代には年平均一・三回と急減している。ただし一五世紀後半には、琉球は明朝から下賜された海船にかわり、福建でより大型の海船を自弁で建造するようになり、一回の朝貢で派遣する船数も増やしている。船体の大型化や船数の増加は、朝貢回数の減少をかなり補ったようだ（岡本二〇一〇：一七〜九、一三九〜四四）。
また一四六三〜七二年には琉球船はマラッカに毎年渡航しており、パサイにも三回渡航している。アユタヤ朝との通交も続いていたので、一五六〇年代には琉球の南海貿易はむしろ拡大基調にあった。南海貿易によって輸入された商品の大部分は、明朝・日本・朝鮮などに再輸出されていたので、朝貢回数の減少にもかかわらず、琉球による南・東シナ海を結ぶ中継貿易が、全体として縮小傾向にあったとは考えにくい。

一五六〇年代以降の朝貢回数の減少は、琉球の中継貿易の衰退というよりも、むしろその多角化を示すと見るべきだろう。琉球王国は朝貢回数の減少を、船体の大型化や派遣船数の増加で補ったが、それ以上に華人海商との密貿易や日本・朝鮮貿易の拡大と、南海貿易の発展があいまって、琉球の中継貿易は全体として活況を呈していたのである。朝鮮人漂流民が那覇で実見した、「江南・南蛮・日本」の商船や、市中で流通していたそれらの国々の商品は、こうした海外貿易の多角化を如実に示すものであった。

対日貿易の進展

一五世紀後半の那覇には、「江南・南蛮」の商船とともに、日本の商船もしばしば来航していた。それらは中国・南海産品を求めて、那覇に来航した博多・堺商人などの貿易船であった。一五世紀初頭から、琉球は定期的に室町幕府に使節を派遣して通交を行っていた。明朝により「日本国王」に冊封された室町将軍は、朝貢秩序の上では琉球国王と同等である。ただし琉球と室町幕府との通交は、対等な国王どうしの「咨文《しぶん》」ではなく、琉球国王（世《よ》の主《ぬし》）が室町将軍を上位として、和文や和様漢文の書状を授受する形で行われ、琉球では久米村華人ではなく、五山系の禅僧が書状を作成していた。

一五世紀中期には、おおむね三～四年に一回、琉球船が博多・瀬戸内海を経て兵庫に渡航し、そこから使節が京都に赴いた。日本と明朝との朝貢貿易は一四一一～三二年には中断し、一四五〇年代からは一〇年一回に制限されており、東南アジアからの「南蛮船」の来航も一四二〇年代には途絶している。このため琉球船との交易は、畿内市場に中国・南海産品を安定的に供給するもっとも重要なルートとなっていた。

一四六六年には、兵庫を管轄する摂津守護の細川勝元が、琉球船の積荷検査を名目に商品を優先的に選び取り、しかも代金を支払わず、琉球船がそれを将軍に訴えるという事件も起こっている。その結果、幕府の政所執事の伊勢貞親《いせさだちか》と外交顧問であった季瓊真蘂《きけいしんずい》の主導で、琉球船は事前に積荷を自己申告すれば、随意に貿易を許されることになった。しかしその直後、伊勢貞親と季瓊真蘂が政変で失脚し、新制度は撤回されてしまった。さらに翌一四六七年には応仁の乱が勃発し、瀬戸内海の安全な航行が難しくなり、その後は琉球船の来航はほぼ途絶することになる（宮本一九九五）。

琉球船の来航途絶後、一〇年に一度の遣明船貿易だけでは、畿内市場への中国・南海産品の供給はまったく不十分であった。このため一四七〇年ごろから、堺商人が活発に琉球に渡航し、中国・南海産品を輸入するようになる。これとともに従来の瀬戸内海を経て兵庫にいたる航路にかわり、土佐沖を経て堺にいたる「南海路」が、琉球と畿内を結ぶメインルートになっていく。

朝鮮貿易と博多商人

朝鮮もまた、琉球の中継貿易の重要なマーケットであった。朝鮮王朝は朝貢貿易によって中国産品を入手できたので、琉球からはもっぱら南海産品を輸入している。一五世紀初頭までは、琉球船がたびたび朝鮮王朝に渡航して通交・貿易を行っていた。しかし一四二一年、朝鮮に向かう琉球船が対馬の海賊に襲われ、乗員は殺害され、船と積荷は奪われるという惨事が起こり、琉球船の朝鮮渡航は途絶してしまう。その後は一四三一年に琉球使節が対馬の海上勢力の船に便乗して渡航したのを除き、朝鮮との通交は三〇年あまり途絶している。ただしその間も、対馬宗氏や壱岐・松浦の諸勢力はしばしば南海産品を朝鮮に輸出しており、琉球から九州に運ばれた南海産品が朝鮮に再輸出されていたことがわかる。

さらに一四五三年には、博多商人の道安が琉球王府から委託されて、琉球使節として朝鮮に赴いている。彼はその際に、『海東諸国紀』所収「琉球国之図」の原図を献上したわけである。その後も博多商人などがしばしば琉球使節として朝鮮と通交・貿易を行っているが、その多くは勝手に琉球使節を名乗って渡航する「偽使《ぎし》」であった。

朝鮮王朝は対馬宗氏や九州の諸勢力に「図書《としょ》」という銅印を授与し、「図書」を押した「書契《しょけい》」を持参して通交・交易を行うことを認めていた。博多商人は活発に琉球に渡航して南海産品を調達するとともに、対馬宗氏などと連携して、日本産品とともに南海産品を朝鮮に輸出した。また博多商人自身が通交権を獲得したり、幕府有力者の名義で「偽使」を仕立てたりして交易を行うこともあった（伊藤二〇二一：一三九～一二五）。琉球からは博多・対馬を経て、朝鮮に胡椒・蘇木・香料などのさまざまな南海産品が運ばれ、朝鮮からはその代価として、おもに綿布などの織物類が輸出された（鄭二〇一一、関二〇一五：七三～九八）。

尚泰久から尚円へ

動乱の時代

尚巴志の没後は、三代にわたり在位四～五年の国王が続いたが、王相懐機は健在であり、王権もおおむね安定していた。しかし一四五三年に尚金福が没すると、王子の志魯《しろ》と王弟の布里《ふり》が王位を争って内乱となり、双方が共倒れとなって、翌一四五四年にもう一人の王弟であった尚泰久（在位一四五四～六〇）が即位する。ただしこの内乱の実態は必ずしも明らかではなく、実際には尚泰久が尚金福の王子（または尚金福自身）と争って、王位を奪ったと推測する論者もいる（高瀬二〇〇三）。なお朝鮮王朝でも、一四五五年に世祖が甥の端宗から王位を奪って即位しており、もし尚泰久が尚金福の王子を倒して即位したのだとすれば、同時期に朝鮮と琉球で叔父が甥の王位を簒奪したということになる。

また尚泰久の即位に関連して、尚金福時代に「王弟」が大きな軍権を有していたことも注目される（高瀬二〇〇三）。一四五三年に尚金福の使者として朝鮮に渡航した博多商人の道安は、一四五〇年に琉球国王の弟が軍を率いて奄美諸島の「岐浦島」（喜界島）を征討したと伝えている（『端宗実録』巻六）。尚金福の「王弟」は、布里もしくは尚泰久ということになるが、尚泰久は即位後も連年のように喜界島遠征を行っていることから見て、尚泰久を指す可能性が高いのではないか。

そのころ沖縄本島東岸の勝連按司《かつれんあじ》の阿麻和利《あまわり》や、同じく中城《なかぐすく》按司の護佐丸《ごさまる》も、奄美・九州方面との交易を推進して勢力を拡大していた。尚泰久は阿麻和利を娘婿としており、喜界島遠征の過程で阿麻和利や護佐丸との関係を深め、彼らのバックアップも得て即位したのかもしれない。しかし一四五八年には、阿麻和利が護佐丸を攻め滅ぼし、さらに首里城に進撃したが、王府の反撃により敗死するにいたる。この叛乱の実態は必ずしも明らかではないが、結果として尚泰久は阿麻和利や護佐丸を排除して、奄美・九州貿易の利権を掌握することに成功したのである。

梵鐘鋳造ラッシュ

尚泰久の治世は、おおむね朝鮮国王世祖（在位一四五五〜六八）と重なる。世祖は甥から王位を奪ったことを糊塗するように仏教信仰に入れあげ、多くの祥瑞を演出して王権の正統性を示そうとした。一四六〇年代後半には、日本から祥瑞を祝賀する使節が陸続と朝鮮に渡航して交易を行い、朝鮮通交ブームが生じるにいたる。

偶然なのかどうか、同時代の尚泰久も仏教信仰に熱中し、渓隠安潜《けいいんあんせん》・芥隠承琥《かいいんじようこ》などの京都五山系の禅僧を開基として、首里や那覇などに多くの寺院を創建した。さらに一四五六～五九年には、尚泰久は集中的に二三もの梵鐘を鋳造して、各地の寺院に寄進した。琉球王国の繁栄を示すシンボルとして知られる「万国津梁《ばんこくしんりよう》の鐘」も、阿麻和利・護佐丸の乱が起こった一四五八年に、首里城正殿に掛けられたものである。一連の梵鐘の銘文を作成したのは、すべて渓隠安潜であった。

これらの梵鐘は、おもに豊前小倉の鋳物師が琉球に赴いて、現地の職人を用いて鋳造したようだ。豊前は大内氏の領国であり、琉球貿易の促進を図った大内氏が、尚泰久の要請に応じて、小倉の鋳物師を琉球に派遣して多数の梵鐘を鋳造させたのだと思われる（松井・新郷二〇二四：一六八～二〇六）。銘文を作成した渓隠も、琉球渡来以前に幼少時の大内政弘と対面したことがあり（高橋二〇一五：三八五）、大内氏との関係が深かった。

なお梵鐘の原料である青銅は銅と錫の合金である。銅は当時の日本の代表的な輸出品であり、その主産地は大内領の周防や豊前だった。一連の梵鐘の原料銅が大内領から供給されたことはまちがいない。一方、アジアにおける錫の主産地はマレー半島である。あたかも尚泰久期にはマラッカとの貿易が始まっており、錫もマラッカからの主要輸入品であった。大内領の銅とマラッカの錫という、東・南シナ海域の重要な貿易相手からの原料輸入が、尚泰久期における多数の梵鐘の鋳造を可能にしたのである。

奄美諸島への進出

尚泰久は即位以前から、「王弟」として喜界島遠征を率いていたと思われ、即位後は阿麻和利や護佐丸を排除して、奄美・九州貿易の権益を占有し、北方海域への進出を強く指向していた。一四六一年には尚泰久が没し、その子の尚徳（在位一四六一～六九）が即位するが、尚徳もひきつづき奄美諸島、特に喜界島への出兵をくりかえしている。一一世紀以来、喜界島は九州と南西諸島を結ぶ海上交流の拠点となっており、一四世紀後半には島津家の勢力下にあった。しかし一四五三年には、琉球王弟の喜界島遠征により琉球と薩摩の関係が悪化したため、薩摩が琉球に往来する博多商人の船を襲撃し、博多商人は薩摩近海を避けて航海せざるを得なかったという（『端宗実録』巻六）。

なお一四六一年には琉球から朝鮮に送還された漂流民が、琉球は一五年前に「吾時麻」を攻めて帰順させ、「池蘇」にも毎年征討を行っているが、まだ服従していないと伝えている（『世祖実録』巻二七）。「吾時麻《オシマ》」は奄美大島を指し、「池蘇《チソ》」は喜界島と考えたいところだが、そのままでは発音が遠すぎる。おそらく「池蘇」は、「池薊《チケイ》」（지계、中期朝鮮

音では chi-kei）の誤記であろう。

ただし一四六一年には即位直後の尚徳が、島津氏が和解を求めて送った「太平書」に返書を送り、ひとまず両者の和睦が成立した（『旧記雑録前編』巻三六）。そして一四六六年には、尚徳は海船五十余艘という大軍を率いて喜界島に親征し、ついに制圧に成功した（『中山世譜』巻五）。琉球王国は二〇年にわたり喜界島に出兵し、ようやく服従させたわけであるが、そのことは島津氏との関係をふたたび悪化させたと思われる。

華人社会の変容

尚思紹・尚巴志以来、第一尚氏王朝は明朝との関係がきわめて深く、懐機のような華人の王相が対外通交のみならず内政も主導し、宗教的にも中国仏教・道教の影響が強い。これに対し、尚泰久・尚徳の王統では華人王相は姿を消し、明朝からの人員派遣や海船下賜も途絶しており、中国仏教・道教の影響もみられない。それにかわり、梵鐘鋳造を後援した大内氏、道安などの博多商人、渓隠のような五山系禅僧との関わりが強くなっていく。

またこの時期には、久米村華人の役割にも変化が生じている。この時期には王相は史料上から姿を消し、久米村華人が内政に関与した形跡もない。一方、尚巴志時代までは朝貢使節の大半は琉球人名であったが、尚徳時代には長史の上に新たに正議大夫という役職が設けられた。当時の進貢船は一～四隻で編成され、正議大夫と長史の双方ないし一方、および一～三名の琉球人使節が搭乗した。一般には正議大夫（不在の場合は長史）が正使となるが、慶賀・謝恩などの特別な進貢の際には、琉球人の「王舅《おうきゅう》」が正使となった。これに対し、南海諸国への使節は正使・副使を問わずほとんど琉球人名である。

この時期にもむろん久米村華人が担う朝貢貿易は、琉球の中継貿易の基幹ではあったが、他方で大内氏や博多商人との関係強化を通じて、九州・朝鮮貿易の促進が図られたようだ。奄美諸島へのたび重なる軍事遠征も、こうした北方海域への進出政策のもとに進められたのである。あくまで推測の域を出ないが、尚泰久が王位争奪戦を制して即位した背景にも、大内氏や博多商人のバックアップがあった可能性もある。

金丸の即位

尚徳王は喜界島制圧の三年後、一四六九年に二九歳で死去する。蔡温《さいおん》『中山世譜《ちゅうざんせいふ》』（一七二四年）などの近世に編纂された琉球王朝の正史は、いずれも尚徳が死去した直後、金丸《かねまる》が新たに即位して、第二尚氏王朝を開いたと伝えている。『中山世譜』によれば、第二尚氏王朝を開いた金丸は沖縄本島北西の伊是名《いぜな》島出身で、王子時代の尚泰久に仕え、尚泰久の即位後に御物城《おものぐすく》御鎖側《おさすのそば》に抜擢されたという。この役職は那覇港内の貿易品倉庫である御物城の管轄をするとともに、那覇の海外貿易をとりしきる役割も担っていたようだ。それまではおそらく懐機配下の華人が御物城を管轄していたと思われるが、尚泰久はそれに子飼いの琉球人である金丸を登用したのである。金丸はその職務を通じて、久米村華人や那覇の交易勢力と密接な関係を築いたにちがいない。

一四六一年に即位した尚徳王は、若く血気盛んであったが、専横で暴虐な行動が多かった。金丸はしばしば彼を諫言《かんげん》したが聞き入れられず、辞職して領地の内間《うちま》に隠遁してしまう。一四六九年四月二二日に尚徳が没すると、「法司」が王子を新王に推戴するため、群臣を宮廷に集めた。ところがそこで一人の老人が尚徳の暴政を糾弾し、衆望のある金丸を新王とすることを主張した。群臣はみなそれに賛同し、王妃や王子を捕らえて殺害し、金丸に即位を要請した。金丸は再三固辞したが、やむなく要請に応じ、尚円王として第二尚氏王朝を開いたというのである（『中山世譜』巻五・六）。

ただし同時代史料には、尚徳王の死後ただちに金丸が即位したことを伝える記事はなく、後世の正史が語るストーリーをそのまま信じることはできない。たとえば一四七一年二月には、「琉球国王尚徳」名義の使節が朝鮮に渡航し、現在の琉球国王は尚徳を継いだ「中和」だと述べている（『海東諸国紀』琉球国紀）。つまり尚徳の死後、新王の中和が前王尚徳の名義で、この使節を派遣したというのである。実際には彼らは博多商人が尚徳の名義で仕立てた偽使であり、一四七一年二月の時点で中和が琉球国王だったわけではない。しかしその他の同時代史料にも、尚徳の死後、いったんはその王子が即位していたことを示唆する記録が残されているのである。

相国寺の鐘銘

かつて首里の相国寺《しょうこくじ》には、尚徳王を願主とする巨鐘が掛けられていた。この巨鐘は現存しないが、一四六九年一〇月七日に住持の渓隠安潜が記した、次のような鐘銘が伝えられている。「琉球国君世高王《せだかおう》、大願力に乗じ、新たに巨鐘を鋳て、相国寺に寄捨す。（中略）国を安んじ民を利する聖天子は、唐虞《とうぐ》の化を継ぎ、文を全うし武を偃《おさ》むる賢宰相は、霖雨の秋《とき》を霈《うるお》す」（『琉球国旧記』巻九）。「世高王」とは尚徳王の別称（神号）である。安渓潜隠は尚徳がこの巨鐘を鋳造させ、相国寺に寄進したことを記し、「聖天子」が唐虞（中国古代の聖王堯舜）の治世を受けつぎ、「賢宰相」が文治を興し兵事を収めたことを讃えるのである。

この銘文によれば、尚徳は一四六九年四月に没したのではなく、同年一〇月の時点で存命だった可能性もある。ただしこの巨鐘は、尚徳の死後に鎮魂の意をこめて、尚徳を願主として鋳造されたとも推定されており（小島一九八六）、ここではその見解に従っておきたい。いずれにせよ、『中山世譜』が説くように暴君であった尚徳の王子を群臣が排除して、金丸を新王に推戴したのだとすれば、その金丸が尚徳を願主としてこの巨鐘を鋳造したとは考えにくい。むしろ尚徳の没後、その王子（『海東諸国紀』が記す中和）が即位して、亡父のために梵鐘を鋳造させたと見るのが自然ではないか。

さらにこの鐘銘では、「聖天子」と「賢宰相」を並列して、両者を讃頌していることが注目される。安渓潜隠は尚泰久時代に多くの梵鐘の銘文を作っているが、それらはもっぱら国王の徳を讃えるもので、宰相に言及することはない。ここで「聖天子」と並列された「賢宰相」は、通常とは異なる権勢を有していたことが予想される。

この「賢宰相」とは誰のことだろうか。『中山世譜』には尚徳王時代の重臣として、「法司」の王察度《おうさと》を挙げている。法司とはのちの三司官にあたる王府の最高官である（矢野二〇一四：二三六～四六）。同書には尚徳の死後、法司が群臣を集めてその王子の即位を提案したとも記されており、この法司も王察都であろう。「賢宰相」が王察都だとすれば、実際には彼の主導により、いったんは尚徳の王子（中和）が王位を継いだことになる。

一方、「賢宰相」は金丸を指すとも考えられる。その場合、尚徳と対立して下野していた金丸が、尚徳の死去により復権し、新王（中和）のもとで王府の実権を握ったという状況が想定できる。「文を全うし武を偃む賢宰相」という表現からは、この「賢宰相」は尚徳のもとで奄美諸島への軍事侵攻を担ったであろう王察都よりも、金丸を指す可能性が高いように思われるが、現時点では確言することは難しい。

王朝交替のプロセス

さらに『歴代宝案』には、一四七〇年四月一日付けで、「琉球国王尚徳」が朝鮮国王に送った咨文が残されている（宝案四一―一七）。この咨文では、さきに朝鮮国王世祖が「日本国の商船」に託して礼物を贈った返礼として、

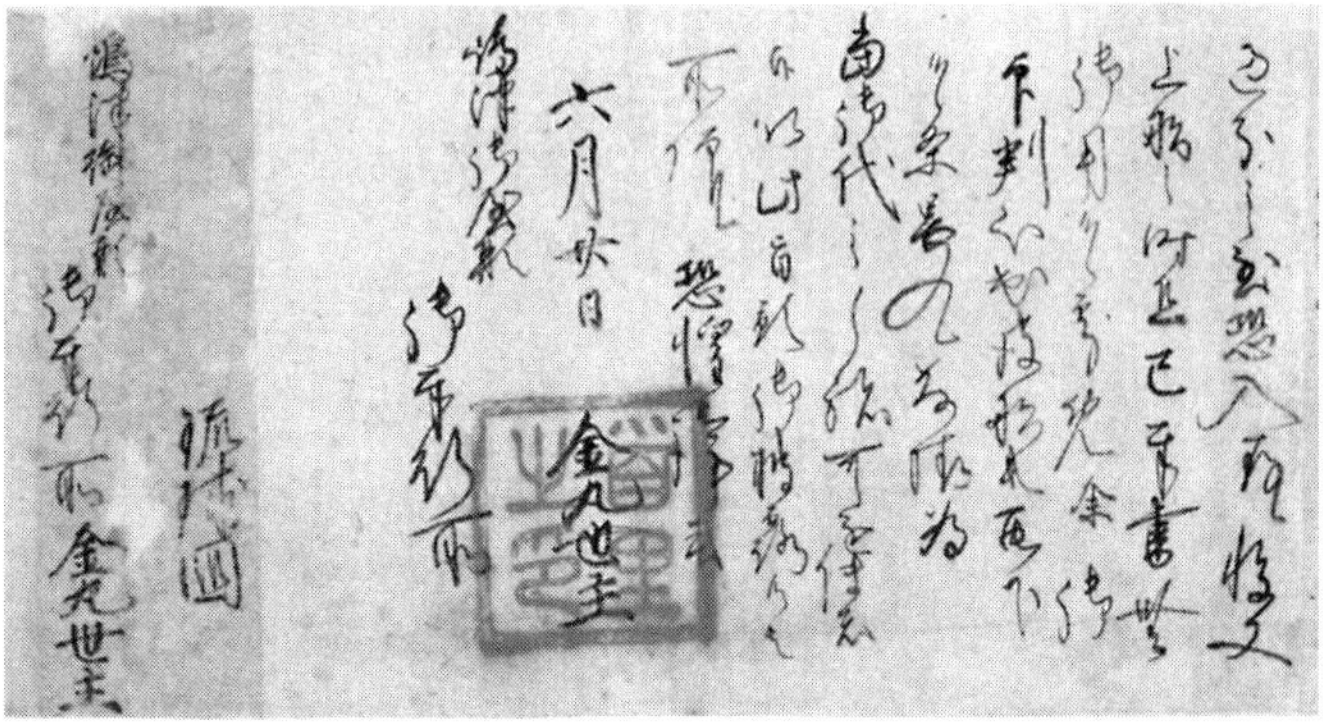
六月廿日
琉球國
金丸世主

図13　琉球国金丸世主書状（後半）　東京大学史料編纂所所蔵

新《しん》右《う》衛《え》門《もんの》尉《じょう》平《たいら》義重《よししげ》を派遣して返礼を贈ると記しており、南海産品を中心とした多種多様な礼物を列挙する。「日本国の商船」とは、一四六七年に琉球使節として朝鮮に往来した、おそらく博多商人主体の商船であり、新右衛門尉も博多商人であった可能性が高い（橋本二〇〇五：九九～一〇〇）。おそらくこの時点では、なお中和が王位にあり、亡父の尚徳の名義でこの咨文を送ったのだと思われる。

　ところが同年六月二〇日にいたり、金丸は「世《よの》主《ぬし》」と称して、薩摩の島津立久《たつひさ》の家督継承を祝賀する書状を送っている（『島津家文書』三五九〇号、荒木二〇〇六）。この書状の末尾では、「金丸世主」という署名の上に「首里之印」が押されており、この時点で金丸が「世主」として即位し、首里王府を掌握していたことは確実である。もし相国寺鐘銘にいう「賢宰相」が法司の王察都を指すとすれば、同年四月から六月の間に、金丸が中和―王察都政権を倒して王位を奪ったことになる。一方、「賢宰相」が金丸を指すとすれば、金丸が傀儡化していた中和を廃位し、みずから王位に即いたと考えられる。いずれにせよ、この間に金丸が宮中クーデターにより、中和を廃位して即位した可能性が高い。

そして同年九月七日には、金丸は「琉球国中山王世子尚円」の名義で、朝貢使節の蔡璟《さいえい》らに「符文」を発給している（宝案二三―〇四）。翌一五七一年三月、蔡璟らは北京にいたり、前王尚徳の死去を告げ、世子の尚円の冊封を求めた。これを受けて、七月八日には成化帝が尚円を琉球国中山王に冊封する詔勅を発したのである（宝案〇一―一八）。金丸は尚徳王の世子という名目で冊封を受け、これによって王朝交替が完成したことになる。

王朝交替と交易勢力

博多商人と朝鮮通交

上述のように、一四七〇年四月一日にはおそらく中和が前王尚徳の名義で、新右衛門尉義重を朝鮮に派遣することを告げる咨文を発給していた。ところが朝鮮側史料には、新右衛門尉の到来についても、この咨文自体についてもまったく記録がない。そのかわり一五七一年一一月に、尚徳王の使者として禅僧の自端西堂と、博多商人の平左衛門尉信重《たいらさえもんのじょうのぶしげ》（佐藤信重）が渡来し、尚徳名義の「書契」をもたらしたことが記録されている。この自端西堂が、朝鮮側に現在の琉球国王は尚徳を継いだ中和だと告げたわけである。

この「書契」では、ちかごろ琉球では、「書券」を偽作して朝鮮と通交を行おうとする者がいるので、今後は「剖符《ほうふ》」をつきあわせて、使節の真偽を確認してほしいと記している（『成宗実録』巻一三）。すなわち割印を押した「剖符」の左半を事前に朝鮮側に渡し、使節が持参する右半と照合するというシステムである（橋本二〇〇五：七七〜九）。

一四七〇年四月に中和が派遣した新右衛門尉も博多商人だったようだ。おそらくこの使節は琉球を出航後、博多あたりで金丸が王位を奪ったというニュースを知ったのだろう。このためそれまで尚泰久・尚徳のもとで琉球—朝鮮間の貿易を担っていた博多商人たちは、彼らのなかの最有力者の一人であり、朝鮮王朝から通交権を認められていた佐藤信重を新たな使節として、自端西堂とともに朝鮮に渡航させることにした。その際、新右衛門尉が持参した咨文をそのまま渡すわけにはいかない。このため彼らは、あらためて琉球国王名義の「書契」を偽造したのだと考えられる。

琉球国王の咨文には、明朝から下賜された琉球国王印を押す必要があるが、それは金丸の手中にある。ただしそれまで日本の通交者が用いていた「書契」であれば、博多商人にとってはお手のものだ。そのうえで彼らはその「書契」に「剖符」（割印）を附して照合することとし、今後も朝鮮通交の権益を維持することを図ったのである。

琉球王府と博多商人

こうして信重などの博多商人グループは、金丸の王位簒奪に対抗して、琉球—博多—対馬—朝鮮を結ぶ交易ルートを掌握しつづけることに成功した。その後一四七七〜九四年には、琉球使節が八回にわたり朝鮮に渡来しているが、いずれも咨文ではなく書契を持参しており（一例のみ不明）、おもに博多商人が主導する偽使だったようだ。一五〇〇年にいたり、正式な琉球国王の咨文を持った使節が到来するが、彼らは過去四〇年にわたって、琉球使節が朝鮮に渡航したことはないと述べている（橋本二〇〇五：八〇～一〇三）。なおこの間、琉球近海の「久辺国」を名乗る使節も二回にわたり来航しているが、これは朝鮮貿易参入をめざす薩摩商人が仕立てた偽使だと思われる（村井二〇一九：二四七～八）。

ただし第二尚氏王朝と博多商人は完全に断絶していたわけではない。琉球王府にとって、南海産品の重要なマーケットである朝鮮との通交・貿易は、博多商人に依存するしかなかった。また博多商人にとっても、南海産品を入手するためには、琉球王府の協力が不可欠である。このため琉球王府も博多商人の偽使派遣を黙認せざるを得ず、博多商人も一四八三年からは、尚徳ではなく尚円の名義で偽使を派遣するようになる。

その一方、一四七九年に琉球王府が上述の金非衣らを朝鮮に送還した際には、即位まもない国王尚真は彼らに対し、「日本人は性悪」で信用できないので、江南（福建）経由で彼らは送還することにしたいと述べている（『成宗実録』巻一〇五）。結局、金非衣らの希望で彼らは博多商人新四郎の船で送還されたが、当時はなお琉球王府と博多商人の関係が緊張をはらんでいたことがうかがわれる。

那覇勢力と王朝交替

第一尚氏王朝後期には、尚泰久・尚徳が一貫して北方海域への拡張政策をとり、博多商人を通じて朝鮮貿易も推進していた。これに対し、金丸の王位簒奪をバックアップし、第二尚氏王朝成立に重要な役割を担ったと思われるのが、那覇を拠点とする交易勢力である。

金丸は尚泰久により那覇の海外貿易を管掌する御物《おものぐすく》城御鎖《おさすのそば》側に抜擢されたのだが、そのキャリアを通じて、久米村華人や那覇の交易勢力、那覇に来航する華人海商などとの関係を深めたにちがいない。久米村華人や那覇の中国・南海貿易を担う交易勢力と、九州・朝鮮貿易を主導する博多商人に近い勢力の利害は、必ずしも一致しなかった可能性もある。特に那覇の海上貿易がもたらす多大な収益が、王府によってたび重なる喜界島征討に浪費されることには、久米村華人や那覇の交易勢力の反発が強かったであろう。一五六九年の尚徳の死後、これらの那覇系勢力は首里の同調者とともに金丸を復権させ、金丸は年少の新王中和にかわり実権を握り、さらに一五七〇年四月〜六月の間に宮中クーデターを発動して中和を廃位し、みずから即位したのではないだろうか。

渓隠から芥隠へ

この王朝交替に深く関与した可能性がある禅僧として、芥隠承琥《かいいんじょうこ》がいる（小島一九八六）。彼は京都出身で南禅寺で修行し、琉球に渡って尚泰久の帰依を受けた。ただし尚泰久・尚徳時代の琉球仏教界の主役はやはり渓隠安潜である。渓隠は首里の相国寺の住持、天界寺の開基であり、尚泰久が寄進した多くの梵鐘の銘文も起草していた。彼は上述のように大内氏との関わりが深く、尚泰久期には彼が銘文を作成し、小倉の鋳物師が鋳造した梵鐘が多数寄進された。

これに対し、芥隠承琥は一四五六年に那覇の普門寺・広厳寺などの開基となっており、王朝交替まで那覇を活動拠点としていた。那覇の海外貿易と仏教界を主導していた金丸と芥隠は、早くから連携を深めていたにちがいない。金丸の即位後は、渓隠にかわって芥隠が琉球仏教界の主役となる。彼は金丸の旧宅に王家の宗廟として天王寺を創建し、尚真時代の一四九四年には、新たな宗廟として創建された首里の円覚寺の開基ともなった（小島一九八六、高橋二〇一五：三八六〜八）。

また南禅寺出身の芥隠は、幕府の外交担当者であった相国寺の季瓊真蘂《きけいしんずい》とも面識があった。芥隠は一四六六年に琉球使節として京都に赴き、季瓊真蘂の協力を得て、いったんは兵庫港での琉球船の積荷検査を撤廃することに成功している（宮本一九九五）。芥隠は五山・幕府関係者との人脈を持つだけではなく、畿内での琉球船の交易を通じて、兵庫や堺の商人とも関係を深めたと思われる。第二尚氏王朝の成立後、堺商人の琉球貿易が急拡大するが、それには芥隠も一役買っていたであろう。

なお琉球の王朝交替が生じたのは、応仁の乱（一四六七〜七七年）のさなかであった。

応仁の乱以降、一四七〇～九〇年代の三回の遣明船では、細川氏と結んだ堺商人が、大内氏と近い博多商人を排除して交易の主導権を握り、琉球貿易を通じて遣明船に積載する南海産品を調達している。博多商人と密接な関係にあった尚泰久・尚徳王統が、博多商人と距離がある金丸王統に交替したことが、堺商人が琉球貿易に進出する重要な契機になったことは疑いない。

程鵬と蔡璟　久米村華人も金丸の王位簒奪に重要な役割を担ったと思われるが、その中心人物が程鵬《ていほう》と蔡璟《さいえい》であった。当時、程鵬は久米村華人トップの正議大夫であり、王朝交替をはさんで、半世紀にわたり一三回も朝貢使節として明朝に赴き、のちには初代の総理唐営事《そうりとうえいじ》として久米村を統轄した大立者であった（冨村一九七六）。

正議大夫の程鵬に次ぐ、長史の地位にあったのが蔡璟であった。前章で述べたように、彼の祖父は泉州府南安県出身で、琉球に派遣されて通事となり、父の実達魯《したる》も通事となり、また初めてパレンバンに渡航して交易を行った。こうしたルーツから見て、蔡璟は那覇に来航する福建海商たちとも、密接な関係をもっていたにちがいない。彼は一四六一年に、琉球人使節として三〇年ぶりに朝鮮に渡航し、一四六四～七三年には五回にわたり明朝に朝貢に赴いている（冨村一九七六）。

なお琉球の正史は、和文体の羽地朝秀《はねじちょうしゅう》『中山世鑑《ちゅうざんせいかん》』（一六五〇年）に始まり、それをふまえた漢文体の蔡鐸《さいたく》『中山世譜』（一七〇一年）、さらにそれを増補改訂した漢文体の蔡温『中山世譜』（一七二四年）が続くが、蔡鐸は蔡璟直系の八世孫、その子の蔡温は九世孫にあたる（『蔡氏家譜』）。第二尚氏王朝のもとで編纂されたこれらの正史では、金丸が中和から王位を奪ったことを糊塗するため、中和の即位自体を抹消したのだと思われる。とりわけ蔡璟の後裔である蔡鐸や蔡温が、金丸の即位を正当化するため、群臣が暴君尚徳の遺児を排斥し、金丸を擁立したというストーリーをあらためて強調したことは想像にかたくない。

対明通交の不祥事

程鵬と蔡璟は、金丸による王位簒奪の前後に、あいついで明朝に朝貢に赴いた。ところが彼らは、いずれも明朝滞在中に不祥事を引き起こしてしまう。

まず一四七〇年、程鵬が福州で現地の武官に贈賄したとして摘発され、程鵬は赦免されたが武官は処罰された（『憲宗実録』巻七六）。この事件については、「琉球使節が進貢品の一部を中央・地方の官員に贈り、それを花銷《つけとどけ》と称していた」とも指摘されている（宝案〇一―二五）。おそらく琉球使節は私的に持ちこんだ商品の交易の便宜を図るために、慣習的に現地官員に利益を供与しており、それが摘発の対象となったのだろう。ついで一四七一年には、蔡璟が北京に赴いて尚円の冊封を求めた際に、ひそかに「蟒龍《ぼうりゅう》」文様の衣服を縫製させたとして摘発されている（宝案〇一―一七）。蟒龍とは本来は五本爪の龍を四本爪にしたもので、民間で勝手にその文様を織造することは禁じられていた。

それにもかかわらず、一四七三年には尚円王は蔡璟らを朝貢使節とし、その弟の蔡璋《さいしょう》を通事として明朝に派遣した。ところが翌年六月、この進貢船が帰航する際に福州府懐安県に漂着し、そこで蔡璋の部下が住民を殺害したとして告発されるという事件が起こる。翌一四七五年、成化帝は尚円に勅諭を下し、蔡璋の責任を問い犯人を処罰することを命じるとともに、今後は琉球の朝貢を二年一回に半減する（二年一貢）と通告した。さらに進貢船の乗員も一五〇人以下に制限し、朝貢使節が個人的に商品を持ちこむことも禁じるという、きわめて厳しい措置を命じたのである（宝案〇一―一二）。翌年には尚円が上奏し、懐安県の事件は冤罪だとして二年一貢の撤回を請願し（宝案一二―一二）、その後もたびたび一年一貢の復活を求めたが、すべて却下されている（『憲宗実録』巻一六九・一七七・二〇三、宝案〇一―一五）。

なお一四七二年には、琉球の進貢船を受けいれる福建市舶司が、泉州から福州に移されている。これは福州の方が琉球に近く、進貢船がしばしば福州に入港していたからであるが、琉球船を密貿易拠点である漳州湾地域から引き離す意図もあったのかもしれない。

こうして第二尚氏王朝は、成立直後に朝貢回数の半減という大きなダメージを受けることになった。その後、蔡璟は表舞台から姿を消すが、程鵬はなお五回にわたり明朝に朝貢し、蔡璋さえ通事から長史に昇っている。彼らが明朝から名指しで責任を問われながらも、依然として重用され続けたことからも、久米村華人が金丸の即位にはたした役割の大きさがうかがわれる（冨村一九七六）。

久米村華人と福建海商

金丸の即位前後に朝貢使節の不祥事が頻発したことには、明朝が財政負担の大きい朝貢貿易の抑制を図ったという事情もあるが、王朝交替にともなう混乱の影響があったことは疑いない。一四六九年にはマラッカでも琉球船の乗員が騒乱事件を起こしており、王朝交替期の政治的混乱が、琉球使節の全般的な綱紀紊乱を招いていようである。

また一四七二年には福建省の長官が、「琉球人のなかには進貢のため到来したのち、現地に居ついて家産をもち、本国に帰らない者がいるので、すべて送還すべきだ」だと上奏している（『憲宗実録』巻一〇三）。さらに一四七八年には、琉球国王が一年一貢の復活を求めたが、明朝の礼部は「その真意は交易の利益を求めているだけだ」として一蹴した。そのうえで礼部は、「琉球の使者のなかには、福建からの流れ者も多く、狡猾な手段を尽くしたあげく、殺人・放火事件まで起こし、中国商品を外国に売り、利益を得ることだけ図っている」とまで批判したのである（『憲宗実録』巻一七七）。

一五世紀後半の琉球では、懐機時代のような明朝との直接的関係が薄れていく一方、福建などから那覇に来航・居留する華人海商が増えていった。久米村華人が明朝から王相・長史・通事などに任命されることもなくなり、彼らは明朝の統制をしだいに離れ、福建海商との結びつきを強めていった。礼部が琉球使節には「福建からの流れ者」（福建逋逃之徒）が多いというのも、単なる常套句ではなく、実際に当時の琉球船の乗員に、海禁を逃れて渡来した福建出身者が少なからず含まれていたことを示すのではないか。

ただし一四六〇～一五三〇年代には、『明実録』では琉球との密貿易を実際に摘発した記録は確認できない。それはもちろん琉球―福建間の密貿易が下火になったからではない。明朝が財政負担の大きい朝貢貿易の抑制策をつづける一方、国内では経済成長にともない海外産品への需要が高まり、中国産品の海外輸出も増大していった。こうした状況下で、明朝は建前上は洪武帝以来の「祖法」である海禁政策を維持しながらも、実質的には密貿易の拡大に目をつぶらざるを得なかった。琉球―福建間の密貿易も、それが海賊活動を誘発しないかぎりおおむね黙認され、拡大傾向にあったにちがいない。それと連動して、琉球王国の南海諸国や日本・朝鮮との中継貿易も活況を維持していたのである。

尚真王期の南海貿易

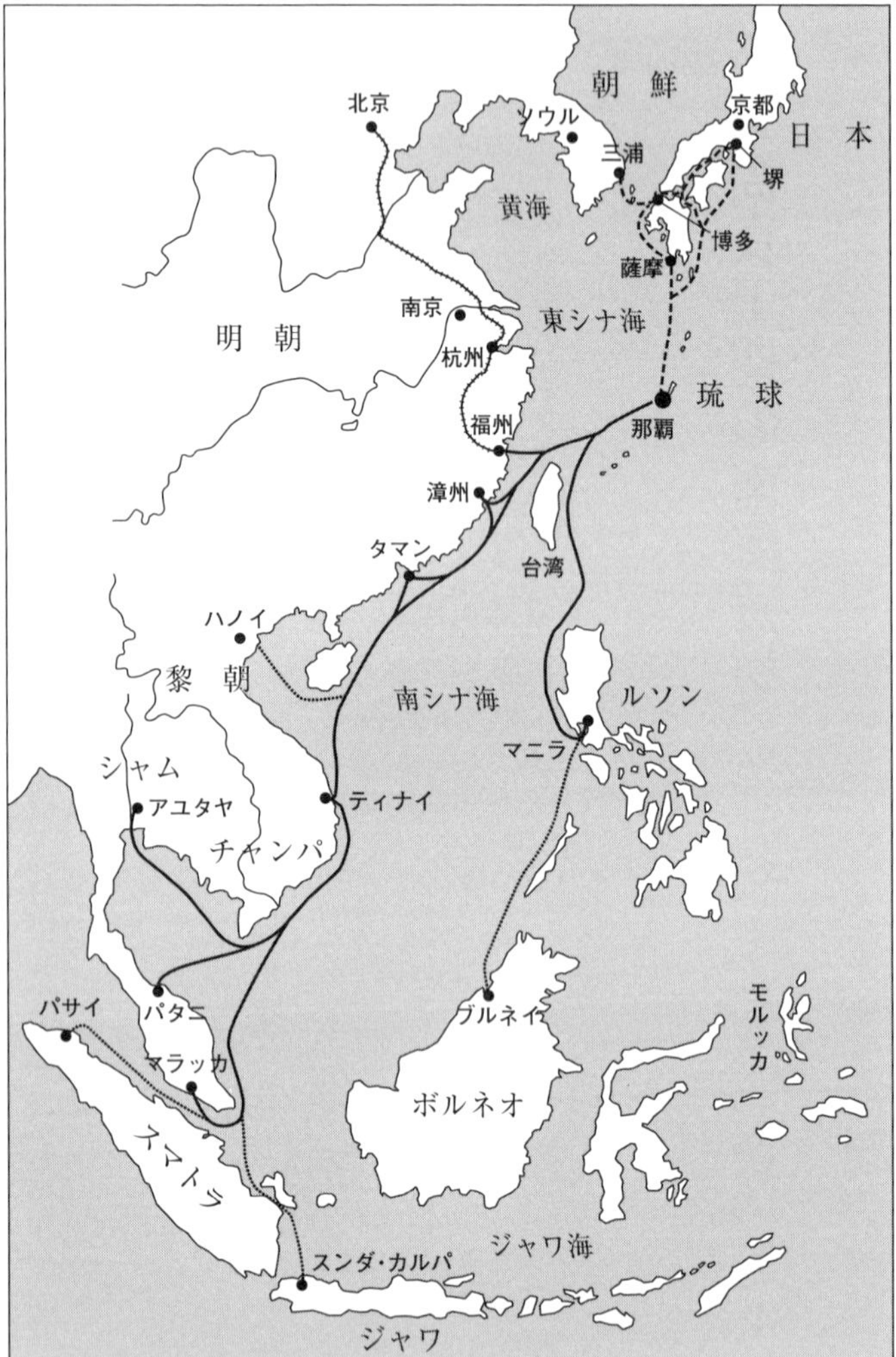

図14　第二尚氏王朝時代の海外貿易ルート（16世紀初）

——— 主要貿易航路　……… 副次的な貿易航路

……… 朝貢使節行路　- - - - - 日本商人の琉球貿易航路

尚真王の五〇年

尚真王の治世

一四七七年、尚円の子尚真が第二尚氏王朝の第三代国王として即位する（在位一四七七—一五二六）。ちょうど半世紀にわたる尚真王の治世に、琉球王国は全盛期を迎えた。その事績としては、王家の菩提寺である円覚寺の創建、首里城一帯の美観整備、中国的礼楽・風俗の導入、軍備の充実、首里と那覇港南岸を結ぶ軍用道路の整備などがあり、さらに一五〇〇年には、太平山（八重山《やえやま》諸島）での叛乱を鎮圧して支配を確立した。これによって琉球王国の直接的支配は、奄美諸島から先島諸島にいたる全域に及ぶことになった。

とりわけ重要な事績は、各地の按司《あじ》を首里に集住させ、役職と位階を与えて官僚制に組織し、中央集権的な統治体制を作りあげたことである。王国全体は「間切《まぎり》」という行政単

図15　尚真王の御後絵《おごえ》　鎌倉芳太郎撮影，沖縄県立芸術大学附属図書・芸術資料館所蔵

位に区分され、各間切が行政村である「シマ」を統括し、地方有力者がそれらの長に任じられた。首里王府に仕える人員は、貿易船の乗員組織をモデルとした「ヒキ」というユニットに編成され、一二のヒキが三つの「番」というグループに分属していた。最高官職である三人の「三司官」が各グループを統率し、各グループは輪番で首里城に出仕した。一二のヒキは首里王府の行政組織であるとともに、緊急時には軍事組織ともなり、海外貿易の際には航海組織としても機能した（高良一九九三：一四〇～七三）。

海外貿易の衰退？

このように尚真王期には、統治体制の中央集権化、支配領域の拡大、大規模な建築事業などが大きく進展したが、一方で朝貢貿易の長期低落傾向は続いていた。琉球の朝貢回数は一四六〇年代に大きく減少し、一五七五年に朝

表２　10年期単位の附帯商品数量（1460-1570年代）

期間	蘇木（疋）		胡椒（斤）		番錫（斤）	
	年平均	一隻毎	年平均	一隻毎	年平均	一隻毎
1460	10,000.0	5,000.0	3,000.0	1,500.0	1,000.0	500.0
1470	15,200.0	6,608.7	2,600.0	1,130.4	800.0	347.8
1480	7,450.0	4,138.9	2,200.0	1,222.2	960.0	533.3
1490	4,900.0	2,882.4	2,000.0	1,176.5	1,960.0	1,152.9
1500	4,600.0	3,538.5	1,200.0	923.1	930.0	715.4
1510	4,300.0	4,300.0	600.0	600.0	1,100.0	1,100.0
1520	400.0	1,000.0	300.0	750.0	100.0	250.0
1530	600.0	857.1	—	—	—	—
1540	700.0	1,000.0	500.0	714.3	—	—
1550	1,150.0	1,642.9	200.0	285.7	—	—
1560	1,200.0	2,000.0	—	—	—	—
1570	1,000.0	1,666.7	—	—	—	—

岡本2010，p.22より．

貢回数が二年一回に制限されてからは、進貢船の年平均派遣数や、附帯商品（附搭貨物）の年平均輸出量も減少に転じた。

年平均の進貢船派遣数は、一四七〇年代～一五二〇年代の間に、二・三隻から一・二隻へとほぼ半減した。同時期には附帯商品の年平均輸出量も、蘇木は一万五二〇〇斤から四〇〇斤、胡椒は二六〇〇斤から三〇〇斤へと激減している。一方、この時期にはマラッカなどから調達したマレー半島産の錫も、附帯商品として輸出されており、その年平均輸出量は一〇〇〇斤前後でおおむね安定していた（岡本二〇一〇：一七～二二）。

なお一四七五年には、琉球国王の進貢品や附帯商品以外に、琉球使節が私的に商品を持ちこんで交易することも禁じられた。また琉球船の附帯商品はもともと関税（抽分）が免除されていたが、弘治年間（一四八八〜一五〇五）には五割を関税として徴収することになり、交易条件は大きく悪化した（小葉田一九三九：三〇五〜七）。一五〇七〜二一年には琉球の朝貢が一時的に一年一貢に戻されるが、その間も進貢船の派遣数は横ばいで、蘇木や胡椒の輸出量はむしろ減少している。これは明らかに交易条件悪化の影響であろう。

このため従来の研究では、尚真王期にはすでに海外貿易は衰退の一途にあったとされていた。そして海外貿易の衰退に対応するため、中央集権化、行政組織の整備、支配領域の拡大などを通じて、国内統治の強化が進められたのだと論じられてきた。しかし尚真王期における朝貢貿易の減少は、ただちに琉球の中継貿易全体の衰退を意味するといえるのだろうか。

貿易陶磁の動向

近年の考古学研究の成果は、一五世紀前期をピークに、琉球王国の海外貿易は長期低落傾向にあったという通説に再検討をうながしている。上述のように、一五世紀前・中期には、那覇港での貿易陶磁の出土数は七七二点であるが、首里城では一九四一点、今帰仁《なきじん》グスクとその周辺でも一一九八点に達し、那覇港に輸入された海外陶磁の大半が首里に運ばれ、さらに今帰仁などの主要グスクに分配されていたことを示している。

しかし尚真王期を中心とする一五世紀後半〜一六世紀前期には、首里城での貿易陶磁の出土数は三四三点に減少するが、今帰仁グスクとその周辺では一五六〇点と増加し、那覇港では二二一〇点と三倍近く急増しているのである。琉球諸島全域でも陶磁の出土量が増加しており、龍泉窯だけではなく、福建・広東産の青磁もひろく出土するようになるが、それ以前に首里城などで多く出土していた高級陶磁は減少している。またこの時期には、首里や今帰仁などを除いて大型グスクが廃絶し、各地で多くの集落が新たに形成されていく。このことは各地の大型グスクに有力按司が割拠する時代から、那覇・首里に集住する支配者層が、琉球全土をより集権的に支配する時代へと移りつつあったことを反映している（瀬戸二〇二一・二〇二三）。

また一五世紀後半から、貿易陶磁の出土数が首里城では減少し、那覇港では急増していることは、首里王府による朝貢貿易が縮小する一方、那覇における民間ベースの海外貿易が拡大を続けていたことを示している。一五世紀中期までは、首里王府が朝貢貿易によって入手した大量の陶磁を、各地の主要グスクに分配していた。しかし一五世紀後期からは、朝貢貿易の枠外で、那覇に来港した華人商船によって輸入され、首里王府を介さない流通ルートによって、直接に各地の集落に運ばれる陶磁が増えていったようだ。

尚真王期には福建商船との密貿易の拡大、および博多・堺商人による日本・朝鮮貿易の成長が、十分に朝貢貿易の縮小を補い、琉球の中継貿易の全体的規模は維持され、あるいはさらに拡大していたのではないか。尚真王期の王権強化や中央集権化、大規模な造営事業や支配領域の拡張を可能にしたのは、やはり海外貿易の継続的な発展がもたらす富の蓄積だったと考えるべきだろう。

執照と符文

それでは尚真王期には、南海貿易もまた拡大基調にあったのだろうか。琉球王国の明朝への朝貢回数は、『歴代宝案』と『明実録』によりほぼ完全に復元することができるが、南海諸国との通交回数は、『歴代宝案』では一部しか確認できない。ただし尚真王期については、王府が琉球船に発給した「執照《しっしょう》」や「符文《ふぶん》」に附された「半印勘合」を手がかりに、明朝・南海諸国への派遣船数を推定することが可能である。

第一章「海洋王国の船出」でも述べたように、琉球王府は明朝への進貢船に、一隻ごとに「執照」と「符文」を発給していた。執照には進貢船の全乗員の人数・姓名が、符文にはそのうち北京に赴く使節団などの人数・姓名が記されており、一種の集団パスポートとしての役割をはたしていた。進貢船が泉州（のちに福州）に入港した際には執照を、使節団が泉州（福州）から北京に向かう際には符文を検査して、乗員や使節団員を確認したのである。一方、南海諸国に渡航する琉球船には符文は必要ないので、執照だけを発給していた（山田二〇一二）。

執照と符文には、琉球王府により「半印勘合」が附されていた。半印勘合とはあらかじめ通し番号を割り書きし、割印を押した照合用文書である。琉球王府は割書・割印をもつ数十枚〜数百枚の半印勘合を作成し、その片方を事前に通交相手国に渡し、もう一方は王府の手元に残した。王府が明朝や南海諸国に使者を派遣する際には、執照と符文にそれぞれ半印勘合を添付し、通交相手国に渡してある半印勘合と照合して、真正の符文や執照であることを確認できるようにしたのである。

琉球の半印勘合は明朝の勘合制度にならったものだが、運用方法には違いがある。明朝の勘合では、朝貢国ごとに特定の漢字を用いて、皇帝の治世ごとに一〇〇枚の勘合を給付した。たとえば日本には「本字一号」から「本字百号」までの一〇〇枚を給付し、遣明船はそれらを番号順に一枚ずつ持参することになっていた。これに対し、琉球の半印勘合では一代ないし数代の国王の治世ごとに、一つの漢字を用いていた。たとえば尚真王時代であれば、「玄字一号」から「玄字二四〇号」にいたる半印勘合を、明朝や南海諸国に渡航する琉球船に、相手国を問わず番号順に発給している（岡本二〇一〇：一一三〜三四）。

琉球船の渡航数

『歴代宝案』では、明朝への執照・符文は一四六九年から、南海諸国への執照は一五〇九年から継続的に収録しているが、南海諸国への執照には欠落が多い。また明朝への進貢船は数隻の船団を組んで渡航することが多く、各船に発給した執照・符文がすべて残っているわけではないが、一隻分の符文が残っていれば、その記載により何隻の船団で渡航したか確認できる。近年、岡本弘道氏は『歴代宝案』所収の執照・符文を網羅的に整理し、『明実録』や家譜に記された事例も補充して、一四六七〜一六〇九年における琉球船の派遣状況を、可能なかぎり復元している（岡本二〇一〇：一六〇〜一七九）。

岡本氏の労作によれば、尚真王期（一四七七〜一五二六）には、明朝に計七四隻の進貢船が派遣され、各船に半印勘合を附した執照・符文が一通ずつ、計一四八通発給されていた。一方、南海諸国にはシャムに一七隻、パサイに七隻、マラッカに四隻、スンダに二隻、ベトナムに一隻、計三一隻の船が派遣され、各船に半印勘合を附した執照が一通ずつ、計三一通発給されていた。尚真王期には玄字一号から玄字二四〇号まで、少なくとも二四〇通の半印勘合が発給されているので、二四〇－一四八－三一＝六一通の半印勘合は、発給先不明ということになる。

ただし『歴代宝案』と『明実録』のどちらにも記録がない進貢船は、あったとしても例

郵便はがき

料金受取人払郵便

本郷局承認

7058

差出有効期間
2027年1月
31日まで

113-8790

東京都文京区本郷7丁目2番8号

吉川弘文館 行

愛読者カード

本書をお買い上げいただきまして、まことにありがとうございました。このハガキを、小社へのご意見またはご注文にご利用下さい。

お買上書名

＊本書に関するご感想、ご批判をお聞かせ下さい。

＊出版を希望するテーマ・執筆者名をお聞かせ下さい。

お買上書店名　　区市町　　書店

ご氏名《ふりがな》		年齢　　歳　男・女
〒□□□-□□□□	電話	
ご住所		
ご職業	所属学会等	
ご購読新聞名	ご購読雑誌名	

今後、吉川弘文館の「新刊案内」等をお送りいたします(年に数回を予定)。
ご承諾いただける方は右の□の中に✓をご記入ください。　□

注 文 書

月　　日

書　　名	定　価	部　数
	円	部
	円	部
	円	部
	円	部
	円	部

配本は、○印を付けた方法にして下さい。

イ. 下記書店へ配本して下さい。
(直接書店にお渡し下さい)

(書店・取次帖合印)

書店様へ＝書店帖合印を捺印下さい。

ロ. 直接送本して下さい。
代金(書籍代＋送料・代引手数料)は、お届けの際に現品と引換えにお支払下さい。送料・代引手数料は、1回のお届けごとに500円です(いずれも税込)。

＊お急ぎのご注文には電話、FAXをご利用ください。
電話 03－3813－9151(代)
FAX 03－3812－3544

外的である。また日本・朝鮮との通交には半印勘合は用いられないので、発給先不明の六一通の半印勘合は、ほとんどが南海諸国への派遣船に発給した執照に附されていたことになる。したがって尚真王期における南海諸国への琉球船派遣数（＝半印勘合発給数）は、三一＋六一＝九二隻に近かったと考えられるのである。

かりに尚真王期の五〇年間に総計九〇隻の琉球船が南海諸国に渡航したとすれば、年平均の渡航数は一・八隻となる。一方、朝貢貿易の最盛期であった一五世紀前期には、琉球の南海貿易の相手国はシャムだけだったが、一四三二年の琉球国王の咨文によれば、当時は毎年二～三隻の琉球船がシャムに渡航していたという（宝案四〇―一二）。この船数だけを見れば、尚真王期における南海諸国への派船数は、一五世紀前期よりも少なかったことになる。

南海貿易の規模

ただし一五世紀前期と尚真王期では、琉球船のサイズが異なる。一五世紀前期の琉球船は、福建沿海の駐屯軍（衛所）の軍船を下賜されたものだった。たとえば泉州の崇武所には八〇〇料の軍船一隻、四〇〇料の軍船八隻が配備されており（料は積載容量の単位）、このうち四〇〇料の軍船一隻が琉球に下賜され、その乗員数は一〇〇名強だったという（岡本二〇一〇：一三九～一四一）。四〇〇料の軍船を貿易船に転用した場合は、大量の商品を積載するので、乗員数はより少なかったはずである。

一方、一五世紀後半には琉球が福建において自弁で大型船を調達していた。尚真王期には、南海諸国に派遣した船に計二三通の執照が発給されているが、それらに記された乗員数は最少一一九名、最多二四五名、平均では一九三・四名であった。乗員数から見て、当時の琉球船は八〇〇料～一〇〇〇料船クラスの大型船であったと思われる。単純計算して、一年に四〇〇料船が二～三隻渡航したとすれば、総積載量は八〇〇～一二〇〇料、八〇〇料～千料船が平均一・八隻渡航したとすれば、総積載量は一四四〇～一八〇〇料となる。きわめておおざっぱな推算だが、一五世紀後期に南海諸国に渡航した琉球船の総積載量は一五世紀前期よりかなり大きく、それに比例して貿易総量も多かったことは疑いない。

琉球船が南海諸国から輸入した商品のうち、琉球国内で消費されたのはごく一部で、大部分は中国・日本・朝鮮に中継輸出された。一五世紀後期の南海貿易の規模が前期より大きかったとすれば、南海産品の中継輸出の規模も、それに比例して拡大していたはずである。また尚真王期に先だつ一四三〇～七〇年代の半世紀には、遣明船の派遣総数は計二七隻となるが、尚真王期にあたる一四八〇～一六二〇年代の半世紀には、寧波事件により交易を行えなかった一五二三年を除けば、遣明船の派遣総数は計一〇隻にすぎない（村井他二〇一五：三二一～三二）。一方で同時期に日本への中国産品の流入が減少した形跡はなく、琉球による中国産品の対日中継輸出の増加が、遣明船貿易の減少を十分に補っていたことは疑いない。

このように尚真王期には、南海貿易や福建との密貿易、日本・朝鮮との中継貿易の拡大により、朝貢貿易の減少にもかかわらず、全体的な貿易規模はむしろ拡大基調が続いていたと考えられる。一五世紀中期の東アジアでは、急激な寒冷化により農業生産が低下して経済活動が沈滞し、また陶磁貿易における「明代のギャップ」が示すように、朝貢貿易の縮小により海外貿易も低調であった。しかし一五世紀後期には経済活動は拡大局面に転じ、明朝・日本・朝鮮では共時的に商品生産・商業流通が成長し、海外産の奢侈品の需要も増加していく（大田二〇二一：一四～七七）。

明朝と日本や南海諸国との朝貢貿易が縮小するなかで、東アジア諸国への海外産品の供給増加を支えたのは、華人海商の南海密貿易と、琉球王国の中継貿易であった。尚真王期における中央集権化や領域拡大も、海外貿易の縮小を乗りきるための国内統治の強化策というよりも、やはり海外貿易の継続的な成長による王権強化の成果と見るべきだろう。

日本・朝鮮貿易の成長

尚真王期における日本貿易の拡大をもたらした重要な要因が、堺商人による琉球貿易の発展である。応仁の乱以降、一四七六～九三年の三回の遣明船は、いずれも細川氏が大内氏を排除して主導権を握り、細川氏と結びついた堺商人がその交易活動を担って、畿内市場に中国・南海産品を供給した。ただし瀬戸内海は大内氏の勢力圏だったため、堺商人はおもに土佐沖から日向・大隅・種子島を経由する「南海路」により、琉球に往来している。

堺商人の琉球貿易

応仁の乱のさなかの一四七一年には、細川氏の家臣が島津氏に書状を送り、次のように述べている。「近年、堺から琉球にひっきりなしに商船が渡航している。今後は細川氏の印判がない商船は、そちらで追い戻し、特に銅銭を積んでいる場合は、押収して京都に送

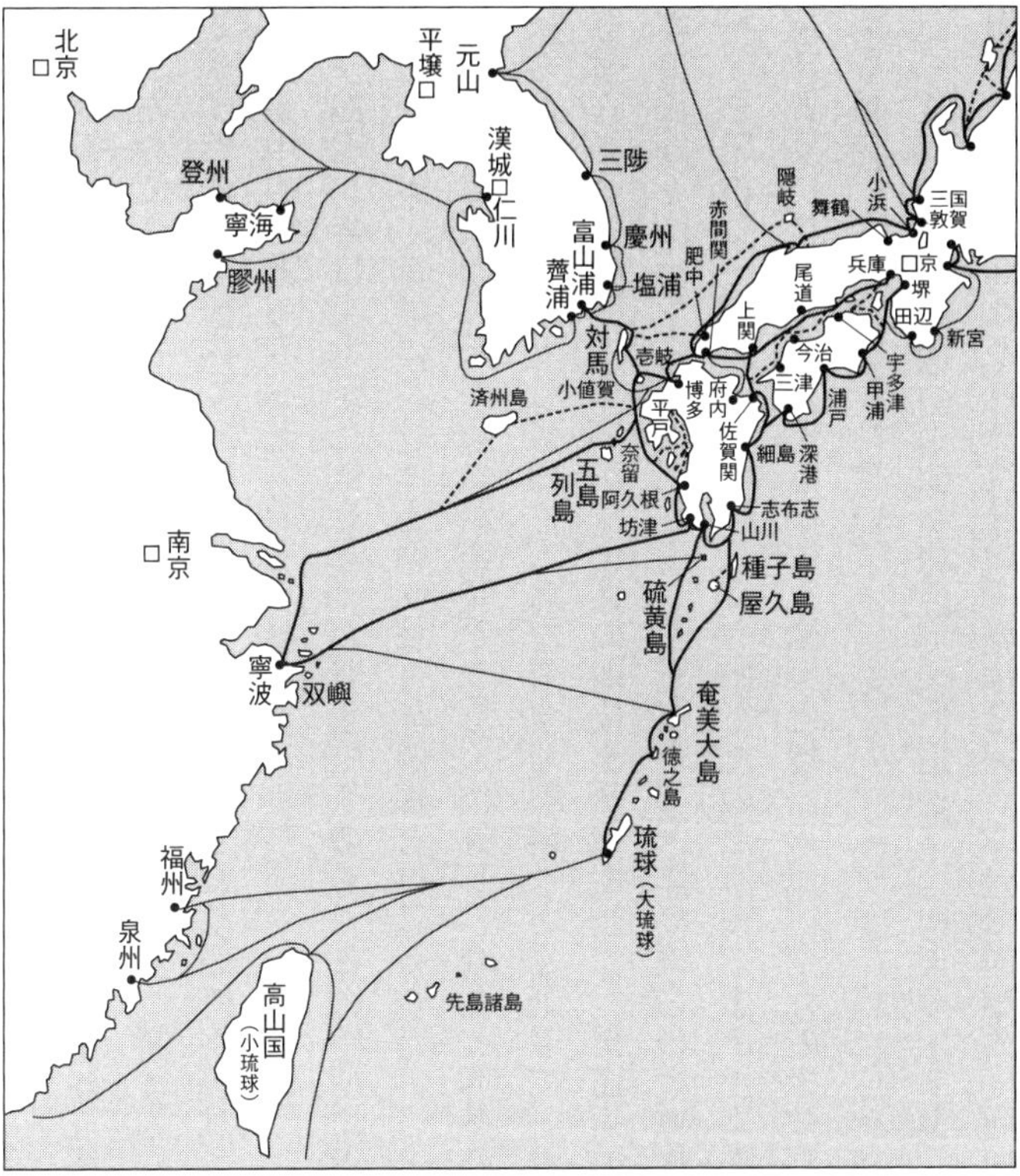

図16　東アジア海域の主要航路・港湾　市村2010，p.294より

り返してほしい」（『島津家文書』一―二七九、橋本一九九八）。堺商人の琉球貿易が急拡大するなかで、細川氏は彼らを統制するため、「印判」（渡航許可証）の携帯を義務づけようとしたのである。なお堺商人が琉球に運んだ銅銭とは、堺で造られた私鋳銭の可能性もあるが、おそらく畿内では宋銭よりも低く評価されていたが琉球ではひろく流通していた洪《こう》武銭《ぶせん》が中心であろう。

一四七一年は金丸が王位を奪った翌年でもある。この時期に堺商人の琉球貿易が急拡大したことが、琉球における王朝交替と無関係とは考えがたい。上述のように、尚泰久・尚徳王統と博多商人との関係が密接だったのに対し、金丸と博多商人の関係は多分に緊張をはらんでいた。金丸は畿内に人脈を有する芥隠などを通じて、むしろ堺商人との結びつきを強めていたのではないか。金丸の即位を契機として、堺商人の琉球貿易は急速に拡大し、細川氏は大内氏―博多商人ラインにかわって琉球貿易の主導権を握ることを図り、「印判」を発給して堺商人を統制しようとしたのだろう。まったく推測の域を出ないものの、琉球貿易に新たに参入することを図った堺商人が、金丸の王位簒奪に一役買っていた可能性も想定できるかもしれない。

一五七〇年の琉球の王朝交替は、応仁の乱（一四六七～七七）のさなかに生じている。大内氏や博多商人が琉球貿易の主導権を握っていた尚泰久・尚徳王統から、細川氏や堺商人が琉球貿易への関与を深める尚円王統への交替は、応仁の乱にともなう日本列島各地での政治的変動、特に大内氏と細川氏の対抗関係とも連動していたのではないか。

島津氏と琉球貿易

島津氏は一五世紀初頭から南九州の薩摩・大隅・日向の守護を兼ねていた。日本から琉球に渡航する商船は、九州西岸または東岸を南下するにせよ、土佐沖経由の南海路を利用するにせよ、島津氏領内の諸港を経由して南西諸島に向かうことになる。このため細川氏も島津氏に対し、琉球に渡航する堺商船の印判のチェックを要請したのである。

それに先だつ尚泰久時代には、琉球の奄美諸島進出によって島津氏との関係が悪化し、島津氏が琉球に往来する博多商船を襲撃するにいたっていた。これに対し、金丸は即位直後に島津氏の家督継承を祝う書簡を送り、島津氏との修好を図っている。その後は尚真王期にかけて、琉球と島津氏との関係は安定した状況にあったようだ。

ただし一五世紀末から、三国の守護を兼ねる島津宗家（奥州家）の権力は弱体化し、南九州は島津家の諸派や、その他の有力領主が割拠して抗争する動乱期に突入する。そのなかで一五〇八年には、島津宗家が琉球の尚真王に対し、島津宗家の「印判」を持たない商船が琉球に渡航すれば、船と積荷を琉球側で没収してほしいと要請している（『旧記雑録前編』二―一八一六）。島津宗家はこれによって南九州の諸勢力による琉球貿易を統制することを図ったのだろうが、琉球側がこれに応じたとは考えがたい。

実際には、南九州の諸勢力は島津氏の統制外で独自の琉球通交を行っていた。たとえば一五二一年には、尚真王が種子島氏に対し、「種子嶋は前々より琉球のため忠節の義あり」として、毎年一隻の種子島船に、「荷口《にくち》」（積荷への課税）を免除すると伝えている。また尚真王没後の一五二八年には、日向南部の島津豊州家が琉球の天界寺に書簡を送り、これまで天界寺を通じて、たびたび「前皇様」（尚真）の「紹書」（詔書）を拝領しており、新王の尚清にも同様の取次を行ってほしいと依頼している。当時は琉球王国の全盛期で、その版図は奄美諸島から先島諸島まで広がっていた。それに対し、分裂割拠状態にあった南九州の諸勢力は、琉球国王に臣従するような文言の書簡を交わして、通交・貿易を求めていたわけである（村井二〇一三：三七五〜九）。

博多・堺の貿易陶磁

尚真王期における日本貿易の拡大は、貿易陶磁の出土状況からも確認できる。前述のように、一五世紀後期〜一六世紀前期には、那覇港における貿易陶磁の出土量が急増しているが、同時に日本列島各地での貿易陶磁の出土量も増加している。この時期には日明朝貢貿易は一〇年に一回にすぎず、一六世紀前半には二七年にわたり途絶しているので、それらの陶磁の大部分は琉球を通じて流入したにちがいない。

博多遺跡では日宋・日元貿易により輸入された大量の陶磁が出土するが、一四世紀後半〜一五世紀中期には貿易陶磁の出土量は激減する。一五世紀前半は博多を発着港とする遣明船貿易の全盛期だが、それ以上に海禁による民間貿易の途絶が影響したのだろう。しかし一五世紀後期〜一六世紀中期には、那覇港における陶磁出土量の増加と連動するように、博多遺跡でも陶磁出土量はかなりの増加を示しており、それらはおもに博多商人の琉球貿易によって運ばれたと考えられる（田中二〇一二）。

また堺遺跡においても、やはり一五世紀後期から貿易陶磁の出土量が増加しており、堺商人の琉球貿易による、陶磁などの中国・南海産品の輸入拡大を示している。特にアユタヤ近郊で生産された、黒褐色の釉薬《ゆうやく》をかけた商品運搬用の陶器壺（黒褐釉四耳壺《こくかつゆうしじこ》）は、琉球では一五世紀前半から首里城などで多数出土するが、堺でも一五世紀後期から出土量が増加していく。さらに南海路に沿った紀伊・土佐・日向などの諸港でも、一五世紀後期から一六世紀中期にかけて、琉球から運ばれた中国磁器やタイ製陶器壺にくわえ、堺周辺で生産された釜や甕《かめ》などの遺物が多数出土しており、南海路による堺―琉球貿易の盛況がうかがわれる（續二〇一三）。

朝鮮貿易と南海産品

一五世紀後期には、博多商人を通じた琉球―朝鮮貿易も拡大を続けていた。一四七〇年代の王朝交替当初は緊張をはらんでいた博多商人や大内氏との関係も、その後はしだいに安定化に向かったようである。当時、日本―朝鮮貿易の利権を掌握していたのは対馬宗氏である。宗氏は一四四三年に朝鮮王朝から年間五〇隻の商船を派遣することを認められていたが、実際には対馬の諸勢力の名義も利用し、さらに九州の諸勢力名義の偽使を派遣するなどして、一五世紀末には年間一〇〇隻以上の商船を朝鮮に派遣していた。博多商人は宗氏と連携して朝鮮貿易を推進するとともに、琉球国王のほか幕府関係者の名義でも偽使を派遣して、黄金・銅・硫黄などの日本産品とともに、琉球で調達した大量の南海産品を朝鮮に輸出したのである（荒木二〇〇七：二七二〜八〇）。

琉球からは香料・香辛料・薬材・染料など多種多様な南海産品が、博多・対馬を経て朝鮮に輸出されたが、特に大量に運ばれたのは、やはり蘇木と胡椒である。とりわけ胡椒は、朝鮮では香辛料のみならず薬材としても需要が増大していた。朝鮮国王成宗（在位一四六九〜九四）は特に胡椒の獲得に熱心で、一四八〇年代には胡椒の種を入手して、朝鮮で胡椒栽培を試みることを再三命じている。臣下は寒冷な朝鮮では胡椒栽培は困難だと反対したが、成宗は対馬宗氏にも胡椒の種を送るように求めた。対馬側では南蛮に使者を送って胡椒の種を調達するため、銅銭一万緡《びん》（一〇〇万枚）を給付してほしいと要請しているが、もとより本気で使者を派遣する気があったとは思われない（村井二〇一九：二四〇〜五）。

当時の琉球は、蘇木はおもにシャムから、胡椒はおもにマラッカから輸入していた。一四六〇年代から、琉球は毎年のようにマラッカに貿易船を派遣するとともに、スマトラ産胡椒の輸出港であったパサイにも派船しており、胡椒の輸入量は大きく増加していたはずである。琉球から明朝への胡椒輸出量は、一四六〇年代をピークに漸減するものの、朝鮮への輸出量の増大がそれを補ったにちがいない。

マラッカ貿易の進展

マラッカ王国の発展

一五世紀前半まで、琉球船は東南アジア島嶼部ではスマトラ島のパレンバンや、ジャワ島のマジャパヒト朝に渡航していた。しかし一五世紀後半には、島嶼部における渡航先を、海域アジアの東西を結ぶ集散港として台頭したマラッカ（ムラカ）王国へと転換することになる。

マラッカ海峡は今も昔も海域アジアの東西を結ぶ海上交通の要衝である。一四世紀末、マジャパヒト朝の侵攻によりパレンバンの王権が崩壊すると、王族のパラメスワラは北方に逃れ、現地の海上民を従えて、マレー半島西南岸のマラッカで自立した。新興の小王国であったマラッカが港市国家として勃興するきっかけは、一四〇五～三三年の鄭和《ていわ》の遠征であった。鄭和の大艦隊は冬の季節風で南シナ海を南下し、春夏にジャワ・スマトラ島を経てマラッカ海峡にいたり、秋の季節風でベンガル湾を渡ってインドに向かった。その際、マラッカ海峡で補給や修理を行い、風待ちをする港湾が必要であった。このため鄭和艦隊は、新興港市として頭角を現したマラッカを南海遠征の拠点としたのである。パラメスワラは明朝との朝貢貿易も推進し、二回にわたりみずから朝貢に赴いている。

第二代国王イスカンダル・シャーは、アユタヤ朝とマジャパヒト朝という南北の地域大国に臣従して、交易関係を安定化させた。またムスリム海商の拠点であったパサイの国王と通婚して、イスラームに改宗しムスリム海商を誘引した。これによってマラッカには、中国産品や東南アジア島嶼部・大陸部の産品が集まり、西方のムスリム・インド海商も、パサイやジャワよりもマラッカに渡航して交易を行うようになっていく。一五世紀中期からは明朝との朝貢貿易は縮小に向かうが、そのかわり海禁を破って来航する華人海商がしだいに増えていった。一五世紀末までに、マラッカはアユタヤ朝やマジャパヒト朝への臣従からも脱し、海域アジアの東西を結ぶ貿易港としての地位を確立するにいたる（弘末二〇〇四：一二五～三五、山崎二〇一三）。

海域アジアの集散港

マラッカ王国はアユタヤ朝とならぶ、一五世紀の東南アジアを代表する港市国家であるが、両者の性格はかなり異なる。アユタヤ朝の海外貿易は、広大な後背地で産出する山林産品や米穀などの輸出に支えられていた。これに対し、マラッカには後背地はほとんどなく、周辺の属国からは胡椒や錫などが供給されたものの、その繁栄を支えたのは南シナ海・ジャワ海・インド洋の各地から運ばれるさまざまな商品の交易であった。このように多くの地域の商品が集まり、他の地域へと運ばれていく港市を集散港という。

広大な後背地を擁するアユタヤ朝が、「官買」のような殿様商売を行ったのに対し、後背地に乏しいマラッカでは、多くの海商を引きつけるために、より有利な交易条件を提供する必要があった。このためマラッカでは自由貿易が認められ、輸入商品の関税率も六%にすぎず、アユタヤ朝の二二・二%よりもかなり低かった。さらに南シナ海やジャワ海から来航する商船は、当初は関税を免除されており、国王や高官に贈物をするだけでよかった。

マラッカには四人の港務長官(シャーバンダル)が置かれ、海域アジア各地から来航する商船を管理し、貿易を統括していた。シャーバンダルはアラビア海・ベンガル湾・ジャワ海・南シナ海とい

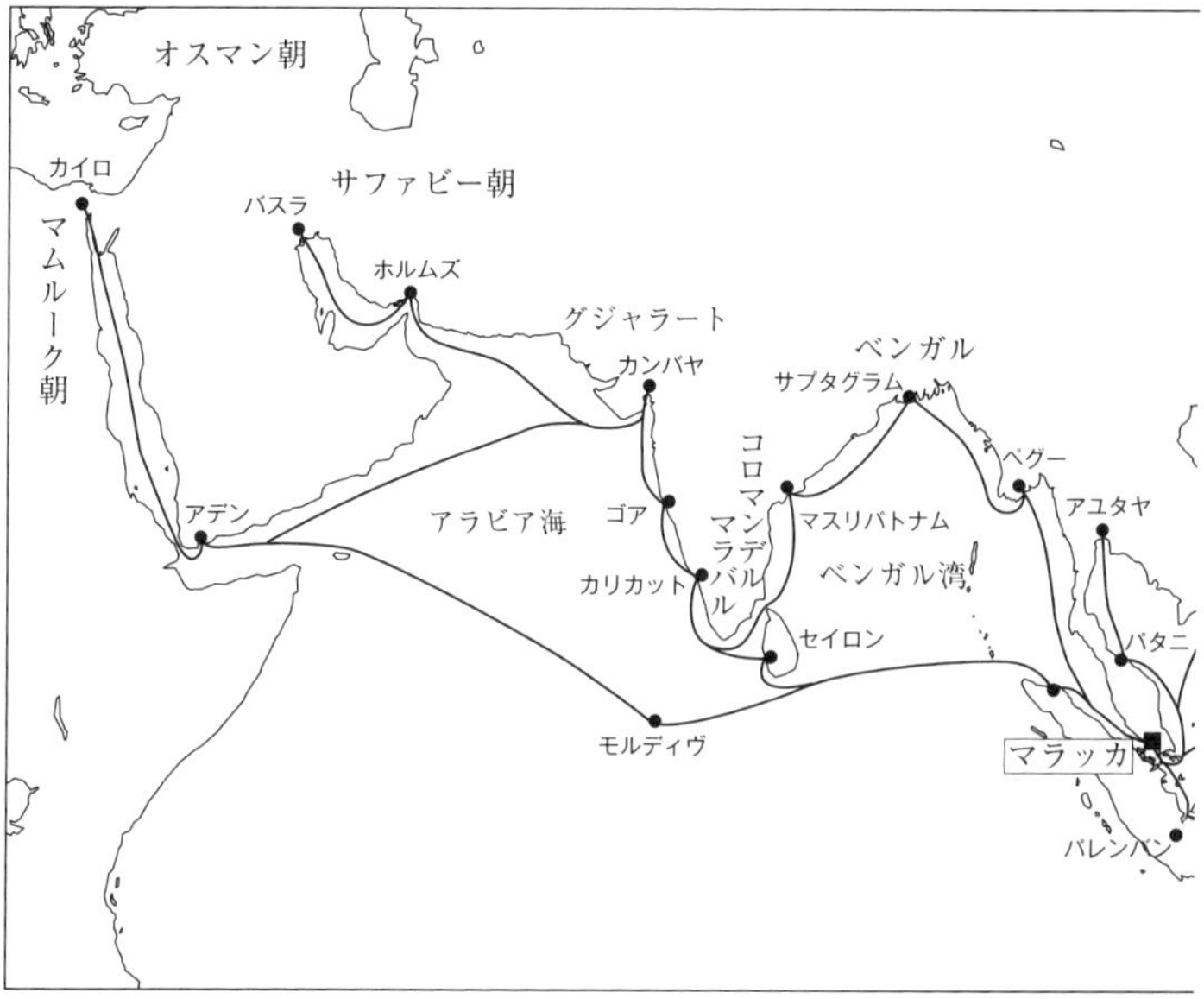

図17　マラッカを中心とする主要交易ルート（1500年ころ）

う四つの海域ごとに設置され、各地域の出身者が任命された。アラビア海・ベンガル湾からは、インド西北部のグジャラート商人や南インドのタミール系商人（クリン人）などが、綿布をはじめとするインド産品をもたらし、アラブ系・イラン系商人もグジャラート商船に同乗して、西アジア産品を運んできた。ジャワ海からは、おもにジャワ系商人が香辛料・白檀などをもたらし、南シナ海からは、華人商船をはじめ、シャム・チャンパ・琉球の商船が、中国・日本・インドシナ半島の産品を供給したのである。

琉球のマラッカ通交

『歴代宝案』や久米村華人の家譜などによれば、琉球とマラッカとの通交は『歴代宝案』の文書欠落期の直後である一四六三年に始まり、一五一一年までの半世紀弱に計一八回を数える。ただし一四六三年の琉球国王尚徳の咨文には、両国の間では「礼信の往来、未《いま》だ嘗《かつ》て少しも替《かわ》らず」（宝案四一—〇一）とあるので、マラッカとの通交は一四六一年の尚徳即位に先だち、尚泰久時代の一四五〇年代までには始まっていたようである。『歴代宝案』などによれば、同じく一四六三〜一五一一年の間に、琉球はアユタヤ朝と計一〇回の通交を行ったことが確認できる。『歴代宝案』には記録されなかった通交事例も多いとはいえ、全体としてこの時期には、マラッカがアユタヤ朝以上に重要な貿易相手国となっていたと見ていいだろう。

このうち尚真王期については、『歴代宝案』では一四七九・八〇年、一五〇九・一〇・一一年に、計五回の通交事例が確認できる。ただし一四八一〜一五〇八年には、南海諸国との通交文書がまったく欠落しており、家譜や明実録に計二回の通交事例が残されているにすぎない。上述のように「半印勘合」の番号から見て、尚真王期には年平均一・八隻の琉球船が南海諸国に渡航しているので、実際には一四六三〜一五一一年の間も、琉球船は年一隻に近いペースでマラッカに渡航していたと思われる。

『歴代宝案』には、琉球国王の咨文が一〇件（一四六三〜七二年）、執照が三件（一五〇九

〜一一年）、マラッカ国王の書簡・咨文が四件（一四六七〜八〇年）収められている。マラッカに限らず、『歴代宝案』所収の南海諸国に関する文書は、一四八〇年までは一例を除き咨文、一五〇九年以降はすべて執照である。もちろん実際には、一五・一六世紀を通じて、琉球王府と南海諸国はつねに咨文・執照の双方を授受していたはずである。

なお琉球国王のジャワ国王宛の咨文では、地域大国としてのマジャパヒトの勢威が四海に及ぶことを称揚していた。これに対しマラッカ国王宛の咨文では、「貨財生殖は富国の基なり」（宝案四一―〇一）、「苟《いやしく》も貨財生殖を以てせざれば、また奚《いずく》んぞ財用の足るを得んや」（宝案四一―〇九）、「苟も交隣の心、貿易の事を失わば、また何を以て国の富を致し、民の安を使《な》さしめんや」（宝案四一―一二）などと、両国の交易国家としての国是を確認するような文言が多いのが特徴的である。

礼物とインド綿布

琉球国王の咨文に記されたマラッカ国王への礼物は、硫黄が含まれない以外は、アユタヤ朝と品目・数量ともにほぼ同一であり、計二四二〇点の青磁が中心である。琉球がマラッカとの通交を始めた一五世紀中期は、中国産磁器の輸出が急減した「明代のギャップ」のただなかであり、マラッカにとっても琉球船は中国青磁の貴重な供給者だったにちがいない。

一方、マラッカ国王からの礼物は、四〜五種類の織物からなり、総計はつねに五〇匹であるが、品目のとりあわせは毎回異なる。それらの礼物は、サーリー（上質麻布）、シャウタルやシナバフォ（薄手綿布）、ベイラメ（白色綿布）、マモナ（モスリン）などのベンガル産織物が中心であった。もちろん礼物の授受は琉球船の交易活動のごく一部にすぎず、主要な礼物である中国産青磁とベンガル産織物についても、自由交易によってはるかに大量の取引を行っていたはずである。

上述のポルトガルのマラッカ商館員トメ・ピレスは、琉球人はマラッカから「ベンガル産の織物を大量に持ち帰る」と記しており、礼物のほかにもベンガル産織物を大量購入していたようだ。さらにピレスはマラッカからベンガルへの輸出品の一つとして、「琉球《レキオ》の緑色の大きな磁器」を挙げている（『東方諸国記』第三・四部）。これは琉球船がもたらした、中国産の大型青磁を指すにちがいない。琉球船はマラッカにおいて、いずれも海域アジア貿易の花形商品であった中国産青磁とベンガル産織物を、大量に交易していたわけである。

なお首里城の付近では、一五～一六世紀の遺構から、日本国内では数例しか見つかっていないヴェネチアングラスの破片も出土している。トメ・ピレスはカイロの商人はグジャラート船に同乗してマラッカに来航し、ヴェネチア船がカイロにもたらした商品を持ってくると記しているが、そのなかには「ガラス玉」や「金箔を貼ったグラス」も含まれる

（『東方諸国記』第六部）。首里で出土したヴェネチアングラスも、こうしてマラッカに運ばれ、琉球船が持ち帰ったものではないか。

貿易船のスタッフ

『歴代宝案』には、一五〇九～一一年のマラッカ宛「執照」が三件収められている。上述のように、執照とは琉球王府が中国や南海諸国に派遣する船に発給した、一種の集団パスポートである。清代に琉球王府が進貢船に発給した執照の実物によれば、執照にはまず使節・通事・従者、および火長・直庫の人数と姓名を記し、さらに水梢（一般船員）の総数と全員の姓名を列挙している（小葉田一九三九：二〇一～三）。『歴代宝案』に収める、明代に南海諸国に赴いた貿易船に発給した執照にも、同じように正使・副使・通事の人数と姓名、火長・管船直庫の姓名、および水梢の総数が記されている。水梢の姓名は記されていないが、おそらく『歴代宝案』に収録する際に省略したのだろう。

南海諸国に派遣されるスタッフは、執照の記載によれば、おおむね正使一名、副使二名、通事二名、火長一名、管船直庫一名となっている。正使・副使・管船直庫は大半が琉球人、通事・火長はすべて久米村華人である。水梢の総数は、マラッカの場合は一五〇〇・二〇〇・二〇三名とあり、いずれもかなりの大型船であった。使節のなかには琉球名を持つ華人もいた可能性もあるが、総じて琉球人の正使・副使のもとで、久米村華人が専門職として航海技術と通訳を担うという役割分担がなされていた。

マラッカでの騒乱事件

琉球とマラッカとの通交は、アユタヤ朝との官買問題のようなトラブルもなく、総じて順調に行われたようだが、例外として一四六九年には、琉球船の乗員がマラッカで騒乱を起こすという事件が起こっている。翌年三月のマラッカ国王の咨文には、この事件について次のように記されている。「毎年貴国が派遣する使者と通事はみな好ましい人物ですが、それ以下の「頭首」には、非行をはたらく者さえおり、当局の勧告に従わず争いを起こし、当地で騒乱を招くにいたりました。今後はぜひ、適切な人員を派遣して通交を行っていただきたい」（宝案三九―〇八）。琉球国王はこの抗議を受け、同年のマラッカ国王宛咨文で、騒乱を起こした「下人」たちを直ちに処罰したこと、今後もこうした問題を起こす者がいれば、通告により処罰することを伝えている（宝案四一―一六）。

この事件を起こしたのは、一四六九年に派遣された、阿普斯《うふし》を正使、林昌《りんしょう》を通事とする琉球使節である（宝案四一―一四）。この年の四月には尚徳王が死去したとされ、王朝交替前夜の不安定な政治状況下で、琉球船の統率や規律も弛緩していたのだろう。この際に市中で騒乱を起こしたのは、琉球船の「頭首」と「下人」たちであった。この「頭首」という役職は執照にも明記されていないが、一四六七年のマラッカ国王の咨文には、琉球国王が「使臣・頭目・通事等を差《つか》わし、宝物を装載して到来す」（宝案三九—〇四）とあり、「頭目」は使臣・通事とならぶ、琉球船の主要スタッフだったようだ。マラッカで騒乱事件を起こした「頭首」と「下人」とは、この「頭目」とその部下たちであろう。

また前述のように、一四二八年には実達魯《したる》が琉球船の「頭目」として、はじめてパレンバンに渡航して交易を行っている。その二年後の一四三〇年には、琉球王府は明朝の依頼により、日本に海船を派遣して商品を買いつけたが、その際には「的当なる頭目を差《つか》わして人船を管領せしめ」たという（宝案一二—〇八など）。この「頭目」は、海船とその乗員を統括して、日本産品の調達にあたった船長にあたる。マラッカに渡航した琉球船でも、外交使節や通事のほかに、「頭目」が船長として航海を統括していたわけである。

琉球船の辞令書

首里士族の田名《だな》家には、琉球王府が貿易船の役職を任命する際に発給した、いくつかの「辞令書」が伝わっている。また田名家の家譜にも、それらの辞令書と関連する記事がある（沖縄県教育庁文化課一九七八、高良一九八七）。

まず一五二三年の辞令書では、「しおたる」（したる）を進貢船の「くわにしや」（官舎《かんしや》）に任じている。「官舎」は久米村華人の正使・副使に次ぐランクの役職である。王府がこの進貢船に発給した符文にも、使者の一人として「寿達魯《したる》」の名を記す（宝案二五—一五）。

また一五三七年の辞令書では、この「しおたる」を進貢船の「せんどう」（船頭）に任じ

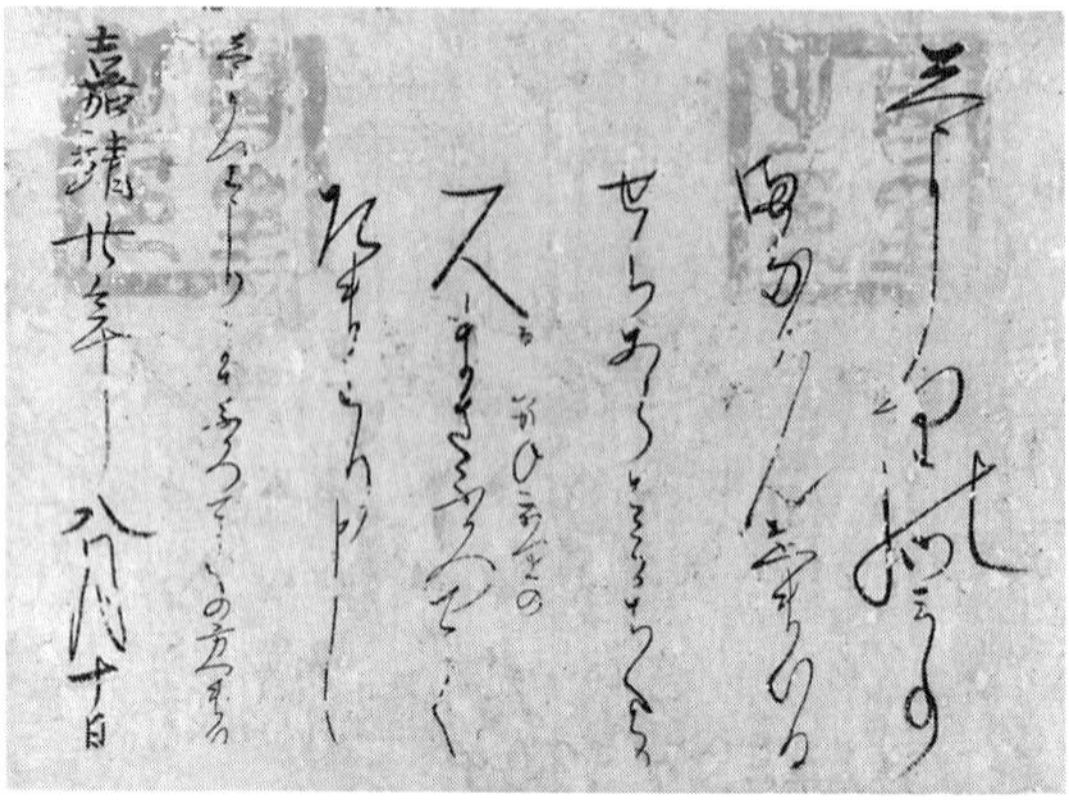

図18　1541年,「まさぶろ」への辞令書（「田名家文書」4号辞令書）　個人蔵，沖縄県立博物館・美術館画像提供

ており、その際の執照にも、使者として「寿達《した》路《る》」の名がある（宝案二九—二六）。

さらに一五四一年の辞令書では、「しおたる」の子である「まさぶろ」（真三郎）を「まなばん」（真南蛮、ここではシャム）に赴く海船の「ちくどの」（筑殿）に任じている。「筑殿」とは「船頭」に次ぐ副船長格の役職である。また家譜によれば、この「まさぶろ」は一五五五年に進貢船の交易責任者である「才府《さいふ》」となっており、その際の執照には北京に赴かず福州に留まる使者の一人として、「馬三路《まさぶろ》」の名がある（宝案三〇—一五）。船頭・才府・官舎などの役職者は、符文や執照では琉球人名の使者として記されていたわけである。

一方、近世琉球に入った一六三四年の辞令書では、「まさぶろ」の曽孫にあたる「真市」を進貢船の「ちくどの」に任じている。この「真市」は和風の名乗《なのり》を「真時」といい、いずれも「まし」と読むのだろう。また対応する符文では、管船直庫として「馬志」（まし）の名を記しており（宝案二六―二六）、これによれば辞令書における筑殿とは、符文における管船直庫にあたることになる。おそらく筑殿という名称は「直庫」（標準音 zhi-ku、福建南部音 tik-khɔ）に由来し、「直庫殿」が「筑殿」に転化したのではないか。ただし一五四一年に「まさぶろ」を筑殿に任じた際の執照では、管船直庫は「呉剌水」という名になっている（宝案四二―三三）。筑殿の名は他の役職者とともに執照に明記されたと思われるので、あるいは「まさぶろ」がなんらかの事情で別名を記したのかもしれない。

船頭・築殿と「ヒキ」

　このように琉球王府が明朝や南海諸国に派遣した海船では、船長にあたる頭目（船頭）と、副船長にあたる管船直庫（筑殿）が、船員たちを率いて航海を統率していた。なお明末の華人商船では、船長である「舶主」のもとに、航海士である「火長」や、舶主の代理として「舟中の事を統理」する「総管」、「戦具を司る者」である「直庫」などが置かれていた（張燮《ちょうしょう》『東西洋考』巻九）。琉球船の頭目（船頭）はこの「舶主」にあたる。一方、管船直庫（筑殿）は「総管」と「直庫」を兼ねて、船内を統率し武備を担う役職だったのではないか。

　また尚真王期には、首里王府の行政・軍事組織として「ヒキ」と呼ばれる一二のユニットが成立し、「庫理《くり》」と呼ばれる三つのグループに、それぞれ四つの「ヒキ」が分属していた。この「ヒキ」はもともと海船の航海体制・乗員組織に基づいて編成されており、「勢《せ》治《じ》荒富《あらとみ》」「世《よ》続富《つぎとみ》」といった海船の名が、そのままヒキの名称となっている。「ヒキ」の長官を「勢《せ》頭《ど》」、次官を「筑登之《ちくどうん》」と呼ぶが、「勢頭」は「船頭」に、「筑登之」は「筑殿」に由来する（高良一九八七：一〇二～三五）。つまり海船の船長である「船頭」（頭目）と「筑殿」（直庫）が、船員たちを率いて明朝や南海諸国に渡航するとともに、本国では同じユニットが輪番で王府の行政・軍事組織として機能していたのである。

琉球王国の明朝や南海諸国との通交においては、正副使が王府を代表して外交を担い、久米村華人が通訳や航海士などの専門職となるとともに、船頭（頭目）や直庫が船員を率いて、琉球船の運航・防備・積荷などを全般的に統括していたと考えられる。そして船頭（頭目）を船長、直庫を副船長とする船員組織が、琉球王府の行政・軍事組織として、勢頭を長官、筑登之を次官とする、「ヒキ」としても機能するようになっていったのだろう。

一般に海域アジアを航行する貿易船は、海賊の襲撃などに備えるため、多くの兵員が搭乗し各種の武器を備えていた。琉球船の乗員も、船頭や直庫の指揮下で、非常時には武器をとって船の防備にあたったことは疑いない。このような航海組織が「ヒキ」として、陸上の軍事組織としても機能したのは自然なことであった。

パサイとの通交

一四六〇年代には、琉球はマラッカに加えて、「蘇門答剌国《スマトラ》」にも貿易船を派遣している。「蘇門答剌国」とは、スマトラ島北岸の港市国家パサイを指す。マラッカ海峡に注ぐパサイ川の下流には、東岸にパサイ、西岸にサムドラという港市があり、スマトラという島名も、「蘇門答剌国」という国名もサムドラに由来する。マラッカ海峡の西端に位置するサムドラ・パサイは、一三世紀末からムスリム海商による東南アジア貿易の拠点港となり、一四世紀には王家がイスラームに改宗し、東南アジア島嶼部のイスラーム化の橋頭堡ともなった（内田他二〇〇九：四八〜五八）。一五世紀にマラッカが台頭してからも、パサイは胡椒などの北スマトラ産品の積出港として依然として重要であった。

『歴代宝案』には一四六二・六七・六八年の琉球国王から「蘇門答剌国王」への咨文が収められているが、一四六三年の咨文には、「さきに国書を授受して礼物を交換した」とあるので、実際にはそれ以前に通交が始まっていたことがわかる。三通の咨文は、すべてマラッカ宛の咨文と同日に発給されており、船団を組んでマラッカ海峡に入り、一隻がマラッカを通過してパサイまで渡航したのだろう。

一四六〇年代前後は、南海諸国の明朝との朝貢貿易が急減した時期であり、南海諸国の朝貢船による明朝への胡椒輸出も縮小したはずである。一方、琉球の進貢船による胡椒・

蘇木などの附帯商品の輸出量は、一四六〇年代から記録が残っているが、胡椒の輸出量は一四六〇年代の年平均三〇〇〇斤がピークである（岡本二〇一〇：一二二）。また一五世紀後半には、琉球から博多・対馬を経て朝鮮に運ばれる胡椒も増加していた。こうした胡椒貿易の拡大により、琉球船はマラッカだけではなく、パサイまで渡航して胡椒を調達したのである。

チャンパとベトナム

チャンパと南海貿易

琉球王国の南海貿易をめぐる大きな謎が、ベトナム（安南）とチャンパ（占城）との関係である。両国はインドシナ半島の東部に位置し、南海諸国のなかでもルソンに次いで琉球に近く、琉球船がシャムやマラッカに往来する際には、必ずその近海を航行していた。ところが『歴代宝案』には、チャンパとの外交文書は一通もなく、安南との通交文書もわずか一通を収めるにすぎない。ベトナムは漢字文化圏であり、チャンパも明朝の主要朝貢国の一つなので、琉球王国が両国とコンスタントに通交を行っていれば、久米村華人が外交文書を作成して、それらを『歴代宝案』に収めていたはずである。

特にチャンパは、古くから南シナ海域における海上貿易の要衝だった。チャンパはオーストロネシア系のチャム人の王国であり、王家はヒンドゥー教を奉じていた。宋元時代にはムスリム海商の交易拠点ともなり、チャンパ―海南島―泉州を結ぶ海上交易が発達していた。一方でチャンパは長年にわたり、北方のベトナムと一進一退の抗争を続けていたが、一五世紀中期にはベトナムの黎朝《れいちょう》が優勢となり、南進政策を進めてチャンパを圧迫していく。一四七一年には黎朝の聖宗（在位一四六〇〜九七）がチャンパに侵攻し、首都のヴィジャヤを攻略して、チャンパの北半を併合するにいたる（Li 2024: 140-94）。

琉球船と黎朝の交戦

『歴代宝案』に残されたチャンパに関する唯一の記事が、黎朝のヴィジャヤ攻略後、一四八〇年にマラッカ王国の「楽作麻拿」（ラクサマナ）が、即位まもない尚真王に送った書簡である。ラクサマナとはマラッカ王国の海軍提督にあたり、後世の年代記によれば、当時のラクサマナはマラッカの伝説的英雄ハン・トゥアであった。この書簡で、ラクサマナは交趾《こうち》（ベトナム中部）に漂着した琉球船をめぐる、次のような事件を伝えている。

琉球船一隻が交趾に漂着し、そこで交趾人と相互に殺しあったとのことです。ラクサマナはその報を聞き、使者を派遣して小船で占城に赴かせました。捜索したところ、琉球人を二名だけ見つけましたが、一名はほどなく病死しました。

（宝案三九―一〇）

ラクサマナはこの事件が起こった時期を記していないが、明朝の史料に手がかりが残されている。すなわち黎朝のヴィジャヤ占領後、南方に逃れたチャンパはしばしば明朝に黎朝の侵攻を訴えて救援を求めた。これに対し、一四七八年に黎朝の聖宗は明朝に次のように弁明したという。

図19　1475年，琉球船交趾漂着関係地図
中島2020，p.212より

「チャンパの頭目である波竉阿麻は、もともとわが国と通好していましたが、成化一一（一四七五）年に（交趾に）漂着した琉球の海船の乗員を率いて侵略し、わが国の辺防軍に撃退されたのです」（『憲宗実録』巻一七六）。つまり黎朝の

軍事行動は、チャンパと琉球漂着船の越境攻撃に対する正当防衛だったと主張したのである。

ラクサマナが伝える交趾での衝突が、この一四七五年の交戦を指すことは疑いない。ここでいう交趾とは、おそらく黎朝占領下の旧チャンパ領の北半を指し、そこに漂着した琉球船の乗員が、チャンパの遺民とともに旧領回復のため黎朝の辺防軍と戦ったのだろう。この交戦は単なる小競り合いではなかったようで、ベトナムの史書には聖宗の親衛軍がチャンパ・琉球征伐に動員されたと記し、また聖宗の事績として、チャンパやラオスの制圧に加え、琉球を撃破したことも特記している（『大越史記全書』本紀巻一四・一五）。

チャンパ・琉球・マラッカ

交趾において琉球船がチャンパの遺民とともに黎朝と交戦したことが、単なる偶発的な事件だったとは考えにくい。その背景には、もともと琉球とチャンパの関係がかなり密接だったことがあるのではないか。シャムやマラッカから中国へ往復する商船は、メコン川河口部からヴァレラ岬を経て現在のダナン近海まで、一〇〇〇キロ近くチャンパ沿岸を航行し、その間にチャンパ領内に寄港して水や食糧を補給し、交易も行っていた（Reid 1999: 43-4）。中国よりも遠方からシャムやマラッカに往復する琉球船が、チャンパ諸港に寄港しなかったとはとうてい考えがたい。『歴代宝案』にチャンパとの外交文書が収められていないのは、琉球船が国書を交換することなしに、南海諸国への往復の際にチャンパ、特に王都ヴィジャヤの外港であるティナイに寄港して交易を行っていたからではないか。また上述のように、那覇に来航した「南蛮船」にも、チャンパの貿易船が含まれていたと思われる。

なおマラッカにとっても、チャンパは重要な貿易相手国であり、黎朝の侵攻後、チャンパの王子たちはマラッカに亡命したという。またトメ・ピレスによれば、マラッカでは華人・チャム人・琉球人は同じシャーバンダル（港務長官）の管轄下にあり、ラクサマナがそのシャーバンダルの任にあったという（『東方諸国記』第四部）。マラッカと琉球・チャンパは、もともと密接な交易関係を持っており、ラクサマナがそれを統括する立場にあったようだ。このため交趾に漂着した琉球船の乗員は、旧領回復をめざすチャンパ遺民とともに黎朝と交戦し、ラクサマナが琉球船の生存者を捜索・送還したのだろう。

沈香と陶磁器

チャンパの主要輸出品は、後背山地で産出する最高級の沈香《ちんこう》であった。チャンパ産の沈香は、マレー語でカランバック、中国では伽藍木《からんぼく》などと呼ばれ、日本では伽羅《きゃら》と称されて珍重された。馬歓《ばかん》によれば「伽藍香」はチャンパだけで産出し、同量の銀と等価で取引されたという（『瀛涯勝覧』占城国）。またトメ・ピレスも「チャンパの商品のうち主なものはカランバックである。これは真正の沈香で、しかも同種のなかでは最良のものである」（『東方諸国記』第三部）と特記している。

沈香は中国・日本・朝鮮で、宗教儀礼の際の焚香料としてひろく用いられた。特に室町時代の日本では、もっぱら沈香を用いる香道が普及し、その需要が急増した。朝鮮でも、沈香は儒教・仏教儀礼で広く用いられ、薬材としても珍重された。（関二〇一五：六六〜九八）。琉球船はマラッカやアユタヤに往復する際にチャンパに寄港し、日本や朝鮮で需要が高い沈香を調達したにちがいない。

またチャンパでは首都ティナイの近郊で陶磁器も生産され、おもに東南アジア島嶼部に大量に輸出されていた（Li 2024: 188-9）。首里城でも、一五世紀前半のチャンパ産陶器壺が一点出土している（續二〇二二）。首里城ではシャム産陶器壺が二五〇点以上出土しているが、チャンパ産陶器壺はこの一点にすぎず、琉球船がコンスタントにチャンパに寄港していたとすれば、出土数が少なすぎるようにも見える。

ただし首里城で集中的に出土するシャム産陶器壺は、おもに香花酒の容器だったとされている。那覇港ではシャム産陶器壺は一三点しか出土しておらず（瀬戸二〇二三）、陶器壺に入った香花酒が、王府の独占的輸入品として、もっぱら首里城に運ばれていたことを示唆する。これに対し、チャンパからは香花酒はほとんど輸入されず、その容器として現地産陶器壺が持ちこまれることも稀だったのではないか。またチャンパ産沈香を陶器壺に入れて輸入したとしても、その大部分は那覇港からそのまま中国・日本・朝鮮に再輸出され、やはり首里城に陶器壺が残ることは稀だっただろう。

上述のように、一四七五年にはベトナム中部に漂着した琉球船が、チャンパの遺民とともにベトナムの黎朝と交戦していた。その一方、一五世紀には多くのベトナム産磁器が琉球に輸入されている。琉球王国と黎朝にはどのような通交・貿易関係があったのだろうか。

ベトナムと青花貿易

一三世紀以来、現在のベトナム北部、紅河デルタの水田地帯を基盤とする陳朝《ちんちょう》は、南方の海上交易国家であるチャンパと攻防をくりかえしていた。一四〇七年には、明朝の永楽帝が陳朝に代わった胡朝を滅ぼして併合する。しかし一四二八年には、黎朝が明軍を撃退して独立を回復し、明朝の制度にならった統治体制を整備していく。さらに黎朝は明朝支配期に伝播した中国式火器を活用してチャンパへの攻勢を強め、一四七一年には聖宗がチャンパに全面的に侵攻し、ヴィジャヤを攻略しチャンパ北半を併合したのである。

ベトナムでは特に一四世紀初頭の明朝支配期に、華人陶工の移住や技術移転により陶磁生産が拡大した。特に一五世紀中期には、雲南南部の建水から陸路で運ばれたコバルトを用いた顔料で絵付けした、青花の生産が発達していく。「明代のギャップ」により中国産青花の輸出が急減するなか、ベトナム産青花はその代替品として、エジプトからフィリピンにいたる海域アジア各地に大量に輸出された。特にチャンパの国際貿易港であったティナイは、ベトナム青花の輸出拠点ともなった。たとえばマジャパヒト朝の王都であったトロウラン遺跡では、イスラーム様式の意匠をもつベトナム産青花のタイルが多数出土しており、チャンパのムスリム海商によって、ティナイから輸出されたと考えられている（Li 2024: 181-8）。

琉球とベトナム青花

『歴代宝案』には、一五世紀を通じて琉球とベトナムの間に通交・貿易が行われたことを示す記録はまったく残されていない。その一方、一五世紀の琉球ではベトナム陶磁が集中的に出土している。特にベトナム産青花は、日本本土ではほとんど出土していないが、首里城では三〇九点、今帰仁などの主要グスクでも一三二点が出土している（菊池二〇一七：一四四〜六、瀬戸二〇二二）。一五世紀の琉球王国は、大量の龍泉窯青磁を南海諸国や日本に中継輸出していたが、景徳鎮産青花の輸入は乏しく、ベトナム産青花はその代替品として首里王府で使用され、一部は主要グスクにも分配されたのである。

それでは一五世紀の琉球王国は、ベトナム陶磁をどのようなルートで入手していたのだろうか。この問題については、ベトナムの主要貿易港であったヴァンドン（雲屯）から直接輸出された、あるいはアユタヤから中継輸出されたといった推定がなされている。ただし南海諸国に往来する琉球船は、海南島沖からチャンパ沿岸へと直航したと考えられ、限られた渡航シーズン内にトンキン湾内のヴァンドンに寄港するのは時間的ロスが大きい。またベトナム北部からアユタヤを経て中継輸出したとすれば、輸送コストがかなり高くなる。むしろ琉球船は、ティナイに寄港した際にベトナム陶磁を調達したのではないか。ティナイは海域アジアへのベトナム陶磁の輸出拠点となっており、琉球船がティナイに帰航した際に、沈香などの現地産品とともに、ベトナム陶磁を輸入した可能性は高い。

ただし一四七一年の聖宗のチャンパ侵攻後、ティナイの国際貿易は衰退に向かう。また聖宗はチャンパの陶磁生産者を紅河デルタに強制移住させたため、チャンパにおける陶磁の生産・輸出産業も瓦解する。一方、紅河デルタではチャンパからの人材移転により陶磁生産がさらに成長し、一五世紀末に中国陶磁の輸出が再拡大してからも、一六世紀初頭まではは多量のベトナム陶磁がヴァンドンから輸出されていた（Whitmore 2011）。

琉球で出土するシャム産陶磁は、一五世紀前・中期の産品が約七割を占めるが、ベトナム陶磁は一五世紀前・中期の産品が、約九割にも達する（吉岡・門上二〇一一：一六九・一九一頁）。しかし一五世紀後期以降、ヴァンドンからの陶磁輸出はなお活発だったにもかかわらず、琉球におけるベトナム陶磁の出土数は急減する。これは一五七〇年代以降、ティナイが国際貿易港としては凋落し、ベトナム陶磁の輸出拠点としての地位も失ったことにより、琉球船によるティナイからのベトナム陶磁輸入も困難になったためではないか。

一五〇九年のベトナム通交

『歴代宝案』に残された唯一のベトナム関係文書は、一五〇九年一〇月九日付で、尚真王が正議大夫の鄭玖《ていきゅう》を正使として、安南国（黎朝）に派遣する船に発給した執照である（宝案四二―〇五）。尚真王は同日付で、シャムに派遣する船への執照も発給しており、正使・副使・通事の姓名や、搭乗する船も同じである（宝案四二―四）。おそらくこの琉球船はまずアユタヤに渡航し、帰途にベトナム（おそらくヴァンドン）に寄港したのだろう。また執照の冒頭には、「琉球国中山王、礼儀を奉謝する事の為にす」とあるので、まず安南国王が琉球に使節を派遣して礼物を送り、その返礼としてこの琉球船が派遣されたようである。

琉球王府が発給した執照は一種の集団パスポートなので、使節・乗員全員の姓名を列挙するが、積荷や礼物については記さない。ところが一五〇九年のベトナム宛執照では例外的に、琉球国王から安南国王への進上品を列挙している。しかもそれらの進上品は、通例の南海諸国への礼物とは大きく異なり、硫黄一万斤、鉄二千斤、および各種の甲冑・刀剣・槍・弓矢などの軍需品で占められているのである。おそらくまずベトナム側がこれらの軍需品の供給を琉球に求め、琉球がそれに応じたのだろう。

当時の黎朝の国王は、威穆《いぼく》帝（在位一五〇五～〇九）であった。威穆帝は黎朝の王族を迫害する一方、母方・妻方の姻戚を重用し、これらの姻戚集団は紅河デルタにおいて、陶磁などの輸出商品の生産地域を激しく搾取した。また威穆帝は紅河デルタに強制移住されたチャム人の虐殺も命じており、これらの暴政によって、陶磁などの生産・輸出セクターは壊滅的な打撃を受けた。この結果、威穆帝に対する叛乱が急激に広がり、琉球が上記の執照を発給した一五〇九年に、威穆帝は追いつめられ自殺するにいたる（Whitmore 2011）。

おそらく威穆帝はそれに先だち、叛乱の拡大に直面して、琉球に対して軍需品の供給を要請したのだろう。特に黎朝は大量の火器を配備していたが、ベトナムでは硫黄を産出せず、マラッカ経由で東南アジア島嶼部の硫黄を輸入しており、琉球にもその供給を求めたのである。琉球としても、聖宗のヴィジャヤ攻略以降、チャンパに安定的に寄港することが難しくなっており、一四七五年の交趾での交戦以来こじれていた黎朝との関係を修復し、交易関係を開こうとしたわけである。しかし琉球船がベトナムに渡航した時点で、すでに威穆帝政権は崩壊しており、ベトナムとの通交もこれかぎりで終わってしまったようだ。

平人触の一括埋蔵船

なお一五〇九年の琉球船のベトナム派遣と関連する可能性がある考古資料として、壱岐島の平人触《ひろうとふれ》で出土した一括埋蔵銭がある。この埋蔵銭は一六世紀第一四半期の福建泉州産の陶器壺に納められ、総計四一七二点であるが、そのうち明朝の永楽通宝が九一・六％を占める。当時の一括埋蔵銭に占める永楽通宝の比率は、通常一〇～二〇％なので、ここでの比率は突出して高い。さらに平人触埋蔵銭

図20　平人触出土のベトナム・琉球銭　古澤2021, p.92より

には、日本では出土数が限られる、琉球王国の尚徳王が鋳造した世高通宝と、尚円王が鋳造した金円世宝も含まれる。かつ同様に日本では出土数が少ない、ベトナムの黎朝が鋳造した大和通宝・光順通宝・洪徳通宝・洪順通宝も含まれているのである。そしてすべての銭種のなかでもっとも発行年が新しいのは、まさに一五〇九年に威穆帝が鋳造した洪順通宝であった（古澤二〇二一）。

ベトナムは永楽年間に明朝の統治下にあったので、永楽通宝の流通量も多かっただろう。平人触埋蔵銭に大量の永楽通宝のほか、日本では出土数が少ない琉球銭・ベトナム銭が含まれ、かつ最新銭が一五〇九年鋳造であることは、これらの銅銭が一五〇九年にベトナムに渡航した琉球船によって、まず琉球に輸入され、そこから博多商人などを通じて、壱岐に運ばれたという可能性をうかがわせる。一五〇九年ごろは九州—朝鮮貿易の最盛期でもあり、もちろん断定はできないが、琉球から各種の南海産品とともに、一五〇九年にベトナムから輸入された銅銭が壱岐に運ばれていたと想定することもできるだろう。

ヨーロッパ人との出会い

ゴーレスとレキオス

尚真王と大航海時代

尚真王の半世紀にわたる治世（一四七七～一五二六）は、世界史的には大航海時代の本格的な開始期に一致する。この半世紀の間に、ディアスの喜望峰回航（一四八八年）、コロンブスの西インド諸島到達（一四九二年）、ガマのインド到達（一四九八年）、ポルトガルのマラッカ占領（一五一一年）、マゼラン艦隊の世界周航（一五二二年）などにより、それまで大西洋北東部と地中海にとどまっていたヨーロッパ人の航海活動は、インド洋・南シナ海・太平洋にまで一気に拡大していた。

従来、一六世紀前期には朝貢貿易の縮小にくわえ、ポルトガルが琉球の重要な貿易拠点であったマラッカを占領し、シャムや広東にも進出したことにより、琉球の南海貿易も急速に衰退にむかったと見なされてきた。しかし第三章「王朝交替と海外貿易」で論じたように、尚真王期においても、東シナ海域では朝貢貿易の縮小を福建との密貿易や日本貿易の拡大が補い、南シナ海域では南海貿易が依然として活況を呈していた。琉球の南海貿易が衰退に転じたのは、むしろ華人海商やポルトガル人による、南・東シナ海域を直結する貿易活動が本格化した、尚真王に続く尚清王の治世（一五二七〜五五）からだと見るべきだろう。

アラビア語航海書のアル・グール

また尚真王期は、アラビア語の航海指南書に、ついでポルトガル語の各種文献に琉球に関する情報が記録され、琉球の存在がユーラシア西方に伝わった時期でもあった。まず一五世紀後半〜一六世紀初期のアラビア語航海書に、琉球は「アル・グール」（al-Ghūr）という名称で現れる。

一三・一四世紀には、華人海商が大型ジャンクでアラビア海まで進出するとともに、アラブ系・イラン系のムスリム海商も、インド洋から南シナ海に渡航し、特に泉州には大規模なムスリムのコミュニティが形成された。一四世紀中期のイラン系武装集団の叛乱や、その後の明朝の海禁政策により、泉州のムスリム海商は離散し、その一部はジャワ・スマトラ・チャンパなどの港市に移住していった。一方、一五世紀には西方のイスラーム圏やヨーロッパで、インド西南岸のマラバール海岸の胡椒や、東南アジアのモルッカ（マルク）諸島のクローブ、バンダ諸島のナツメグなどの需要が増大していた。ムスリム海商は胡椒・香辛料などをインド洋を経て、紅海からエジプトへ、あるいはペルシア湾からシリアへと運び、その一部はヴェネチア商人のレヴァント貿易によってヨーロッパにも供給された。

特にインド西北部グジャラート地方のムスリム海商は、マラッカでも最有力の商人集団であり、アラブ系海商もグジャラート商船に同乗してマラッカに来航し、さらに香辛料を求めてジャワ海域にも進出した。こうした航海活動を通じて、海域アジア全域の航路・航法・地理情報などを記した、各種のアラビア語航海指南書が編纂されたが、そのなかで海域アジア東端の交易国家として記されたのが、琉球＝アル・グールなのである。

アル・グールという名称の初見は、著名なアラブ人航海者、イブン・マージドの韻文による航海書、『航海学精選』（一四六二年以降）である。そこでは中国沿岸の諸港について述べたあと、次のように記す（前嶋一九七一：六六七〜八）。

それらの次がジートゥーンであることをご承知あれ。

かの人々の帝王の都はカンバーリクと呼ばれている。

この地方から南に行けば、あるものといえば危険とアル・グールだけだと。

「ジートゥーン」とは、マルコ・ポーロが伝える「ザイトン」にあたり、泉州の通称である。「カンバーリク」とは、元朝の大都（現在の北京）を指す。すなわち大都を帝都とする元朝支配下の泉州の南方海上に、アル・グールがあるというのである。この記事は明らかに元代の情報に基づいており、泉州のムスリム海商が得た知識に由来するにちがいない。

アル・グールとリキーウー

さらにイブン・マージドは、『航海学の基礎に関する有益情報』（一四八八〜九〇年）において、アル・グールについて次のように記している（前嶋一九七一：六六七）。

（アル・グールには）アル・グーリー鉄の産地があり、あらゆる鉄を断つ、すばらしく鍛えられた刀剣を産する。ジャワの言葉では、（この国を）リキーウーと称する。

アル・グールでは鍛えぬかれた刀剣を産出するというのは、琉球船が南海諸国に多くの日本刀を輸出していたことに由来する。またここでは、ジャワではアル・グールをリキーウーと称するとも記す。リキーウーとはもちろん琉球の音写である。一五世紀にはジャワ北岸の港市にムスリム商人のコミュニティがあり、アラブ系海商も香辛料を求めてジャワ海域に渡航していた。彼らを通じてマジャパヒト朝と通交を行っていた琉球の情報が伝わり、リキーウーという名称で記録されたのだろう。

また一六世紀初頭のスライマーン・アル・マフリーの航海書も、中国の諸港の東南にアル・グールの島があり、アル・グーリー鉄を産すると伝えており、「リキューの島」は一般にはアル・グールの島と呼ばれている、とも記している（前嶋一九七一：六六八〜九）。

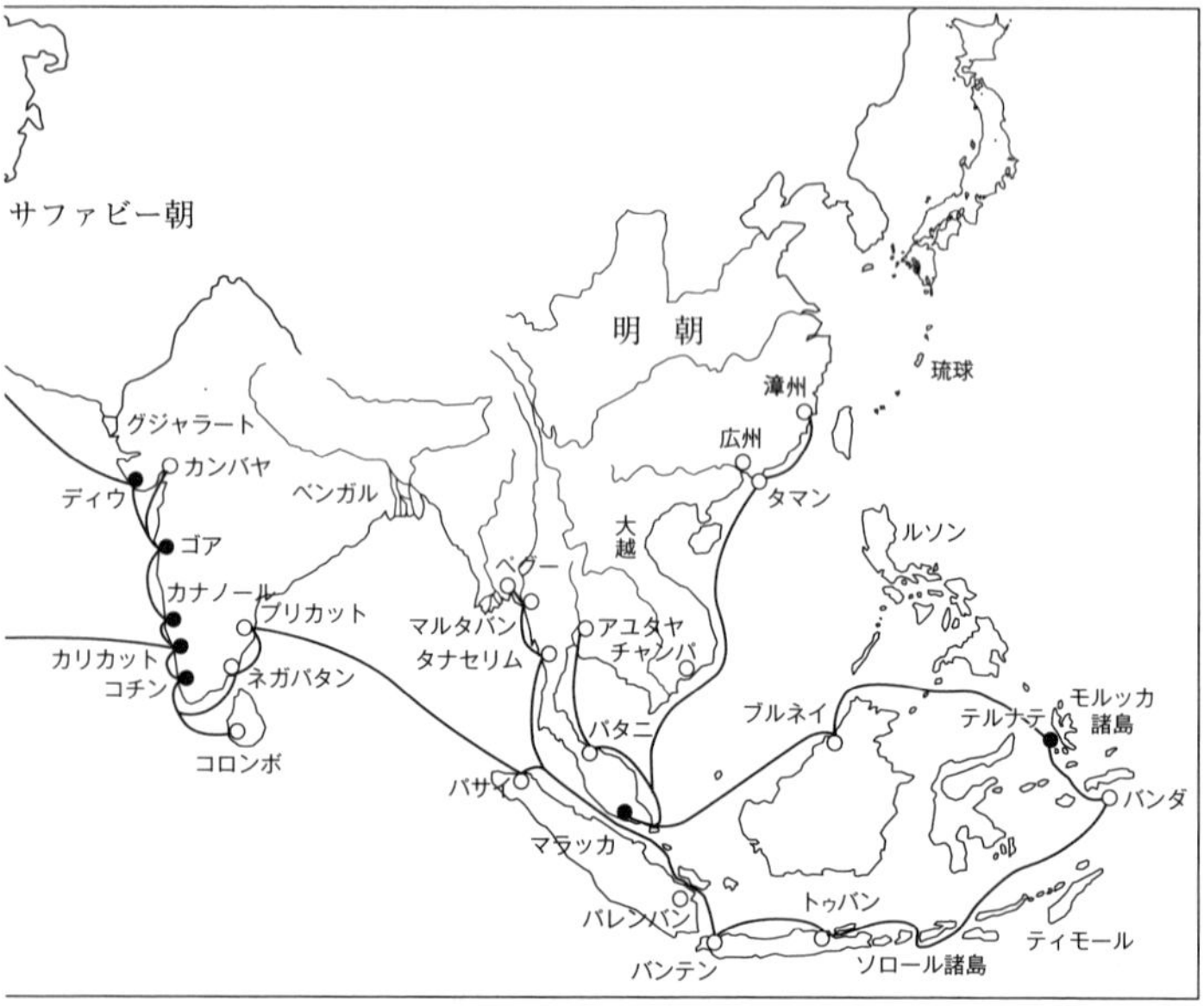

図21　16世紀前期，ポルトガルの主要航路と要塞　中島2020，p.58を改訂
○主要港　　●ポルトガルの要塞所在地

当時のイスラーム圏では、元代の知識に由来するアル・グールという呼称と、同時代に伝わった琉球（リキーウー／リキユー）という呼称が併存していたわけである。

ポルトガル人とゴーレス

一五世紀まで、胡椒・香辛料などの海域アジア産品は、もっぱらムスリム海商により、紅海・ペルシア湾ルートで地中海岸に運ばれ、ヴェネチア商人によりヨーロッパに供給されていた。これに対し、ポルトガルは喜望峰経由で海域アジアへの直航ルートの開拓を

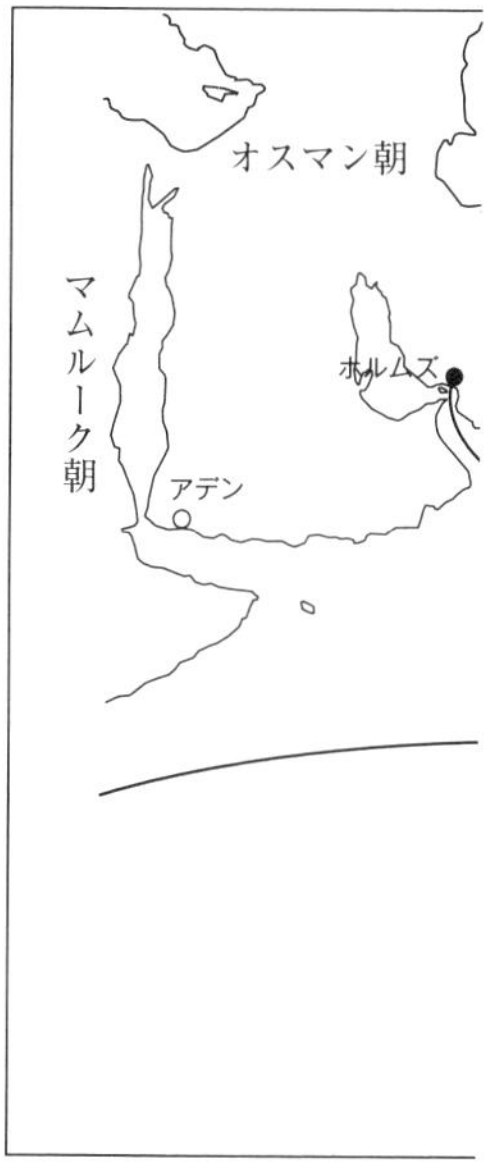

めざし、一四九八年にはヴァスコ・ダ・ガマの船団がマラバール海岸のカリカットに到達した。その後、ポルトガル船団は連年マラバール海岸の諸港に渡航し、ムスリム海商を強引に排除して胡椒・香辛料貿易を掌握しようとした。一五〇五年には喜望峰以東のポルトガル拠点を管轄するインディア領が成立し、インディア総督（または副王）がそれを統括することになる。

第二代インディア総督アフォンソ・デ・アルブケルケは、インド西岸のゴアを占領し、ペルシア湾口のホルムズを押さえ、紅海湾口のアデン攻略には失敗したものの、艦隊と火砲の威力により、インド洋海上貿易の支配を図った。そして一五一一年にはマラッカを攻撃・占領し、要塞・商館を設置して、軍事・交易拠点とした。一五一二・一三年には、ポルトガル船はバンダ諸島や広東にも渡航し、南シナ海・ジャワ海へと進出していく。

こうして一六世紀初頭には、ポルトガル人はインド洋から南シナ海・ジャワ海へと航海・交易圏を拡大していったが、その間におそらくマラバール海岸において、琉球＝アル・グールの情報を得たようである。当初、ポルトガル人は琉球人をゴーレス（Gores）と称した。これはアル・グールに由来する「ゴール」（Gor）に、「〜人」を意味する接尾語 -es を附したものである。一五一〇〜一三年、アルブケルケがマラッカ占領前後に授受した書簡や、アルブケルケの庶子が当時の記録により著した『大アフォンソ・デ・アルブケルケ実録』（一五五七年刊）には、マラッカにおけるゴーレスの交易活動を詳しく記している。

ただし一五一四年から、ポルトガル人はゴーレスにかわり、琉球諸島ないし琉球人を、おもに「レキオス」（Lequios）・「レケオス」（Lequeos）と記すようになる。これは琉球に由来するレキオ／レケオに、複数形ないし「〜人」を示す接尾辞 -es を附したものである。

アル・グール／ゴーレスの語源

それではアル・グール／ゴーレスという呼称の語源はなんだろうか。ゴーレスについては、一六世紀のモルッカ諸島で刀剣をゴーレ（gole）と呼び、ポルトガル人がその複数形をゴーレス（goles）と記したことから、マラッカに多くの日本刀を輸出した琉球人もゴーレスと呼ばれたという説もある（的場二〇〇七：九四〜六）。ただしポルトガル語のゴーレスは明らかにアラビア語のアル・グールに由来しているので、ゴーレスと表面的に類似した単語を探してもあまり意味はなく、まずはアル・グールの語源を探る必要がある。

アル・グールとは「グール」(Ghūr)に定冠詞を附したものである。この「グール」の語源にも諸説があるが、筆者は「高麗」の福建南部方言(閩南音)「コーレ」(kou-le)に由来すると考える。九世紀以降、アラビア語地理書では朝鮮半島の新羅をスィーラー(Sīlā)と称し、しばしば中国東南海上の島々として記していた。つづく一一～一四世紀には、泉州と高麗の海上交易が活発化し、泉州のムスリム海商が高麗に使者を派遣したこともある。また一三～一四世紀のヨーロッパの記録や地図には、おそらくスィーラーの島々のイメージを引きついで、高麗(カウレ/カウリ)を中国近海の島として記すものもある。

さらに一四世紀には、南島路の成長により、高麗―九州―琉球―泉州を結ぶ海上交流が活発化しており、高麗人がこのルートにより泉州に来航することもあっただろう。元代には「琉球」とはおもに台湾(明代の小琉球)を指しており、琉球諸島の人々の容貌や服装は、台湾の先住民よりもむしろ高麗人に近い。このため一四世紀の泉州では、琉球諸島や高麗からの来航者を区別せず、琉球を含む東方海上の諸地域を、漠然と「高麗」(コーレ)と総称したのではないか。そして泉州のムスリム海商も、この地域を「コーレ」に由来する「グール」と呼ぶようになり、それが一四世紀中期以降のムスリム海商のディアスポラにともない、イスラーム圏にも伝播したのだと考えられる。一五世紀末に海域アジアに来航したポルトガル人も、この「アル・グール」の知識を得て、それを「ゴーレス」と記したのである。

マラッカ占領と琉球船

マラバール海岸でゴーレス＝琉球人の知識を得たポルトガル人は、ほどなくマラッカで実際にゴーレスと遭遇することになる。一五〇九年、アルブケルケはマラッカに商船団を派遣するが、同年末にはマラッカ国王がこの船団を襲撃し、乗員の一部を拘束してしまった。一方、同年八月には、尚真王が佳満度《かまど》を正使としてマラッカに渡航する琉球船に執照を発給しており（宝案四二―〇三）、この琉球船は、翌一五一〇年初頭までにマラッカに入港したはずである。マラッカで拘束されたポルトガル人は、その後ヒンドゥー系有力商人の仲介で拘禁を解かれており、市中で琉球人と接する機会があったようだ。そのうちの一人、ルイ・デ・アラウジョは同年にアルブケルケに書簡を送り、そこでマラッカに来航したゴーレス＝琉球人についても詳しく記している。

翌一五一一年の西暦七月末、アルブケルケは艦隊を率いてマラッカを攻撃し、激しい攻防の末、翌月には全市を占領した。ちょうどそのころ、琉球の尚真王は八月一三日付で、馬彼比《まひび》を正使としてマラッカに派遣する船に執照を発給している（宝案四二―〇七）。一方、アルブケルケはマラッカに要塞と商館を建設し、同年末にはインドに帰航した。『アルブケルケ実録』（第三部第一八章）によれば、そのころ二隻の琉球船がシンガプラ（シンガポール）海峡に到達した。琉球船団はマラッカ王国の海軍提督ラクサマナから、ポルトガルがマラッカを占領したことを聞き、そこに止まっていたが、ポルトガルのマラッカ長官が使者を派遣して安全を保証したので、マラッカに入港したという。

『歴代宝案』に残された、一五一一年にマラッカに向かった琉球船への執照は一隻分だけだが、実際には二隻の琉球船が船団を組んでマラッカに渡航していたようだ。この琉球船団が実際にマラッカに入港して交易を行っていたことは、久米村華人の梁傑について、「正徳六（一五一一）年、通事として正使馬彼比とともにマラッカに赴き、胡椒・蘇木などを調達して帰国した」という記録があることからも確認できる（『梁氏家譜』）。

一五一二年にマラッカに入港した琉球船団は、そこでポルトガル人による生々しい占領と破壊の状況を実見したはずである。ポルトガル人はその後も琉球船が継続的にマラッカに来航することを望んでいたが、琉球王府は一五一一年を最後に、マラッカに貿易船を派遣することはなかった。王府は帰国した船団の報告を受け、長年友好関係にあったマラッカを占拠したポルトガル人が、東シナ海域にも侵出することを危惧したのだろう。

マラッカの琉球人

ポルトガル人とレキオス

琉球人は一五一二年を最後に、マラッカに姿を現すことはなかった。ただしポルトガル人はそれまでにマラッカで琉球人《レキオス》と接する機会があり、その後もかつてマラッカに活発に来航していた、海域アジア東端の交易国家である琉球に強い関心を持ちつづけた。

特にマラッカの琉球人について詳しい情報を提供する史料として、ルイ・デ・アラウジョの書簡（一五一〇年二月六日）、トメ・ピレス『東方諸国記』第四部（一五一五年ごろ）、ブラス・デ・アルブケルケ『大アフォンソ・デ・アルブケルケ実録』第三部第一八章（一五五七年刊）を挙げることができる。特にピレスの記事は情報量豊富で、信憑性も高い。また『ドゥアルテ・バルボザの書』（一五一六年）は、マラバール海岸のカナノールの商館員であったバルボザによるアジア地誌だが、琉球についてもピレスほど詳細ではないが的確な記事を含む。以下、これらの史料に記されたマラッカでの琉球人の活動について、テーマ別に紹介してみたい。

琉球船のマラッカ貿易

アルブケルケによれば、琉球船は一月に北東モンスーンによりマラッカに来航し、八~九月に南西モンスーンによって帰航したという。アラウジョは四月に帰航したと記すが、季節的にいささか早すぎるようだ。毎年の来航船数については、数隻（アラウジョ）、二、三隻（アルブケルケ）、一~三隻（ピレス）、三、四隻（バルボザ）などとある。前章で述べたように、尚真期における琉球船の南海諸国への年平均渡航数は一・八隻なので、毎年マラッカだけで数隻の琉球船が来航したというのは過大だろうが、『歴代宝案』に記録されたよりも、かなり多くの琉球船がマラッカに渡航していたことは疑いない。

なおアラウジョは、琉球からマラッカに来航するジャンクは「同地の王のもので、彼は自分のジャンク以外のジャンクが（マラッカに）来ることを承知しない」と述べており、琉球船のマラッカ貿易が王府の独占事業であったことを指摘する。またピレスは、琉球人は中国とマラッカで、しばしば華人とともに取引を行うとともに、「中国の福建の港で取引をする」と記している。琉球船が福建で取引を行うというのは、福州での進貢貿易だけではなく、漳州湾での密貿易も含むのであろう。ピレスは琉球は中国で購入したジャンクを三、四隻持っているとも記しており、当時の琉球王府が福建に発注して建造した大型ジャンクを、貿易船として運用していたことと符合する。

さらにピレスは、琉球船は海路七、八日の航程にある日本《ジャンポン》に渡航し、マラッカなどの商品と、日本産の黄金や銅を交易し、それらをマラッカにもたらすとも記している。これは一三世紀末にマルコ・ポーロが伝えた伝説的なジパング情報を除けば、ヨーロッパ人が記録した最初の現実的な日本情報である。この日本《ジャンポン》（Jampon）という呼称は、広東語の日本《ジャップン》（jɐt-pun）にもっとも近く、おそらくマラッカに来航した広東系海商か、広東に渡航したポルトガル人から得た知識ではないか。その後、ポルトガル人は日本《ジャパン》（Japão）という呼称を用いるようになり、これがヨーロッパ諸国に、英語のJapan などとして伝播することになる（岡本一九八七）。

琉球船の交易品

四つのポルトガル史料に記された、琉球船のマラッカへの輸出品を整理したのが表3である。四つすべてが挙げるのは、絹織物・黄金・小麦であり、絹織物は中国産、黄金は日本産にちがいない。またピレスは琉球の産物として、小麦・米・酒・肉を挙げており、マラッカに

中国・日本産品			琉球産品	
筥類	扇子	紙類	小麦	野菜
○			○	
			○	
○	○	○	○	○
			○	

表３　ポルトガル船のマラッカへの輸出品

産地	中国産品					日本産品		
品目	絹織物	生糸	磁器	麝香	明礬	黄金	銅	刀剣
アラウジョ	○			○		○	○	○
アルブケルケ	○	○	○		○	○	○	
ピレス	○	○	○	○		○	○	○
バルボザ	○	○	○			○		

中島2020，p.252より．

輸出された小麦も琉球産だろう。マラッカ王国はもともとシャムから大量の食糧を輸入していたが、一五世紀末からマラッカがアユタヤ朝への貢納を停止したため、シャムとの交易は途絶しており、このため琉球産の小麦も需要が高かったようだ。

このほかに生糸・磁器・ジャコウは中国産品、銅・刀剣は日本産品であり、筥《はこ》類や扇子などの工芸品は中国産・日本産の双方を含むと思われる。またバルボザは琉球船がマラッカに銀をもたらしたとも記している。当時は日本銀の生産急増以前であるが、一六世紀初頭には朝鮮で端川銀山などの産出量が増大しているので、マラッカから琉球経由で朝鮮に運ばれた胡椒などの代価として、琉球船が朝鮮産の銀を中継輸出したのかもしれない。なお琉球船の輸入品については、アラウジョが胡椒と若干のクローブを持ち帰ると述べ、ピレスは華人と同じ商品を持ち帰ると記す。ピレスはマラッカから中国への主要輸出品は胡椒であり、ジャンク船一〇隻分の胡椒が輸出されるとも記しているので、琉球船の輸入品としても胡椒が特に重要だったようだ。

さらにピレスは、琉球人はマラッカ産の酒をたいへん珍重し、「アグアルデンテのような酒を大量に積荷する」とも記している。アグアルデンテとは、ブドウの果汁やその搾りかすを醸造した原酒を蒸留した、ポルトガルのスピリットを指す。琉球船がマラッカで買いこんだのも、やはり果実を原料とする蒸留酒だろう。第二章「南海貿易の発展」で紹介したように、シャムから琉球にはしばしば礼物として「香花酒」が贈られており、首里城などで出土するタイ産陶器壺も、おもに「香花酒」の容器だったと考えられている。この「香花酒」も、ヤシを蒸留したスピリットや、それに果実やヤシの実を漬けこんだリキュールだったようだ。

これらの東南アジア産の蒸留酒は「南蛮酒」とか「天竺酒」と称され、琉球から日本や朝鮮に贈られることも多かった。一四六二年には朝鮮に渡航した琉球使節が「天竺酒」の製法を問われ、「桄榔樹《こうろうじゅ》」の樹液を蒸留して造ると答えている（『世祖実録』巻二七）。「桄榔樹」とはパームシュガー（サトウヤシ）を指す。パームシュガーを蒸留したアラック酒は、現在でも東南アジア各地の特産品であり、この「天竺酒」もパームシュガーを原料としたアラック酒だったにちがいない。

琉球人の風俗習慣

上記のポルトガル史料は、いずれも琉球人の外見や風俗習慣について、かなり好意的な記述を残している。琉球人の容貌・性格については、色白で大胆（アルブケルケ）、色白で思慮深く、ポルトガル人と似ている（バルボザ）、異教徒だが色白で正直（ピレス）などとあり、人種的な固定観念もあって、特に色の白さを強調する傾向がある。さらに琉球人は大商人で、華人よりも誠実で富裕であり（バルボザ）、華人よりも身なりが良く気位が高い（ピレス）ともあり、華人と比較しても肯定的に評されている。当時マラッカに来航していた華人海商が、広東や福建から海禁を破って来航した密貿易者だったのに対し、琉球船の乗員は王府から派遣された国家貿易のスタッフであり、こうした社会的立場の違いが、華人よりも誠実で上品という印象にもつながったのだろう。

さらに琉球人は口数が少なく、自国について語ろうとせず、短期間で交易を終え、誰もマラッカに留まらなかった（アルブケルケ）。また現地のマレー人は、ポルトガル人と琉球人にはなんの相違もなく、ただポルトガル人は婦人を買うが琉球人は買わないだけだと評したという（ピレス）。尚真王期には、琉球船の乗員は「ヒキ」組織に編成され、船頭（勢頭《せど》）や筑殿（筑登之《ちくどうん》）の統率のもと、出航時以外は王府の行政・軍事組織として機能していた。このような組織的・規律的な性格が、マラッカにおける琉球人の行動様式にも反映していたのである。

またピレスは、琉球人が「正直な人間で、奴隷を買わないし、たとえ全世界とひきかえても自分たちの同胞を売ることはしない」ことを特記している。人口希薄な東南アジアでは、労働力としての奴隷の価値は高く、マラッカ国王も一六〇〇〜三〇〇〇人の奴隷を擁し、高位の奴隷には王室貿易の管理運営を委ね、一般奴隷は船員や港湾労働者として使役していた。各国の商人も購入した奴隷や債務奴隷を多数使役し、当時のポルトガル人は「この土地の商人たちの富は奴隷であり、もっとも多くの奴隷を擁する者がもっとも豊かだとみなされる」と記している（Thomaz 2000）。琉球船のみならず、明朝の冊封船や日本の遣明船など、東アジア諸国が公的に派遣した船では奴隷の使役は稀だが、これは海域アジア全体としては例外的であり、琉球人が奴隷を売買しないことも特筆されたのである。

琉球船の交易方法

マラッカにおける琉球船の交易形式については、アルブケルケが琉球船は入港後、「商品を全部一度にではなく、少しずつ運び出す」と記す。また取引に際しては自他ともに事実を話すことを求め、前言を違えればただちに捕縛したという。かつ琉球人は短期間で交易を終えるように努め、渡航先に留まろうとはしなかったとも伝える。またピレスは、琉球人は商品を自由に掛け売りし、もし代金不払いがあれば、「剣を手にして代金を取りたてる」と記している。

海域アジア各地からマラッカに来航する貿易船の船主は、自己資本だけではなく、多くの受託資本を集めて航海・交易を行っていた。さらに貿易船には多くの商人が乗船料・積荷料を払って同乗し、船艙の一定部分を確保して商品を積みこんでおり、幹部から奴隷にいたる船員も、地位に応じて船艙に商品を積んで交易を行う権利を認められていた。貿易船がマラッカに入港すると、一〇人の現地商人が積荷を査定して関税が徴収され、さらに現地商品のグループが船主と協議して、積荷の価格を決定して一括購入し、それらを分配していた。貿易船の多数の荷主が別々に取引交渉を行っては、限られた停泊期間に交易を終えることができないので、一括して積荷の価格決定と交易が行われたのである。

当時の一般的な貿易船が大小の荷主の集合体だったのに対し、琉球船は王府が所有・派遣した船であり、その乗員はすべて王府の臣下で、積荷も王府の商品が中心であった。琉球の南海貿易は、もっぱら王府の海船・人員・資金・商品によって行われた国家貿易であり、そのため一括して積荷を価格決定・販売せず、少しずつ交易することも可能だったのである。また琉球船は積荷を先渡しして掛け売りし、のちに代価を受けとったようだが、半年ほどの停泊期間に代価を入手できない場合は、次回の来航時に受けとることもあっただろう。そして債権回収のためには、実力行使も辞さなかったという。

さらに他地域からマラッカに来航した商人の一部は、そのまま現地に居留してコミュニティを形成していたが、琉球人は必ず夏季のモンスーンによって帰航し、現地に居留することはなかった。これは夏季にマラッカから輸入した商品を、ただちに明朝や日本・朝鮮に再輸出する必要があったためでもあり、また貿易船の乗員が「ヒキ」組織に編成され、帰国後は行政・軍事組織として王府に仕えるためでもあった。他地域の場合、マラッカに往来する貿易船と、現地居留者のコミュニティが協力して交易を進めたのに対し、琉球王国は一定数の貿易船とその乗員を機動的に運用して、明朝との進貢貿易と南海貿易を連動して行っていたのである。

このようにポルトガル人史料は、一六世紀初頭のマラッカにおける琉球船の貿易活動を、きわめて詳細に、かつかなり正確に伝えている。『歴代宝案』は琉球の南海貿易について、琉球船の乗員構成や礼物の授受などについて、詳細なデータを長期的に提供しており、琉球史だけではなく東南アジア史についてもきわめて貴重な情報を提供するが、琉球船の交易活動の実態を示す記事は少ない。幸いにもマラッカについては、『歴代宝案』とポルトガル史料の双方を活用することができ、琉球船による通交・貿易の全体像を、双方向から検討することが可能なのである。

パタニ・交趾・広東

東南アジア貿易の多極化

一五世紀中期以降、マラッカ王国にはインド洋・南シナ海・ジャワ海の各地から海商が来航し、海域アジアの東西を結ぶ集散港として繁栄を続けてきた。しかし一五一一年のポルトガルによるマラッカ占領は、マラッカを中心とした東南アジアの交易ネットワークの多極化をもたらすことになった。ポルトガルの占領後、マラッカの王家と支配層はマレー半島南方のビンタン島に拠点を移してポルトガルに対抗を続けた。またマラッカでも最有力の海商集団であったグジャラート人や、アラブ人・イラン人などのムスリム商人は、マラッカを回避して周辺のイスラーム系港市に交易拠点を移していった。これによってスマトラ北部のアチェ、ジャワ島北岸のバンテンやドゥマク、マレー半島東岸のパタニやパハン、ボルネオ島北岸のブルネイ、ルソン島のマニラなどのイスラーム系港市が、交易拠点としての重要性を高めていった。

ポルトガルの占領後も、南インドのタミール系商人（クリン人）、華人海商、ジャワ系商人などはマラッカに来航し続けたが、マラッカ王国時代のような海域アジア全域を結ぶ集散港としての役割は失われていった。琉球人もまた一五一一年を最後にマラッカ貿易から撤退する。その後も蘇木などの東南アジア大陸部の商品は、おもにアユタヤで調達することができたが、胡椒をはじめとする東南アジア島嶼部の商品は、アユタヤでは十分な量を確保することができず割高になる。このため琉球王国は、マラッカにかわる新たな島嶼部産品の調達地を模索しなければならなかった。

スンダ・カルパとの交易

『歴代宝案』によれば、一五一三年に琉球はシャムのほかに、「巡達《スンダ》」に派遣する貿易船にも執照を発給している（宝案四二―一〇）。ただしこの執照には初めて貿易船を派遣するといった文言はなく、それ以前にも琉球船が渡航して交易を行っていたようだ。「巡達」とはジャワ島西北岸のスンダ・カルパ（現在のジャカルタ）を指す。当時はジャワ西部のヒンドゥー系国家、パジャジャラン王国の外港であり、スマトラ島南部・ジャワ島西部の胡椒の輸出港として繁栄していた。琉球船もマラッカにかわる胡椒などの島嶼部産品を求めて、ここに渡航したのである（内田他二〇〇九：六五～七）。

ついで一五一八年には、琉球王府はシャム渡航船に二通、スンダ渡航船に一通の執照を発給している（宝案四二―一六〜一八）。そのうちシャム宛の一通とスンダ宛の一通は乗員構成がほぼ同じで、発給日や半印勘合の番号も同一である。おそらく一隻の貿易船にシャム宛とスンダ宛の執照を発給して、現地の状況に応じてどちらかに渡航させたのだろう。

その背景には、ジャワ海域の不安定化があったようだ。ポルトガルのマラッカ占領後も、ビンタン島に移ったマラッカ王家との抗争は続いており、貿易船に対する海賊行為も多発していたにちがいない。このため琉球王府は一隻の貿易船にシャム宛とスンダ宛の執照を発給し、スンダへの航海が危険と判断すれば、もう一隻の貿易船とともにシャムに向かわせたのだろう。この執照を最後に、『歴代宝案』にはスンダとの通交文書は残されていない。それはスンダとの交易は輸送コストも航海リスクも高かったことに加え、マレー半島東岸のパタニにおいて、胡椒などを安定的に調達する目処がついたためであった。

パタニと胡椒貿易

パタニはマレー半島東岸のパタニ川河口に位置し、西方と東方を細長い岬に囲まれ、年間を通じて安全な停泊が可能な良港であった。現在はタイの最南端に位置し、仏教国のタイの中では例外的なイスラーム教地域である。パタニは他のマレー半島東岸の諸国とともにアユタヤ朝に服属していたが、一六世紀初頭までにはイスラーム教を受容し、港市国家としての自立性を高め、特にマレー半島産の胡椒の輸出港として発展していった。一五世紀には中国市場における胡椒需要の増大により、胡椒栽培はスマトラ島北部を起点に、スマトラ南部やジャワ島西部、さらにはマレー半島へと拡大していく。ピレスによれば、一六世紀初頭にはマレー半島東岸では七〇〇〜八〇〇バール（一二六〜一四四トン）、西岸では四〇〇バール（七二トン）の胡椒が生産されていたという（『東方諸国記』第三部）。

一六世紀初頭までに、パタニは東南アジア最大の集散港であるマラッカを補う、東南アジア島嶼部産品の副次的な交易拠点として成長しつつあった。さらにポルトガルのマラッカ占領により、多くのムスリム海商がマラッカからパタニに拠点を移した。こうしてパタニはマレー半島産胡椒の輸出を中心に、モルッカ・バンダ諸島の香辛料やティモール島の白檀などの中継交易によっても繁栄を続けることになる（Perret 2004）。

琉球のパタニ貿易

久米村華人の家譜によれば、琉球は一五世紀末の一四九〇・九八年には、すでにパタニに貿易船を派遣していた。おそらく一四六〇年代にマラッカとパサイの双方に貿易船を派遣したように、マラッカを補う胡椒の追加調達地として、貿易港として成長しつつあったパタニにも派船したのだろう。さらにポルトガルのマラッカ占領後は、パタニは大陸部のアユタヤとならぶ、島嶼部における主要渡航先となる。『歴代宝案』には、一五一五〜四三年の三〇年間弱に、パタニに派遣する琉球船に発給した八通の執照が収められており、家譜にもこの間に一件の通交事例が残されているが、実際の渡航数はより多かったようだ。執照の内容は定型的で、磁器などを輸出し蘇木・胡椒を輸入すると記すだけだが、実際にはマレー半島産の胡椒を中心に、同じくマレー半島産の錫、インドネシア諸島の香辛料や白檀《びゃくだん》などを調達したのだろう。

また一五一〇年代以降、ムスリム海商はマラッカ海峡を避けて、マレー地峡を往来する陸路により、ベンガル湾とシャム湾・南シナ海を結ぶ交易を行うようになった。マレー半島西岸のケダと、東岸のパタニを結ぶ陸路もその主要ルートの一つであり、琉球船はこのルートにより運ばれた、ベンガル産綿布などのインド洋産品も入手したにちがいない。

ポルトガルの公定年代記作者であるジョアン・デ・バロスは、一五一六年にポルトガル国王が派遣した船団がパタニに入港した際の記述として、次のように述べている。

（パタニには）華人《チンス》・琉球人《レキオス》・ジャワ人や、あらゆる近隣諸島からの、多くの船が集まっていた。そこは交易がとても盛んな地域にあり、また今では我々がマラッカを占領したために、それらの諸地方からあらゆる商品がいっそう集まるようになっていた。

（『アジア史』第三編第二部第六章）

パタニには胡椒などを求めて来航した華人商船や、香辛料や白檀をもたらすジャワ人商船などが集まっていたが、琉球人もそれらとならぶ主要な来航者とみなされていたのである。

琉球船の交趾貿易

前章で述べたように、一五世紀中期まで琉球船は南海諸国に往来する途中でチャンパに寄港して、交易を行っていたと思われる。一四七五年には「交趾」、すなわちベトナム中部に漂着した琉球船が、チャンパの遺民とともに黎朝と交戦していた。その後、ベトナムでは一五世紀末から黎朝が衰退にむかい、一五二七年には新たに莫朝《ばくちょう》が成立するが、黎朝の残存勢力との抗争がつづき、政治状況は安定しなかった。一方、旧チャンパ領では黎朝・莫朝の支配が及ばず、政府の統制外で貿易が行われるようになっていく。

『歴代宝案』には、一六世紀に琉球船がベトナム中部に寄港したことを示す手がかりは残されていない。ただしポルトガル商人フェルナン・メンデス・ピントの自伝風冒険小説『東洋遍歴記』には、関連する興味深い記述が含まれている。ピントは一五四〇年代に南・東アジア海域で私貿易商人として活動し、帰国後にその体験をベースとして、『東洋遍歴記』を執筆した。同書にはピントの実体験のほか、伝聞情報や完全なフィクションなどが混在し、極端な誇張や年月の混乱も多く、史料としてはやっかいなテキストである。その反面、海域アジアでの航海や交易の実態については、彼自身の経験や見聞に基づく具体的な記述も多い。

同書の前半部では、ピントは冒険商人アントニオ・デ・ファリャのジャンク船に同乗して、ファリャの仇敵であったムスリム海賊コージャ・アセンを追って、パタニから南シナ海を北上していく。この船がメコン河口近海のコンドル島に寄港した際には、シャムに向かう琉球《レキオス》のジャンク船に遭遇したという（第三九章）。コンドル島は南シナ海からシャム湾に入る船が必ず通過する地点であり、シャムに向かう琉球船も、実際にしばしばこの島に寄港していたにちがいない。

ティナイの琉球船

さらにファリャの船はチャンパ沿岸を北上し、現地人が「ティナコレウ」、ポルトガル人が「ヴァレラ」と呼ぶ川の河口に入った。ピントによれば、中国に向かうシャムやマレー半島諸国のジャンクは、つねにこの川に寄港し、積荷を現地産の黄金・伽羅・象牙と交易していたという。そこでファリャは、現地民にこの川に寄港した理由を問われ、コージャ・アセンの消息を探るため、次のように答えている。「自分はシャム王国のタナセリムの外人町から来たのであり、商人として交易に赴き、琉球《レキオス》人の島に商品を売りに行くのである。ここに入ったのは、やはりそこ〔琉球〕に行くはずのコージャ・アセンという友人の消息について、彼が先にここに寄港したかどうかを、ただ知るためである」（第四一章）。

「ティナコレウ」とは、チャンパの貿易港であったティナイを、「ヴァレラ」とは、ティナイの南方にあり、黎朝の占領地の南限であったバレラ岬を指すにちがいない。チャンパがバレラ岬以北の領土を失ってからも、南海諸国と中国を往来する商船はティナイに入港し、伽羅《きゃら》（沈香《じんこう》）などを調達していたのである。ファリャが現地民に対し、琉球《レキオス》に交易に赴く途中にティナイに寄港したと語り、コージャ・アセンについても同様かどうか尋ねていることは、一六世紀中期にも琉球と南海諸国を往来する商船が、しばしばティナイに寄港していたことを示唆している。

『おもろさうし』の交趾貿易船

さらに琉球王国の祭祀歌謡（おもろ）を集めた『おもろさうし』にも、琉球船の交趾貿易に関する手がかりが残されている。同書第一三「船ゑとのおもろ御さうし」は、航海に関するおもろを集めているが、そのなかには「交趾《こうち》鈴鳴《すずな》り」、すなわち交趾に渡航する「鈴鳴り」という名の船を歌った、二種のおもろが含まれる（第六二・一二三八首）。さらに交趾に渡航する琉球船については、次のようなおもろも残されている（第五首、原文は「大」字以外ひらがな）。

兄部《すさべ》　大里《おおざと》が　楫《かぢ》　取《と》たる　精《こま》さよ
大君《おおぎみ》に　真南風《まはえ》　乞《こ》うて　走《は》りやに
良かる　大里《ざと》が　楫《かぢ》　取《と》たる
倦《あ》ぐで　置《お》ちやる　交趾《かうち》ぢよ　袖《そで》　垂《た》れて　渡《わた》たる

これは「大里」が海船を率いて交趾に渡航する際に、航海平安を祈る祭祀で歌われたおもろである。大意は次のとおり。「年かさの大里の舵取りはまことに巧みだ。聞得大君《きこえおおぎみ》（琉球の最高神女）に南風を願って進め。大里が舵を取り、待ち望んでいた交趾に、神霊の加護のもと渡るのだ」（波照間二〇二三：一四四）。

このおもろが作られた時期は不明だが、琉球の南海貿易がなお活発であった一六世紀前半以前であろう。「大里」は経験豊富な「船頭」（勢頭《せど》）として、海船の航海を統率したのだと考えられる。これによれば、琉球船が南海諸国に往来する途中に交趾に寄港するだけではく、交趾を目的地として渡航することもあったようだ。ただし当時は黎朝や莫朝の統制はベトナム中部まで及ばず、このため琉球国王との正式な通交は行われず、久米村華人が作成した外交文書が『歴代宝案』に収録されることもなかったのである。

琉球船の広東貿易

一五世紀後期から一六世紀初期にかけて、琉球船はマラッカ・アユタヤ・パタニ・交趾・スンダなどに活発に渡航するとともに、広東沿岸での私貿易にも参入していた。すでに一四七四年には、次のような事件が記録されている。「章格が海防副使だったころ、琉球の使者蔡璇《さいせん》が隣国に交易に赴いた際、香山港に漂着した。現地の武官が彼らを海寇として殺害し軍功としようとしたが、章格は反対し、上奏して積荷を返して帰国させた」（嘉靖『広東通志』巻六六、湯一九九八：五）。

ここで登場する蔡璇は、第二尚氏王朝成立の前後に対明通交を担った蔡璟《さいえい》・蔡璋《さいしょう》の弟であった（『蔡氏家譜』三世）。『蔡氏家譜』によれば、蔡璇は一四八五～一五〇八年に五回にわたり通事として明朝に赴いているが、南海諸国に派遣されたとは記されていない。彼は実際には南海諸国に往復する途中ではなく、もともと密貿易目的で広東近海に渡航したのではないか。香山港とは広州の西南、現在のマカオ附近の海域を指す。

さらに一五一〇年代には、トメ・ピレスが次のように記している。「カントンの港（広州）の先に別の港があり、オケン（Oquem）と呼ばれる。これは（カントンから）陸路で三日、海路で一昼夜のところにあり、琉球人《レキオス》や他の諸国民の（ための）港である」（『東方諸国記』第四部）。この「オケン」は一般的に福建（広東音 hɔk-kian）の音写だとされているが、陸路で三日、海路で一昼夜という行程は、福建とするには明らかに短すぎる。オケンとはマカオの原名である「蠔鏡澳《ごうきょうおう》」の「蠔鏡」（広東音 ho-kiŋ）の音写であろう（湯一九九八：五）。これによれば琉球船は一五一〇年代まで、依然として現在のマカオ附近に渡航して、交易を行っていたことになる。

タマンの琉球船

一六世紀初頭までに、広東では海禁がさらに弛緩し、南海諸国の商船が朝貢とは無関係に来航して、華人商人と交易（互市）を行うようになっていた。一五〇八年には、朝廷も広東当局がこれらの海外商船に関税をかけることを認めるにいたる。一五一四年には外国商船の来航と関税徴収はいったん禁止されるが、一五一七年にはふたたび海外商船との交易を許し、関税を徴収することが認められた（岩井二〇二〇：一八〇〜六）。広東に限ってではあるが、海禁を棚上げにして海外商船との交易が事実上認められたのである。

一五一三年からは、ポルトガル船も広州近海での交易に参入した。海外商船との交易が行われたのは、広州の東南、現在の香港国際空港附近の多島海であり、ポルトガル人はこの海域を近隣の屯門という地名によりタマンと称した（『東方諸国記』第四部）。

一五一七年八月には、フェルナン・ペレス・デ・アンドラーデ率いるポルトガル船団がタマンに来航した。この船団は翌年九月までタマンや広州で交易を行ったが、その間にタマンで琉球船と遭遇したのである（Loureiro 2000: 215-38）。バロスはその状況を次のように記している。

そこ（タマン）に琉球人《レキオス》と呼ばれる人々の数隻のジャンクが来航した。すでにマラッカでは、彼らが中国沿岸の近海にある島々に住んでいることはよく知られていた。彼（アンドラーデ）はさらに彼らがもたらす商品が大量の黄金やその他の高価な品々であることを実見し、また彼らは華人よりも活力があり、つきあいやすいとも感じられた。このため彼は、ポルトガル人自身の目でその地の情報を得たいと望み、ジョルジェ・マスカレーニャスをその船で派遣することを命じ、広東《カンタン》の長官たちから許可状《リセンサ》を得た。

アンドラーデはタマンで琉球船と遭遇し、ジョルジェ・マスカレーニャスを琉球探索のために派遣したわけである。一五一八年夏、マスカレーニャスの船は福建に向かい、漳州《チンチエウ》に入港した。しかしすでに琉球への渡航期を過ぎていたため、漳州で交易を行い、広東の二倍の利益を得て帰航したという。マスカレーニャスの入港地は、おそらく漳州湾南岸の密貿易拠点であった月港であろう。

（『アジア史』第三編第二部第八章）

広東貿易と朝貢貿易

なお一五〇七年から、琉球は一時的に一年一回の朝貢を許されていたが、一五一八〜二一年には、四年間にわずか一隻の進貢船を派遣したにすぎない。おそらく一五一七年に広東で海外商船との交易が再解禁されたのをうけ、琉球船は福州での朝貢貿易よりも、広東貿易を優先したのではないか。ピレスによれば、タマンでの関税率は胡椒は二割、蘇木は五割、他の商品は一割であり、一律五割の関税が課せられる朝貢貿易よりもかなり有利だった。

また『ドゥアルテ・バルボザの書』も、琉球人がマラッカ貿易から撤退した後は、「彼らはポルトガル人と、シャムの都市〔アユタヤ〕や、中国の港である広東の都市《シダーデ・デ・カンタン》で会うだけである」という記事がある。この「広東の都市」とは一般に広東の省都である広州を指す。バルボザは同書を一五一六年に書きあげたが、その後のできごとも追記している。ま

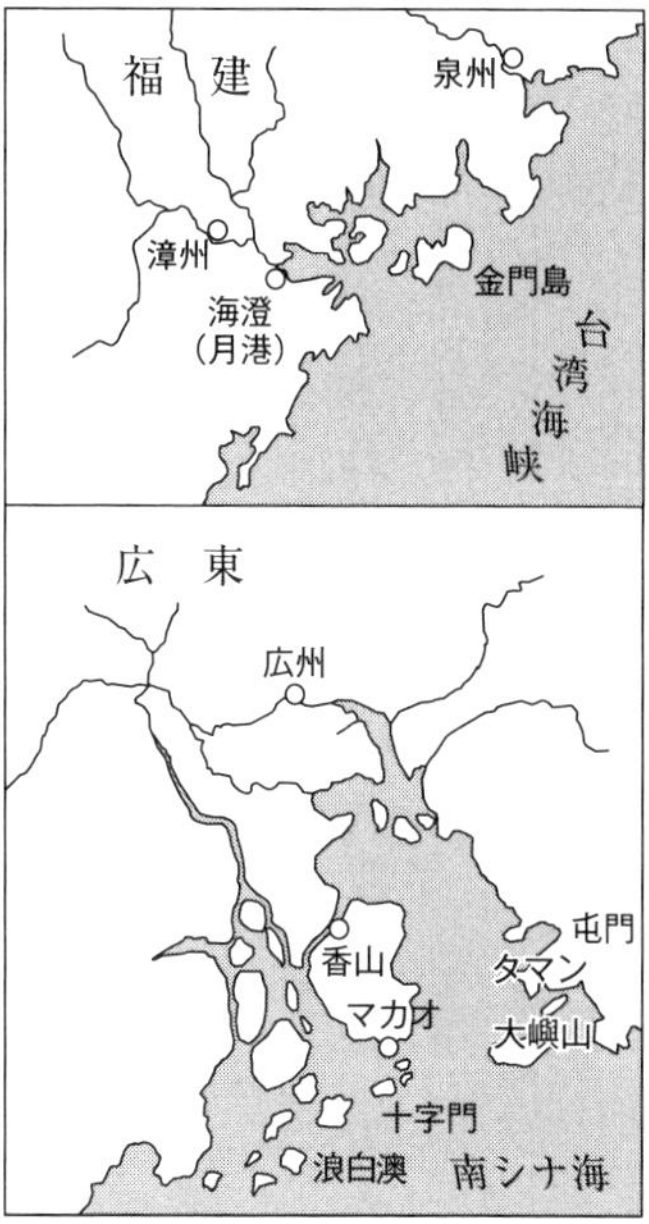

図22　福建・広東の私貿易拠点
上田2005，p.201より

た、一五一七〜二一年には、ポルトガル人はタマンだけではなく、広州にも遡上して交易を行っていた（Loureiro 2000: 176-257）。彼らが広州で琉球人と遭遇したとすればこの時期であり、当時は琉球人もタマンだけではなく広州にも赴いて交易を行っていたことになる。

ルソンとブルネイ

東洋航路と西洋航路

古来、華人海商の南海貿易のメインルートは、福建・広東から南シナ海西縁を、インドシナ・マレー半島に沿って南下する航路であった。そこからマラッカ海峡に入ればインド洋に通じ、スマトラ島に沿って南下すればジャワ海にいたる。一方、一一世紀ころから、福建から南シナ海東縁に沿って、フィリピン諸島を南下してスールー海にいたり、あるいはルソン島から西南に進みボルネオ北岸にいたる航路も利用されはじめる。一四世紀には、華人海商は香辛料を求めて、スールー海からモルッカ諸島まで南下していった（リード二〇二一：九二～五）。明代からは、南シナ海西縁沿いのルートを「西洋」航路、東縁沿いのルートを「東洋」航路と呼ぶようになる。『歴代宝案』に現れる南海諸国は、すべて「西洋」航路沿いの諸国であり、「東洋」諸国との通交を示す記録はまったく現れない。しかしこれは、琉球船が「東洋」航路を利用しなかったことを示すのではなく、『歴代宝案』の作成主体であった久米村華人が、「東洋」航路との通交を管轄しなかったことを意味している。実際には遅くとも一六世紀初頭までには、久米村華人が作成した漢文文書による通交は行われなくとも、琉球船はしばしば「東洋」航路によりフィリピン方面に渡航していた。

第三章「王朝交替と海外貿易」でも述べたように、フィリピン北端のバタン諸島から那覇までの直線距離は約八五〇キロにすぎず、那覇―博多間の直線距離にほぼ等しい。その間には島々が転々と連なり、夏季の南西風と冬季の北東風により比較的容易に往復することができた。一五世紀後半に那覇港に来航した南蛮人の中にも、フィリピン諸島の人々が含まれていたと思われる。ただし一五世紀を通じて、現時点では琉球船がルソン島に渡航していたことを明示する記録は確認できない。しかし一六世紀初頭には、琉球船がひんぱんにルソン島に渡航していたことを示すヨーロッパ史料が残されている。それはほかならぬ、一五二一年にフィリピン諸島に到達したマゼラン艦隊の航海報告書である。

マゼラン艦隊と琉球

ポルトガル人は一四九八年に喜望峰経由の東回り航路でインドに到達し、一五一〇年代にはマラッカ・モルッカ・中国まで進出した。一方、スペイン人は大西洋経由の西回り航路でアジアをめざし、一四九二年にコロンブスの艦隊がアジアに向かうつもりで西インド諸島に到達する。その後、彼の到達地はアジアではないことが判明するが、その後もスペイン人はこの新大陸を迂回して、西回り航路でアジアに到達することをめざした。

そして一五一九年、ポルトガル人フェルナン・デ・マガリャンイス（英語名フェルディナンド・マゼラン）が、スペイン艦隊を率いて西回りでアジアをめざして出航した。マゼランはポルトガルの兵士として一五一一年のマラッカ占領にも参加し、海域アジア情報にも詳しかった。彼の艦隊は一五二〇年末に太平洋に出て北西に進み、赤道を過ぎて北緯一三度附近を西方に直進した。主要目的地であったモルッカ諸島は赤道直下にあり、本来であれば北緯一三度まで北上する必要はない。マゼランはもともとアジア東方の未知の海洋国家であったレキオス（琉球）に関心を抱いていたことが確認でき、まず北緯一三度附近にあると想定されていた琉球《レキオス》到達をめざして、こうした航路を取った可能性がある。

琉球船のルソン来航情報

結局、マゼラン艦隊は一五二一年三月にフィリピン諸島のレイテ島付近に到達する。その乗員であったイタリア人レオン・パンカルドは、現地人から「かつてここで〔スペイン人〕一行とよく似ている他の人々を見たことがある」と聞き、「それはレキオスまたはゴーレス、あるいは華人《チノス》だと思われる」と記している（Garcia 2007: 215）。彼はその地に来航したというスペイン人に似た人々を、

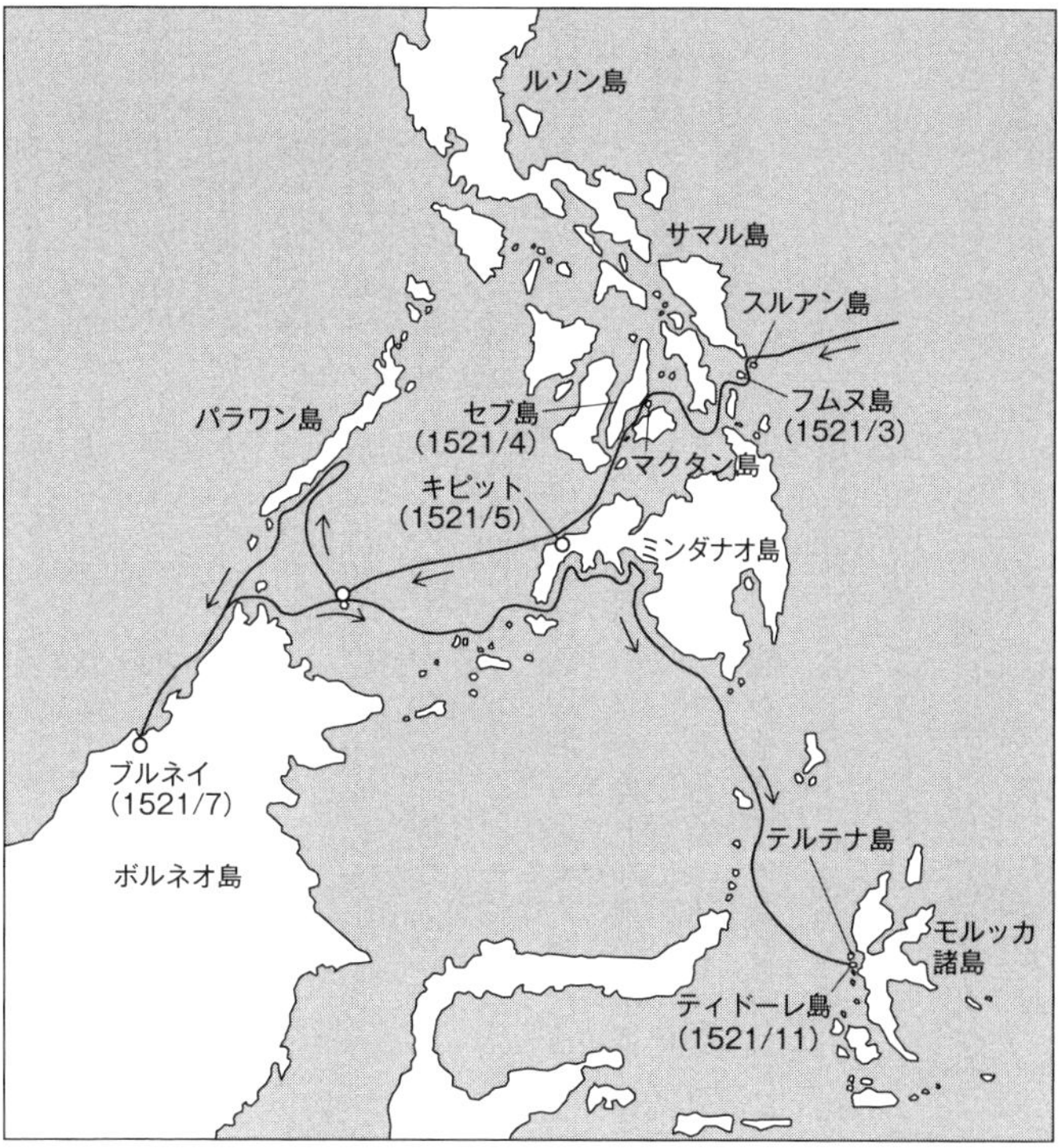

図23　マゼラン艦隊のフィリピン—ブルネイ—モルッカ航路
中島2020, p.304より

琉球人（レキオス・ゴーレス）ないし華人だと推定したわけである。

その後、マゼランはセブ島付近で現地首長との戦いで戦死し、五月末には艦隊はミンダナオ島西北端のキピットに入港した。そこで艦隊の記録係であったイタリア人アントニオ・ピガフェッタは、現地住民から次のような情報を得た。「ここから西北に（船で）二日のところに、ロゾン〔ルソン〕と呼ばれる大きな島がある。そこには毎年、レチーの人々の六〜八隻のジャンクが来航している」。「レチー」（Lechii）とはポルトガル語の「レキオス」と同じく琉球人を意味する。毎年六〜八隻の琉球船が、ルソン島に来航していたというのである（Manfroni 1928: 179）。

一一月には艦隊はモルッカ諸島に南下し、そこからスペインへの帰航をめざした。モルッカ出航後、ピガフェッタは現地航海士から次のような情報を得た。「中国の海岸に沿って行くと、そこに住む多くの人々がいる。漳州《チエンチー》人は島に住んでおり、その地は真珠とシナモンを産する。琉球《レチー》人は大陸に住んでいる」（Manfroni 1928: 266）。漳州が島嶼に、琉球が大陸にあるというのは、両者の情報を取り違えたのだろうか。

琉球・福建とフィリピンの貿易

一方、上記のパンガルドの乗船はアメリカに帰航しようとして失敗し、モルッカ諸島のポルトガル人に拿捕《だほ》されてリスボンに送還された。その途中、彼が他のイタリア人乗員とともに、ひそかにスペイン国王に送ろうとした書簡の草稿には、次のようにある。「陛下に我々のように色白な人々の消息を、当地で得たことをお知らせします。それはレキオスとゴーロスと呼ばれる人々です。それらは非常に大きな王国で、彼らはもっとも豊かな人々です。（中略）（フィリピンの）島々には、華人・レキオス・ゴーロス・コーチシナ人、またシャム王国・パハン王国・パタニ王国の人々が交易にやってきます」（*As Gavettas da Torre do Tombo*, VI: 340-341）。パンガルドはここでもレキオスとゴーロス（ゴーレス）を併記して、非常に豊かな大国だと特記している。そのうえで華人・琉球人（レキオス・ゴーレス）などの海商が、フィリピン諸島に来航していると伝えるのである。

ピガフェッタやパンカルドは、いずれも実際にフィリピン諸島で琉球人と遭遇したわけではない。ただし彼らはマゼランと同じように、もともと海域アジア東方の未知の交易国家である琉球《レキオス》の知識を持っており、現地人からも琉球人が華人とともにフィリピン諸島に来航しているという情報を得たのである。その情報には不正確な点もあるとはいえ、実際に琉球船がルソン島などフィリピン諸島に来航して交易を行っていたことは疑いないだろう。一六世紀初頭には海禁の弛緩とともに、福建海商による「東洋」航路での密貿易も拡大しており、琉球船と福建商船が船団を組んだり、琉球人と福建人が商船に同乗してフィリピンに渡航することもあったのではないか。

ルソン産綿布の対日輸出

一六世紀初頭に琉球船が活発なルソン貿易を行っていたことは、トメ・ピレスの記述からも裏づけられる。上述のように、ピレスは『東方諸国記』でマラッカの琉球人《レキオス》について詳述するとともに、ヨーロッパ史料としては初めて、伝説的なジパングではない、現実の日本《ジャンポン》についても言及していた。彼はそこで、「琉球人《レキオス》は七、八日で日本《ジャンポン》に赴き、（マラッカから輸入した）上記の商品を携え、黄金や銅と交換する」と記す。そしてさらに、「琉球人《レキオス》は日本《ジャンポン》の人々と、ルソンの布やその他の商品で取引する」と記すのである。なお『東方諸国記』和訳本では、原文の「panos luçoees」を「漁網」と訳すが、ここは文字通り「ルソンの布」と訳すべきである。

フィリピンでは伝統的に、綿花やマニラ麻を用いた織布が盛んであり、宋元時代から中国への主要輸出品ともなっていた。マニラ麻の織物は琉球の芭蕉布《ばしょうふ》と似たものなので、琉球が輸入したのはおもに綿布であろう。フィリピン産の縞模様の織物は、一五世紀の日本でも「島織物」と呼ばれて珍重され、室町幕府では中国産の繻子《しゅす》や緞子《どんす》とともに、将軍以外が公的に着用することは禁じられていた。一六世紀には日本産の縞模様の絹織物も、「島織物」と呼ばれるようになる（菅原二〇二二）。

なお第三章「王朝交替と海外貿易」でも述べたように、一四七〇年代の朝鮮人漂流民の証言によれば、那覇の市場ではインド産綿布とともに、「白経黒緯の綿布」、すなわち白地に黒い縦縞模様を織り出した綿布が売られていたという。フィリピン産の綿布も黒などの縦縞模様を特徴としており（菅原二〇二二）、すでにこの時期から、フィリピン産綿布が那覇に輸入され、流通していたことがうかがわれる。

琉球が日本産品の代価として、マラッカから輸入した南海産品とともに輸出したのも、

「島織物」などのルソン産綿布だったにちがいない。当時の日本では綿布を産出せず、日朝貿易を通じて大量の綿布を輸入していた。さらに従来はほとんど知られていないが、琉球の中継貿易を通じて、ルソン産綿布もかなり輸入していたのである。「東洋」航路によるフィリピン貿易は、『歴代宝案』にはまったく現れないものの、一六世紀初頭には琉球王国の南海貿易のなかでも、しだいに重要な比重を占めるようになっていたのである。

ブルネイとの交易

さらに一六世紀前期のポルトガル・スペイン史料から、琉球船が渡航した可能性が想定できるのが、ボルネオ島北岸のブルネイである。

ブルネイはボルネオ島最大の港市であり、ボルネオという島名自体がブルネイに由来する。ブルネイは龍脳などのボルネオ島産品の積出港として、また南シナ海を東西に結ぶ航路の拠点港として成長した。第一章「海洋王国の船出」で述べたように、一四世紀初頭には泉州の華人ムスリムと結びついたイスラーム王権が、一時的ではあるが成立している。一五世紀初頭にはふたたびイスラーム王権が確立し、ポルトガル領マラッカを離れたムスリム海商を誘引して最盛期をむかえていた。

一五二〇年代には、ポルトガル人もマラッカからブルネイを経てモルッカ諸島に往復する航路を利用しはじめる。ポルトガル人フェルナン・ロペス・デ・カスタニェーダは、ブルネイをはじめとするボルネオ島の五つの主要港市について、次のように記している。

（どの港にも）多くのとても豊かな商人が住んでいる。彼らは中国《チナ》・琉球《ラケア》・シャム・マラッカ・スマトラ、および周辺の他の島々と交易を行っている。彼らは龍脳・ダイアモンド・沈香・食糧品などを運んでいく。（中略）彼らはあらゆる種類のカンバヤ〔西北インド〕の織物・銅・水銀・辰砂・カチョ・プチョ〔いずれもインド産香料〕などを持ち帰る。

（『ポルトガル人のインディア発見・征服史』第三部第二一章）

ここではボルネオ島の商人の主要通商国として、中国についで琉球を挙げている。またブルネイ商人の輸入品には銅や辰砂が含まれるが、日本産の銅は琉球船のマラッカへの主要輸出品であった。かつ当時は日本から朝鮮に朱色顔料である辰砂《しんしゃ》が大量に輸出されており（小葉田一九七六：一九八～二〇一）、琉球船が日本産辰砂を南海諸国に輸出していた可能性もある。実際に琉球船がブルネイに渡航し、あるいはルソンなどでブルネイ商人と出会い貿易を行い、これらの商品を交易していたとしても不思議ではない。

ブルネイの龍脳貿易

ブルネイにおけるもっとも重要な輸出品は龍脳《りゅうのう》だった。龍脳は龍脳樹という常緑高木の樹幹で生成される結晶体で、最高級の香料・薬材として珍重されていた。当時、龍脳はボルネオ島とスマトラ島の熱帯雨林だけで産出しており、スマトラ産の龍脳はインド洋経由で南・西アジアへ、ボルネオ産の龍脳は南シナ海経由で東アジアへ輸出されていた。中国・日本・朝鮮ではいずれも香料・薬材として龍脳の需要が高く、ボルネオ産龍脳がおもにマラッカ経由で中国に運ばれていた。琉球船もマラッカで龍脳を調達し、それらを中国・日本・朝鮮の市場に供給していたと思われる。

一五一一年のポルトガルのマラッカ占領を機に、琉球船のマラッカ渡航は途絶してしまう。しかしその後も、日本や朝鮮では龍脳の需要は高く、琉球経由で多量の龍脳を輸入していた。一五二三年には、対馬宗氏が足利将軍の名義で派遣した使者が、あまりに大量の金銀や龍脳を持ちこんだので、これらをすべて朝鮮政府が買いあげれば、「慶尚道の綿布すべてを代価としても足りない」と称されるほどだった（『中宗実録』巻四八）。一年後にも大内氏が足利将軍の名義で派遣した使者が、大量の胡椒・朱砂（辰砂）・沈香・龍脳などをもたらし、朝鮮政府は当初、全体の三分の一しか買いあげられないと伝えている（『中宗実録』巻五五）。

マラッカ貿易の途絶後、琉球船はこれらの南海産品をどこで調達したのだろうか。このうち胡椒はパタニで、沈香はシャムやチャンパで調達することができた。龍脳もこれらの諸国で調達した可能性もあるが、上述のようにブルネイと琉球の間に通商関係があったとすれば、むしろ原産地のブルネイから直接に輸入していたのではないか。

ディオゴ・リベイロの地図

実際に琉球船がブルネイに渡航していた可能性を示す史料として、ポルトガル人ディオゴ・リベイロが作成した世界図がある。リベイロはスペイン王室に仕え、マゼラン艦隊のためにも多くの海図を作成した。彼が一五二九年に作成した世界図（ワイマール、アンナ・アマーリア図書館所蔵）では、インドシナ半島の東方に、パラセル（西沙）諸島を縦長の砂州状に描く。そして「この浅瀬に琉球人《レキオス》がボルネオや、その他各地に渡航する航路がある」と附記しているのである（Cortesão 1935: 158）。このボルネオとは、北岸の最大港市であるブルネイを指すとみてまちがいない。

琉球とブルネイとの交易関係を伝えるのは、現時点では上記の年代記や世界図だけだが、ポルトガルのマラッカ占領後、東南アジア島嶼部産品の積出港として台頭したブルネイに、琉球船がボルネオ産の龍脳や、モルッカ諸島やティモール島から運ばれる香辛料や白檀などを求めて渡航したとしても不思議ではない。

琉球からブルネイに渡航する場合、「東洋」航路によりルソン島からパラワン島を経て南西に進むルートと、「西洋」航路によりチャンパ方面から南シナ海を南東に進むルートがある。リベイロの世界図では、琉球船が「西洋」航路により、パラセル諸島近海を経てブルネイに渡航したように描く。ただし琉球船が実際にブルネイに渡航したとすれば、むしろ「東洋」航路によるルソン貿易の延長線上に、ブルネイに向かうルートをとった可能性が高いのではないか。

前章で述べたように、『歴代宝案』に記された公的通交だけを見ても、尚真王期における南海貿易の規模は、朝貢貿易の最盛期とされる一五世紀初頭よりもかなり大きかったようだ。さらに『歴代宝案』に現れないルソン・ブルネイ・チャンパなどとの貿易の拡大や、那覇に来航する南蛮船による交易の活況を考えれば、当時の南海貿易の規模は全体としてさらに大きく、それと連動して明朝や日本・朝鮮への南海産品の中継貿易も成長を続けていたにちがいない。

南海貿易の変容と終焉

日本銀と陳貴事件

一五一〇年代の変動

尚真王の半世紀の治世（一四七七〜一五二六）を通じて、明朝との朝貢貿易は長期低落傾向にあった。それにもかかわらず、那覇港でも堺・博多でも、一五世紀末から一六世紀前半にかけて、貿易陶磁の出土量はピークを迎えている。このことは朝貢貿易の縮小を、朝貢制度の枠外で行われた貿易活動の拡大が、十分に補っていたことを示している。

ただし一五一〇年代初頭には、東・南シナ海域の双方で、従来の貿易秩序をゆるがす事件が連続する。まず一五一〇年、日本貿易の窓口であった朝鮮南岸の三浦《さんぽ》で、日本人の大暴動（三浦の乱）が発生し、日朝貿易は中断してしまった。二年後には再開されたものの、対馬からの商船派遣数はそれまでの年間一〇〇隻以上から、年間二五隻へと大きく削減されている。日朝貿易の急減は、琉球にとっても南海産品の主要市場の一つが縮小することを意味した。翌一五一一年には、ポルトガルがマラッカを占領し、琉球船はマラッカから撤退し、パタニやスンダなどで島嶼部産品の代替供給地を模索することになる。

それにもかかわらず、「半印勘合」の発給状況によれば、一五一〇年代には琉球船の南海諸国への渡航数は、年平均二・一隻とむしろ増加している。従来、一六世紀初頭の琉球では、朝貢貿易の縮小に加え、ポルトガルのマラッカ占領により南海貿易も大きな打撃をうけ、中継貿易の衰退が加速したと論じられていた。しかし一五一〇年代までは、琉球の南海貿易はなお堅調であり、南・東シナ海を結ぶ中継貿易も依然として活発だったようだ。

第四章「尚真王期の南海貿易」で述べたように、一五世紀後期から福建では海禁が弛緩し、南海諸国との密貿易が成長しつつあり、琉球との密貿易もそれと連動して拡大傾向にあった。このころから、琉球船は広東近海の密貿易にも参入している。さらに前章で論じたように、琉球船はマラッカから撤退後も、パタニ・スンダ・ルソン・ブルネイなどに渡航して、胡椒をはじめとする島嶼部産品を調達していた。また堺商人や博多商人などによる琉球貿易の拡大も、朝鮮貿易の縮小を補ったであろう。琉球は朝鮮貿易の縮小とマラッカ貿易の途絶という南海貿易の危機を、南海産品の調達と供給の両面で柔軟に対応して乗りきったのである。

しかし一五二〇年代初頭には、またもや南・東シナ海域の双方で、琉球の中継貿易に大きな影響をあたえる事件が続発した。まず南シナ海域では、一五一〇年代末からポルトガル船団がタマンでトラブルを起こし、広東当局との関係を悪化させた。このため一五二〇年には明朝は広東における外国商船との交易をふたたび禁止し、一五二一・二二年には、広東水軍がタマンに来航したポルトガル船団を攻撃して駆逐してしまった。その後、広東ではポルトガル以外の海外商船との交易も一律に禁じられ、南海諸国との朝貢貿易までほぼ途絶することになる。また東シナ海域では、一五二三年に大内氏と細川氏が派遣した遣明船が寧波《ニンポー》で衝突し、大内船の乗員が寧波一帯を劫掠《ごうりやく》するにいたる。この「寧波の乱」により、日明朝貢貿易は一五三九年まで中断することになる。

一五二〇年代の危機

一五二〇年代には広東貿易の中断により、琉球船のタマン貿易も当然ながら途絶した。その影響は、琉球の福建貿易にも及ぶことになる。広東ではポルトガル船団が駆逐され、南海諸国の商船との交易まで禁じられた結果、海外商船は「みな漳州府の近海に渡航・停泊するようになり、貿易の利潤は福建に帰し、広東の市場は蕭然としてしまった」という（嘉靖『広東通志』巻六六）。南海商船は広東を回避し、海禁が緩い福建漳州湾に北上して交易を行ったのである。福州での琉球船の進貢貿易は五割の関税を課せられるので、漳州湾での南海商船による無税の密貿易よりもはるかに不利であった。

実際に、琉球の朝貢貿易は一五二〇年代を転機として大きく縮小している。一五二〇年代には、進貢船による蘇木や錫の年平均輸出量は、一五一〇年の十分の一以下に激減し、胡椒の年平均輸出量も半減した（岡本二〇一〇：二〇〜二）。また「半印勘合」から推定される南海諸国への派遣船数も、一五一〇年代の年平均二・一隻から、一五二〇年代には一・一隻と半減しており、琉球船の南海貿易も縮小に転じていた。

日本・朝鮮貿易の拡大

これに対し、東シナ海域での寧波《ニンポー》の乱による日明貿易の中断は、琉球の中継貿易には追い風となった。遣明船による中国産品の輸入は、寧波の乱をはさんで、一五一四〜四〇年の二七年間にわたって途絶している。その一方、当時の日本列島では戦国大名の領域支配のもとで経済活動は拡大局面にあり、中国・南海産品（唐物《からもの》）への需要も高まっていた。一五三〇年代前半までは、日明間の直接的な密貿易が進展した形跡はないので、それまでは日本市場への中国・南海産品の供給は、ほぼ琉球ルートが独占していたことになる。

また対馬から朝鮮への商船派遣数は、三浦の乱により年間一〇〇隻以上から二五隻へと激減したが、一五二三年には三〇隻に増加する。それ以上に、対馬宗氏はしばしば「日本国王」（室町将軍）などの名義で朝鮮に偽使を派遣し、大規模な交易を行っていた。偽使ですらない純然たる密貿易も増えつづけ、一五四〇年代には日本銀輸出の急増もあって、日朝貿易の規模は三浦の乱以前のレヴェルに回復し、あるいはさらに拡大していたといわれる（村井一九九三：一五四〜八四）。特に日本国王名義の偽使などは、胡椒・蘇木・沈香・龍脳などの南海産品を大量に輸出していた（『中宗実録』巻五五・六四）。これらの南海産品が、ほぼすべて琉球経由で運ばれたことはいうまでもない。

ヴァスコ・カルヴォの情報

こうして琉球から日本・朝鮮に中継輸出された中国・南海産品は、福州での朝貢貿易以上に、むしろ漳州湾での密貿易によって調達されたと思われる。ポルトガル商人ヴァスコ・カルヴォの書簡にも、当時の漳州湾―琉球貿易の活況が記されている。カルヴォは一五二一年に広東に来航したが、明軍がタマンのポルトガル船団を攻撃した際に拘束され、広州で監禁されていた。一五三六年、彼はひそかにマラッカに中国情報を詳記した書簡を送った。彼は監禁中に華人知識人から漢語の読み書きを習い、中国各省の地誌を記した漢籍も参照していたという（Loureiro 1992: 15-17, 96）。彼の中国情報は一五二一年までに広東で得た見聞と、監禁中に華人や書物から得た知識によると思われ、総じて正確である。

彼はそこで、福建の沿岸には漳州という大都市があり、交易が非常に盛んで多数のジャンクが来港していると記す。そのうえで彼は、琉球《レキオス》について次のように述べる。

福建の海上には琉球があり、毎年パタニに商品を売りにきます。マラッカ王国の時代には、つねにマラッカに渡航していました。そこには多くの島々があり、最大の島に国王がいます。それは小国ではありません。彼らは風采が良く、巨大なジャンクを造っているからです。それらの島々には大量の黄金・銅・鉄、およびマラッカやパタニから運んでくる多くの商品があります。また多くの緞子や絹、磁器もあります。この福建省から、琉球の最初の島々までは、湾〔東シナ海〕を渡って三日の航程です。琉球人《レキオス》は日々、福建の地と交易しています。また福建からも、ひそかにそちら〔琉球〕に交易に赴きます。福建では時には彼ら〔琉球人〕とともに交易に行きますし、彼ら〔琉球人〕もこちらに来て交易をしています。

(Loureiro 1992: 95)

カルヴォの琉球情報は、かつてはマラッカ、現在ではパタニと交易を行い、最大の島の国王が多くの島々を統治し、大型ジャンクを持ち、福建から三日の航程にあるなど、かなり正確である。琉球が黄金・銅・鉄などの日本産品、マラッカやパタニの南海産品、絹や磁器などの中国産品を交易していたと説くのも当を得ている。そして琉球人がひんぱんに漳州に来航し、福建人も琉球に渡航して、相互に活発な交易を行っているという記述も、一五二〇年代前後の琉球─漳州湾貿易の実態を伝えているとみてよいだろう。

一五二〇年代には琉球の広東貿易は途絶し、福州での進貢船は大きく縮小したが、その一方、琉球―漳州湾の密貿易は活況を呈しており、日本・朝鮮貿易も拡大していた。琉球の中継貿易の全体的規模は、朝貢貿易の急減が示すほどには、大きくは縮小していなかったようだ。総じて一五二〇年代ごろから、琉球の中継貿易の重心は南シナ海域から東シナ海域へと移り、また対明貿易の中心は、朝貢貿易から私貿易へと移っていったのである。

日本銀の登場

さらに一五二七年の石見銀山の発見は、東シナ海域貿易の急拡大をもたらすことになる。明朝では一五世紀中期以降、銀の地金が主要通貨になり、政府の財政運営や民間の商業取引も、銀を中心に行われるようになっていく。明朝における銀経済の拡大を支えたのは、当初は朝鮮やベトナムなどから流入した大量の銀であった。しかし銀需要の増大は供給を上回り、明朝は慢性的な銀不足の状況にあった。そこに登場したのが日本銀である。

一五三三年に朝鮮から鉛を用いた銀の製錬技術（灰吹法《はいふきほう》）が導入されると、石見銀山の生産量は急増した。石見銀山は大内氏の領内にあり、大内氏と結びついた博多商人がその開発・生産を主導していた。一五三〇年代には、大内氏や博多商人などを通じて、大量の銀が朝鮮に輸出されるようになる（村井二〇一三：二一九～五九）。一方、琉球史料にはこの時期に日本銀が大量に流入したことを示す記事は残されていない。ただし石見銀山の生産・輸出の主役であった博多商人や大内氏が、琉球貿易も推進していたことから見て、日本銀が中国・南海産品の対価として、琉球にも大量に輸出されていたことは疑いない。石見銀山が発見された一五二七年は、尚真王の没後、尚清王が即位した年でもあった。一五三四年にいたり、明朝は尚清を琉球国王に冊封するため、陳侃《ちんかん》を正使として派遣する。

陳侃の琉球渡航

冊封使陳侃が琉球に渡航したのは、あたかも日本銀の琉球流入が急増し、華人海商の琉球密貿易が急拡大に向かう時期であった。のち一五五六年に九州に渡航して、倭寇の禁圧交渉に当たった鄭舜功《ていしゅんこう》は、陳侃の琉球渡航をめぐる次のような伝承を記している。

陳侃が琉球に出使した際、通例どおり福建から出航した。その随員はみな福建人だった。（中略）そのころ日本の僧侶が琉球で学んでおり、随員は彼から日本に行けば一儲けできると聞き、貨財を持って日本に渡航し大儲けして帰った。これによって福建人はしばしば日本に密貿易に赴くようになった。（『日本一鑑』窮河話海、巻六）

陳侃に随行した福建人が、琉球在住の日本僧から情報を得て日本に交易に赴き、福建人が日本貿易に乗りだす契機となったのだという。

さらに鄭舜功は、広東潮州府の海商が漳州・泉州に米を売りに行く途中、暴風により日本に漂着し、これによって潮州人も日本への航路を知り、密貿易に赴くようになったと持伝えている。潮州府は漳州府の南隣に位置し、福建南部と共通する言語・文化圏に属し、南シナ海域への密貿易拠点として、漳州・泉州とはライヴァル関係にもあった。陳侃が琉球に渡航した一五三四年は、灰吹法が導入され石見銀山の生産量が急増した翌年であった。鄭舜功が記す伝承は、一五三〇年代から日本銀を求めて、まず漳州海商が琉球から九州へと赴き、潮州海商がそれに続いたことを反映しているのだろう。

唐船の九州渡航

一五世紀後半から明朝の海禁は弛緩していくが、倭寇の巣窟であった日本への密航に対する禁令は、依然として厳しかった。また琉球に渡航すれば、堺・博多商人などがもたらす日本産品を容易に入手できたので、華人海商が禁令を冒して九州に渡航するインセンティブも乏しかった。しかし日本銀の産出急増後は事情が異なる。日本で需要が高い中国産品を輸出して、中国市場に日本銀を供給すれば、確実に多大な利益をあげることができる。このため漳州・潮州などの海商は禁令をものともせず、九州に渡航しはじめたのである。

琉球貿易の拠点でもあった種子島では、一五三〇年代末ごろから、たびたび「唐船」が漂着・来航したことが記録されている（屋良二〇一八）。また鄭舜功も「種子島にはかつて山城の文学に通じた僧が居留しており、先には琉球で師となり、後には外国船を導いた」（『日本一鑑』窮河話海、巻四）と伝えている。漠然たる記事だが、彼は上述のように、琉球

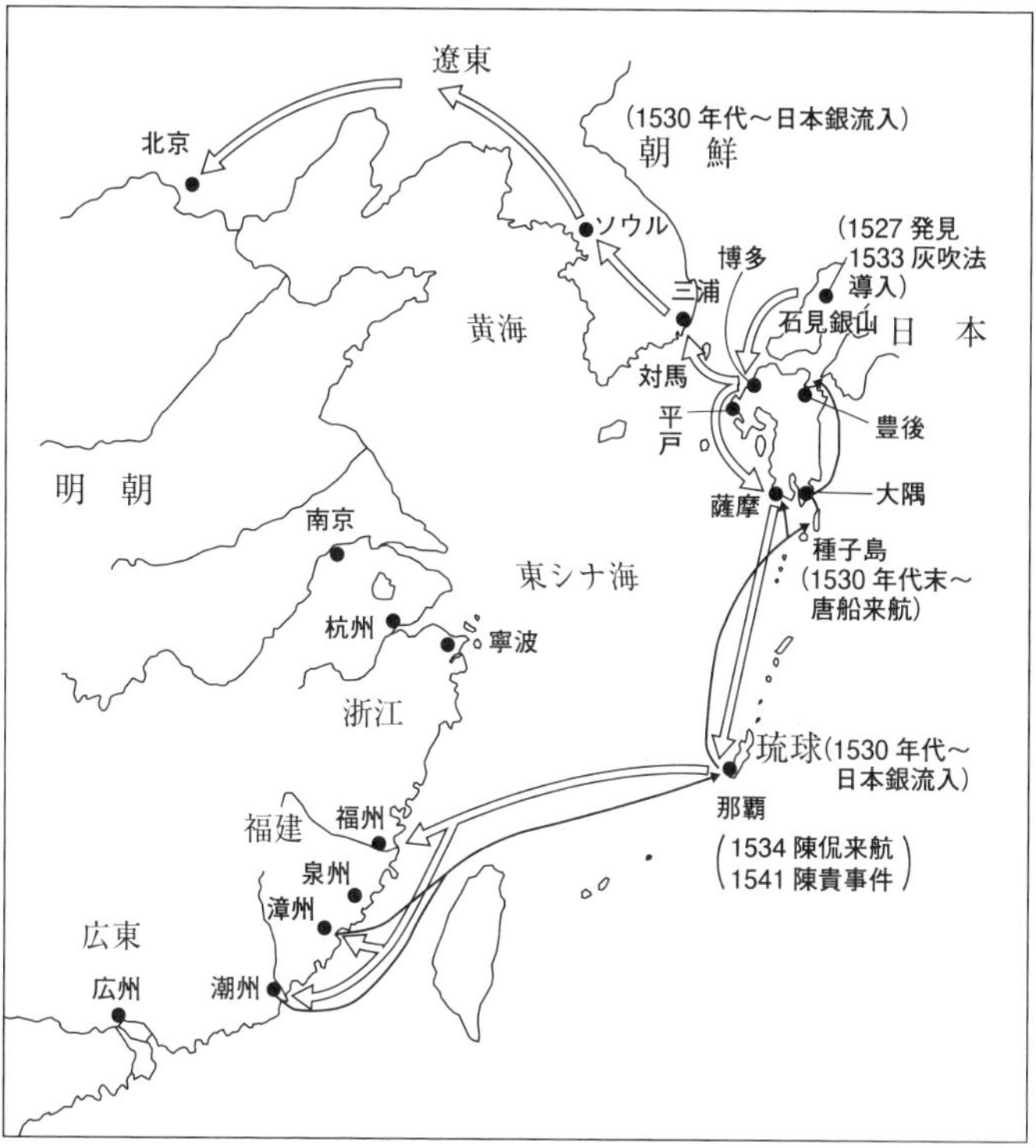

図24　1530年代～40年代初頭の日本銀貿易

⇨ 日本銀の流れ　──→ 華人海商の琉球・九州渡航

に居留する日本僧が福建人に日本貿易の情報を伝えたとも記しており、畿内—種子島—琉球を往来する僧侶が、福建海商の日本来航に一役買っていた可能性をうかがわせる。

種子島は福建から南西諸島に沿って北上する航路と、九州西岸・東岸を北上する航路、および土佐沖を経て畿内にいたる航路が接続する分岐圏となっていた（上田二〇二三：三〇～二）。種子島と畿内の間には、南海路を通じて密接な人的交流があり、僧侶の往来も活発だった。琉球居留の禅僧のなかには、対日貿易に従事して巨利を得た者もおり（村井二〇一九：三〇八～一五）、彼らが華人海商の日本渡航に関与しても不思議ではない。

一五四〇年代になると、日本・朝鮮史料からも、「唐船」が毎年のように九州各地に来航していたことが確認できる。日本銀を求めて琉球に渡航した華人商船は、より多かったにちがいない。上述のように、一五三〇年代から博多商人などを通じて、大量の日本銀が朝鮮に流入していた。ところが一五四一年には、朝鮮の高官が国王に対し、次のように述べている。「以前から日本人は銀を我が国に売りにきました。今や日本人は、中国南部に銀を売れば儲かるので、むしろ朝鮮で銀を買い戻しているほどです」（『中宗実録』巻九六）。日本人が朝鮮で銀を買い戻して、より儲けが大きい華南方面に運んでいるのだという。この時点では、その大半はなお琉球経由で福建・広東へと運ばれていたにちがいない。

日本銀の大量流入にともない、華人海商の琉球貿易ブームが過熱した結果、まさに朝鮮から華南方面への銀流出が指摘された一五四一年、琉球で華人海商どうしの大規模な衝突が発生する。それが陳貴《ちんき》事件である。陳貴事件については、『明実録』にその概要が記されており（『世宗実録』巻二六二）、朝廷でこの事件の審議に当たった礼部尚書厳嵩《げんすう》の上奏文にも、詳しい記述がある。これらの史料によれば、事件の経過は次のとおりである。

陳貴事件の経緯

漳州海商の陳貴らは、毎年海禁を冒して琉球に赴き、密貿易を行っていた。一五四一年にも陳貴らは琉球に渡航し、琉球の長史蔡廷美《さいていび》の手引きで那覇に入港した。陳貴の船団は五隻の大型商船からなり、多くの委託荷主の商品を混載していた。ところがこの船団は、那覇港内で潮州海商の計二一隻、乗員計一三〇〇人という大船団に遭遇し、相互に貿易利潤を争って殺傷するにいたる。このため蔡廷美は陳貴らを旧王城（浦添《うらそえ》グスクか）に拘禁し、積荷をすべて没収した。しかし陳貴らは夜間に脱走して守備兵に捕縛され、その過程で多くの華人が死亡した。これに対し、国王尚清は蔡廷美を福建に派遣し、陳貴ら七名を海賊として送致するとともに、この事件について弁明させたのである。

福建当局は本件を朝廷に報告し、嘉靖帝は厳嵩らに審議を命じた。その結果、厳嵩は陳貴らを密貿易者として処罰するのは当然として、琉球国王も華人海商の密貿易を放任したあげく武力衝突を招き、さらに彼らを監禁して貨物を奪い、逃亡者を殺害したうえ、海賊として誣告《ぶこく》した責任は重いと答申した。これを受けて、一五四二年五月には嘉靖帝が琉球国王に対し、今後も琉球が密貿易を放任すれば、朝貢関係を断つという強硬な聖旨を発したのである。なお従来の研究では陳貴事件の発生年を一五四二年とすることが多いが、これは嘉靖帝が上記の聖旨を下した年であり、事件自体が発生したのは一五四一年のことである。

陳貴事件の背景と影響

陳貴らの漳州船団は、「大舡《おおぶね》」「大貨船」などと記されており、二〇〇～三〇〇名程度が搭乗する大型ジャンクだったようだ。これに対し、潮州船団は一三〇〇人が二一隻に分乗しており、平均乗員六二名の小型ジャンクであった。一五世紀後期から漳州と潮州は南海密貿易の二大拠点だったが、琉球貿易は漳州海商の寡占状態で、大型ジャンクで漳州湾と那覇を往来していた。しかし琉球経由の日本銀貿易の急拡大により、潮州の小型ジャンク船団が琉球貿易に参入し、既得権益を脅かされた漳州海商と衝突したのである。

また陳貴らの船団を引き入れた蔡廷美は、おなじみの久米村蔡氏の一族であり、王朝交替期に長史であった蔡璟《さいえい》の曽孫にあたる。彼は南京国子監に留学し、四回にわたって明朝に進貢に赴いている。彼は長史として陳侃の迎接も担い、陳侃も「俊秀で礼儀にかない、話も筋が通る」と称したインテリであった（『使琉球録』群書質異）。その一方、彼は漳州船団の密貿易の窓口ともなっていたわけだ。前述のように、蔡氏は漳州湾地域をルーツとし、福州にも家族や戸籍を持つなど、福建ときわめて関係が深かった。蔡氏は表の朝貢貿易、裏の福建密貿易の双方で、古琉球期の対明貿易を主導していた一族だったようだ。

陳貴事件は過熱した琉球貿易ブームに冷や水を浴びせることになった。その後も華人海商の琉球密貿易は止まなかっただろうが、大規模な密貿易を公然と行うことは難しくなり、より多くの華人海商が、琉球にかわって九州に直接渡航するようになっただろう。陳貴事件による福建―琉球貿易の頓挫は、福建―九州貿易のさらなる拡大をもたらしたのである。

ポルトガル人の琉球到達

エスカランテの報告書

陳貴事件により明朝が琉球に密貿易厳禁を命じた一五四二年、琉球ではもう一つ大きな事件が起こった。華人ジャンクに乗ったポルトガル人の漂着である。ただしこの事件は、琉球史料にはまったく記されていない。この事件を伝えるのは、スペインがフィリピンに派遣した艦隊の商務官《フェイトール》、ガルシア・デ・エスカランテ・アルバラードの報告書である。

一五二一年にマゼラン艦隊がフィリピンに到達してから、スペインはアジアへの西回り航路の確立をめざして、くりかえし艦隊を派遣した。しかし太平洋の低緯度地帯では東から西へ貿易風が吹くので、スペイン領アメリカからアジアに渡航することはできても、アメリカに帰航することができず、一五二九年にスペインはモルッカ（マルク）諸島での権益を放棄し、いったんはアジア貿易から手を引いた。

しかし一五三〇年代以降、ポルトガルが南・東シナ海域での航海・交易活動を拡大していくなかで、スペインもふたたび西回りでのアジア進出をめざすことになる。一五四二年、スペインのメキシコ副王はルイ・ロペス・デ・ビリャロボス率いる艦隊を派遣して、西太平洋の島々（西方諸島《イスラス・デル・ポニエンテ》）への進出を図った。その商務官に任じられたのがエスカランテである。この艦隊の乗員のなかには、かつてモルッカ諸島に渡航した者もあり、彼らは今回もモルッカに向かうことを望んでいた。しかしその他の乗員のなかには、「中国《チナ》や琉球《レケオス》を発見することだけを話す者もいた」という（*As Gavetas da Torre do Tombo*, IX）。これによれば、琉球も「西方諸島」の一部として主要目的地の一つとなっていたようだ。

翌年、ビリャロボス艦隊はフィリピン諸島に到達するが、そこで拠点を確立することができず、やむなく一五四四年にモルッカ諸島に南下し、ティドレ島でテルナテ島のポルトガル人と対峙した。同年末、ポルトガルのモルッカ長官の兄であったディオゴ・デ・フレイタスが、アユタヤからマラッカを経てモルッカ諸島に来航した。その後、フレイタスはティドレ島でエスカランテと会談し、ポルトガル人の琉球到達情報を伝えたのである。

翌一五四五年、スペイン艦隊はポルトガル人に投降し、乗員はポルトガル船で送還され、一五四八年にリスボンに帰着した。エスカランテはそこで長文の報告書を書いてメキシコ

図25　ポルトガル人琉球到達関係地図　中島2020, p.350より

① ………… 琉球船アユタヤ往復（1541年末～1542年夏）
② ——— ポルトガル人琉球漂着（1542年夏）
③ －‥－‥－ ビリャロボス艦隊航路（1543年２月～44年３月）
④ －・－・－ フレイタス船のアユタヤ—モルッカ渡航（1544年初～12月）

副王に送り、そのなかでフレイタスから聞いたポルトガル人琉球漂着情報も記したのである（岸野一九八九：一一八〜三四）。

アユタヤの琉球人

フレイタス情報では、まずアユタヤでの琉球人《レキオス》との交流について詳しく伝えている。それによれば、彼の船がアユタヤに停泊していたとき、一隻の琉球人のジャンクが来航し、ポルトガル人と親しく交流した。琉球人は容姿が良く、色白であごひげを生やし、主要な商品は黄金と銀であった。またフレイタスはそこで琉球人と華人の紛争も目撃した。すなわちアユタヤに来航した華人がシャム国王に対し、航海中に琉球人に商品を奪われたと訴え、アユタヤにいる琉球人に弁償を求めた。琉球人はそれは自分たちとは関係ない事件だと抗弁したが、国王は彼らに弁償を命じた。そして帰国後に琉球国王にこのことを告げ、華人の商品を奪った者に、彼らが支払った金額を弁済させるように指示したのである。

フレイタスは彼がアユタヤにいた時期を明記していないが、時系列的に見て、一五四二〜四三年にアユタヤに停泊し、一五四四年初頭にアユタヤからマラッカに向かい、同年末にマラッカを出航して、年末にモルッカに到着した可能性が強い（Schurhammer 1963: 547-8）。

一方、琉球国王尚清は一五四一年九月に、貫満度《かまど》を正使としてアユタヤに向かう琉球船に執照を発給している（宝案四二―三三）。この船は第四章「尚真王期の南海貿易」で紹介した、「まさぶろ」（真三郎）が「ちくどの」（筑殿）として搭乗した海船である。この琉球船は同年末か翌一五四二年初頭にアユタヤに入港し、そこでフレイタスのポルトガル船の乗員と交流したのだろう。

陳貴事件が起こったのは一五四一年夏季の交易シーズンであり、この琉球船は陳貴事件の直後に那覇を出航したことになる。一方、漳州・潮州の密貿易者にとって、アユタヤは南シナ海域における主要な渡航先であった。また陳貴事件に際し、琉球は陸揚げされていた漳州船団の積荷を没収しており、潮州船団の積荷も同様であろう。あくまで推測の域を出ないが、陳貴事件により琉球を逃れた漳州ないし潮州の海商の一部が、翌年にアユタヤに渡航して琉球船に遭遇し、昨年奪われた商品の弁済を求めた可能性もあるのではないか。

ポルトガル人琉球漂着

そしてフレイタスは、アユタヤでの琉球人との交流につづいて、ポルトガル人が琉球に漂着したプロセスを、次のように伝えている。

> 彼〔フレイタス〕と一緒にそこ〔シャム〕にいた中の、ポルトガル人二人が中国《チナ》沿岸で商売しようと一隻のジャンクで向かったが、彼らは暴風雨にあって琉球《レキオス》のある島へ漂着した。そこで彼らはその島々の国王から手厚いもてなしを受けた。それは、シャムで交際したことがある（琉球人の）友人たちのとりなしによるものであった。彼らは食料を供給され立ち去った。

　これらの人々が（琉球人の）礼儀正しさや富を目撃したことから、他のポルトガル商人たちも中国のジャンクに乗って再びそこへ行った。彼らは中国沿岸を東に航海し、さきの島へ着いたが、今回は上陸を許されず、持参した商品と支払うべき価格の覚書を提出すべきこと、および代金はただちに支払われることが申し渡された。そのようにすると、彼ら〔琉球人〕は支払いをすべて銀で行い、食料を与えて、退去を命じた。

これによれば、フレイタス船の乗員であった二人のポルトガル人が、おそらく華人のジャンクで中国に向かう途中、琉球に漂着した。彼らはアユタヤで交流した琉球人のとりなしで国王に厚遇され、交易を行って帰航した。このため翌年にも別のポルトガル商人たちが琉球に再渡航したが、上陸を許されず、船上で交易を行って帰航したという。

　フレイタスはこの事件が起こった年を伝えていないが、上記の時系列から見て、一回目の漂着は一五四二年、二回目の渡航は一五四三年だと考えられる（Schurhammer 1963: 547-8）。おそらく一五四二年初夏に、まず貫満度を正使とする琉球船が琉球に帰航し、ついで二人のポルトガル人が琉球に漂着して、旧知の琉球人の仲介で交易を行い、その情報を得た別のポルトガル人が、翌一五四三年夏に琉球に再渡航したのだろう。その後、一五四四年末にフレイタスはモルッカ諸島に赴き、ポルトガル人がすでに琉球を「発見」したことを示すために、ティドレ島でエスカランテにこの情報を伝えたのである。

当時の海域アジアのポルトガル人のなかには、要塞や艦隊で兵士や船員として勤務したあと、ポルトガルの現地当局の統制を離れて、私貿易商人として自由にアジア間交易に従事する者が多かった。また一五四〇年代には、海禁がふたたび弛緩して広東沿岸や漳州湾における密貿易が拡大し、浙江近海の双嶼にも新たな密貿易拠点が生まれていた。中国市場でもっとも需要が高い商品は胡椒であり、一五四〇年代初頭には、華人海商やポルトガル私貿易商人が東南アジア島嶼部の胡椒を大量に中国にもたらし、胡椒バブルがピークをむかえていた。琉球に漂着した二人のポルトガル人も、フレイタス船を勝手に離れ、私貿易商人として華人ジャンクで中国に向かおうとしたのだろう。

琉球漂着の背景

また上述のように、一五四一年の陳貴事件を受けて、翌一五四二年五月には、嘉靖帝が琉球に密貿易厳禁を命じる聖旨を下し、同年九月には、琉球国王がこの聖旨を受けて、弁明のため明朝に派遣する使節に執照を発給している（宝案三〇―〇二）。したがって嘉靖帝の聖旨は、一五四二年八月までには琉球に届いていたことになる。二人のポルトガル人はおそらくその前に琉球に漂着し、そのため好条件で交易を行うことができたのだろう。しかし翌年、別のポルトガル人が琉球に再渡航した際には、琉球は聖旨に従って密貿易を抑制せざるを得ず、船上での交易を許すに止めたのではないか。

またフレイタスによれば、琉球船のアユタヤへの主要輸出品は黄金と銀だったという。そもそもシャムは銀の輸出国であり（『東方諸国記』第三・六部）、琉球にはそこにも銀を輸出するほど、大量の日本銀が流入していたのである。また二度目に来航したポルトガル人に対し、琉球人は「支払いをすべて銀で行い」、帰航を命じたという。当時の琉球では、もっぱら日本銀が交易決済手段となっていたことが確認できる。

レイテ島の琉球情報

エスカランテの報告書には、フレイタス情報のほかにも、レイテ島の住民から得た現地情報も記録されている。それによれば、タンダヤ（サマール）島の北方、現地船で一〇日行ったところに、アムコ（Amuco）という島があり、その住民は色白であごひげがある。さらにその先には、ブンタラオ（Buntalao）という大きな島があり、その住民も色白であごひげがある。彼らは「大きな船と若干の火炮を持ち、他の島々や中国《チナ》と交易を行い、多くの黄金と、とてつもなく大量の銀を持って」おり、「フィリピナスからこの島までは、一つながりの島々が続いている」という（Shaw 1999: 65）。

このブンタラオという島名の由来は不明だが、その地理的位置や、住民は色白であごひげがあり、大型船で中国などと交易を行っているという記述から、琉球を指すことは疑いない。フレイタスもアユタヤで交流した琉球人について、色白であごひげがあると述べていた。その手前にあるアムコ島とは、先島《さきしま》諸島（宮古島?）だろうか。

ブンダラオ島＝琉球には莫大な銀があるという証言は、琉球船がフィリピンに大量の日本銀を輸出していたことを反映している。産金国のフィリピンでは金価格が非常に安く、日本銀を輸出して金を輸入すれば、その差益はきわめて大きかった。一五七〇年代以降、スペインのガレオン船が膨大なアメリカ銀をフィリピンに運ぶようになるが、それに先だち、一五四〇年代には日本銀が琉球船を通じてフィリピンに流入していたのである。

ピントの琉球漂着情報

なお『東洋遍歴記』の著者、メンデス・ピントの書簡にも、ポルトガル人の琉球漂着に関する情報が記されている。一五五四年、ピントはインディア副王が大友宗麟《そうりん》に派遣した使節に随行して日本に向かい、途中でイエズス会入会を許される。そして同年末、マラッカでポルトガルのイエズス会士に対し、アジアでの見聞を記した書簡を送ったのである。

その一節には、次のようにある。「日本《ジャパン》にいたる一〇〇〇レグア〔六〇〇〇キロ〕手前に、琉球《リキオス》があります。そこで、数人のポルトガル人が難破し、琉球の国王が彼らに船と必要な物すべてを与えることを命じました」（『イエズス会日本書翰集』訳文編之二・上）。ごく簡略な言及ながら、この一節が一五四二年のポルトガル人琉球漂着を伝えていることは疑いない。もちろんピントがエスカランテの報告書を見る機会があったはずはなく、この情報はポルトガル私貿易商人のネットワークを通じて、東アジア海域に流布していたのだろう。

またピントは『東洋遍歴記』でも、六章にわたって彼自身の琉球における冒険譚を記している（第一三八〜四三章）。しかしそこに記された地名や人名には一つとして現実の琉球王国と符合するものはなく、この冒険譚が完全なフィクションであることは明らかである。ただしそこでも、ピントは琉球では銀がきわめて豊富で、近海にある「銀の島々《イスラス・プラタリアス》」から、大量の銀がもたらされると記している。海域アジアのポルトガル人海商には、銀の一大輸出国としての琉球のイメージがひろく共有されていたのである。

ポルトガル人の種子島到達

そして周知のように、ポルトガル人が琉球に漂着した翌一五四三年には、別のポルトガル人が、おそらくのちに倭寇の大頭目となった王直のジャンクに同乗して、種子島に来航している。この一五四三年は、華人海商やポルトガル私貿易商人による胡椒輸出ブームの過熱により、中国市場では胡椒が供給過剰となって価格が急落し、胡椒バブルがいったん崩壊した年であった。おそらく王直も胡椒バブルの崩壊に直面して、新たな商機を求めて種子島に渡ったのだろう。すでに一五三〇年代から、華人海商は日本銀を求めて、福建—琉球—種子島ルートで日本貿易に進出しており、王直もポルトガル私商人とともに、このルートを北上して種子島に向かったのではないか。

さらに翌一五四四年には、明朝では胡椒バブルの崩壊にくわえ、大旱魃により東南沿海をはじめ、全国的に深刻な飢饉が発生し、南海産品の需要は急落した。東南沿海、特に漳州湾地域の人々は、活路を急拡大しつつあった日本銀貿易に求め、九州諸港へと殺到した。また一五四四・四五年には、漳州・泉州の密貿易船（荒唐船《こうとうせん》）が朝鮮沿岸にしばしば漂着しているが、それも漳州・泉州商人の九州渡航ラッシュの余波であった。

ペロ・ディエスの情報

エスカランテの報告書にも、一五四四年の華人商船の九州渡航ラッシュを伝える記録が含まれている。一五四五年に九州からブルネイ経由でティドレ島に来航した、スペイン人ペロ・ディエスの情報である。それによれば、ディエスは一五四四年、パタニから華人ジャンクに同乗し、中国経由で日本《ハパン》の港に渡航した。そこには数名のポルトガル人が、やはりパタニの華人ジャンクに同乗して来航しており、百隻以上の別の華人ジャンク船団の襲撃を、火砲と火縄銃によって撃退したという。この日本の港とは、日本側の関連史料によって、大隅半島の小根占《こねじめ》港だったことが確認できる（岸野一九九八：一二三七～五四）。

ここで注目されるのは、ディエスを含むポルトガル人たちが、いずれもパタニから華人ジャンクで小根占港に来航していることである。パタニはマレー半島の胡椒の積出港、中国貿易の中継港として重要であり、漳州・泉州海商やポルトガル私貿易商人の交易拠点でもあった。ポルトガル私貿易商人のなかには、漳州・泉州海商と結びついて、漳州湾内の島々を拠点として密貿易を行っていた者も多く、ポルトガル人とともに小根占に入港した五隻の華人ジャンクも、おそらく漳州湾地域の商船だったのではないか。一方、彼らを襲撃した一〇〇隻以上のジャンクは、ライヴァルの潮州海商の大船団だった可能性がある。

一方、パタニは琉球船の主要渡航地でもあった。『歴代宝案』などで確認できるかぎり琉球船は一五一五〜四三年の二九年間に、九回にわたりパタニに渡航している。また上述のヴァスコ・カルヴォは、琉球船は「毎年パタニに商品を売りにきます」と述べており、実際には連年のようにパタニに渡航していたのだろう。しかし琉球船のパタニ渡航は、一五四三年を最後に確認できなくなる。これはもちろん偶然ではなく、一五四四年までに、パタニと九州諸港を直結する、華人海商の交易ルートが開かれたためであった。

ルソン貿易の動向

中継貿易の衰退

華人海商は一五三〇年代末には南九州に渡航しはじめ、ポルトガル私貿易商人もアユタヤやパタニから華人ジャンクに同乗して、一五四二年には琉球、四三年には種子島、四四年には南九州に到達した。こうして中国・東南アジアと九州を直結する交易ルートが開かれたことにより、琉球は東・南シナ海を結ぶ中継貿易拠点としての重要性を失っていった。

さらに一五四〇年代には、従来の広州近海や漳州湾にくわえ、浙江近海の双嶼にも、華人密貿易者を中心として、ポルトガル人・東南アジア人・日本人などが集結する密貿易拠点が形成されていった。これに対し、明朝は朱紈《しゆがん》を浙江巡撫に起用して、東南沿岸における密貿易の禁圧を命じた。朱紈は一五四八年に双嶼、翌年には漳州湾の密貿易拠点を攻撃・破壊するが、華人密貿易者はかえって東シナ海域に散開し、九州の海上勢力とも一体化して、密貿易のみならず東南沿岸一帯を襲撃・略奪するようになる。これが後期倭寇である。倭寇の活動激化によって海上貿易のリスクも増大し、琉球王国は一五五四年に那覇港口に屋良座森《やらざもり》グスクを築城し、多くの火砲を配備して倭寇に対する防衛強化を図った。

一方、ポルトガル私貿易商人は広東近海の島々で密貿易を続け、一五五七年にはマカオに交易拠点を確保した。その後は、ポルトガル船が毎年マカオから九州諸港に渡航して交易を行うようになる。華人海商・倭寇勢力・ポルトガル人による、中国・東南アジアと九州を直結する交易の拡大により、琉球の中継貿易はさらにシェアを低下させていった。

琉球の進貢船派遣数は、一五四〇年代に年平均一隻まで減少した後、一五五〇〜七〇年代には漸増しているが、船体は一貫して小型化している。後期倭寇の拡大期に派遣船数が増加しているのは、小型船を多数派遣してリスク分散を図ったためであろう。また蘇木の輸出量は一五二〇年代に激減したのち漸増するが、胡椒の輸出は一五五〇年代を最後に途絶してしまった（岡本二〇一〇：一七〜二二）。半印勘合から推定される一〇年ごとの南海諸国への派遣船数も、一五三〇年代には計一〇隻であったが、一五四〇〜六〇年代には計三〜四隻程度にすぎない。一五四〇年代を期に、琉球の朝貢貿易・南海貿易はいずれも大きく縮小したのである。

なお一五五六年に広東に滞在し、中国情報を詳細に記録したポルトガル人ドミニコ会士ガスパール・ダ・クルスは、琉球人について「彼らは海のただなかに住んでいるにもかかわらず、ほとんど航海しない人々である」と記している（『中国誌』第二章）。「ほとんど航海しない」というのはもちろん誤解だが、この時点で琉球の広東貿易はとだえ、広東では琉球人はすでに交易民族として認知されなくなっていたのだろう。

シャム通交の終焉

一五六〇年代には後期倭寇はしだいに鎮静化に向かうが、東・南シナ海域で密貿易が拡大を続けるなかで、海禁政策を維持することはもはや不可能であった。一五六七年にいたり、明朝はついに海禁を大きく緩和し、漳州湾南岸の海澄港（かつての月港）から、華人商船が東南アジア各地に渡航することを解禁した。その後も倭寇の巣窟である日本への渡航は厳禁されていたが、実際には日本に密航する華人海商も跡を絶たなかった。

福建—東南アジア貿易の合法化は、琉球の南海貿易に決定的な打撃を与えることになった。海禁緩和の三年後、一五七〇年に琉球王府はシャムに派遣する一隻の貿易船に執照を発給した（宝案四二—三八）。ただしその前年の一五六九年には、ビルマのタウングー朝がアユタヤを攻撃・占領しており、アユタヤ朝は一五八〇年代までタウングー朝に従属することになる。華人海商による漳州—アユタヤ貿易の合法化と、アユタヤの政治的混乱が重なって、琉球王国とアユタヤ朝の通交も、一五七〇年を最後に途絶してしまった。こうして一四世紀末から約二〇〇年間続いた琉球のシャム通交は終わりを告げ、『歴代宝案』における南海諸国との通交文書も、一五七〇年の執照を最後にあとを絶つ。

さらに一五七一年には、ポルトガル船のマカオ―長崎貿易がはじまり、毎年生糸などの中国産品を大量にもたらし、日本銀と交易するようになった。また同年には、マニラがスペイン領フィリピンの首都となり、ついでスペインのガレオン船がメキシコのアカプルコとマニラを往復し、大量のアメリカ銀を、華人海商が海澄からもたらす中国産品と交易することになる。こうして一五七〇年前後に、華人商船による海澄―東南アジア貿易、ポルトガル船によるマカオ―長崎貿易、スペイン船によるアカプルコ―マニラ貿易という三つの海上貿易ルートが開かれ、南海産品・日本銀・アメリカ銀と、中国産品が交易されるシステムが成立したのである。また一六世紀末には、華人商船の対日密貿易や、日本商船の東南アジア貿易も拡大し、これらのルートを通じても日本銀と中国・南海産品が交易された。

琉球の中継貿易は、明朝が海外通商を朝貢貿易に限定し、華人海商の貿易活動を禁じるという朝貢・海禁体制のもとで、福建・日本・南海諸国を結ぶサブシステムとして機能していた。一五世紀末からは華人海商の南海密貿易が拡大するが、日本・明朝間の貿易はなお琉球の寡占状態にあり、一五三〇年代には日本銀の大量流入によって最後の繁栄をむかえることになる。しかし一五四〇年代以降、朝貢・海禁体制の解体とともに、琉球の中継貿易もそのサブシステムとしての機能を失い、急速に斜陽へと向かったのである。

スペイン領フィリピンと琉球

ただし一五七〇年代以降、琉球の南海貿易が完全に終焉したわけではない。「西洋」航路沿いのシャムやパタニとの通交が途絶してからも、「東洋」航路沿いのフィリピン諸島と琉球の間には、依然として商船が往来していた。前述のように、一五二〇年代には琉球船が毎年ルソン島に来航して交易を行っており、ビリャロボス艦隊がフィリピンに渡航した一五四〇年代前半にも、エスカランテの報告書が示唆するように、琉球船がフィリピンに渡航して大量の日本銀を輸出していたようだ。

ビリャロボス艦隊の遠征失敗後、スペインはしばらく海域アジア進出から手を引く。しかし一五六四年にいたり、フェリペ二世はミゲル・ロペス・デ・レガスピの艦隊を西太平洋に派遣し、あらためて海域アジアへの進出を図った。翌年、レガスピ艦隊はフィリピンに到達し、セブ島を制圧して拠点とした。さらにレガスピは艦隊の一隻を派遣して、メキシコへの帰航路の開拓を図る。この船は黒潮に乗って日本近海を北緯四〇度附近まで北上し、そこから偏西風により太平洋を横断してメキシコに帰着し、アジアからの帰航路を開くことに成功したのである（梅原二〇二三：一三二〜五一）。

　レガスピはこの船に托してフェリペ二世に送った報告書で、次のように述べている。「我々は世界でもっとも豊かで、もっとも遙かな国々に近い門口に立っています。ここから大中国《チナ》・ブルネイ・ジャワ・ルソン・スマトラ・モルッカ・マラッカ・パタニ・シャム・琉球《レキオス》・日本《ハパン》や、他の豊かで大きい諸地までは、三〇〇レグアほどの距離にあります」（*The Philippine Islands*, vol. 2, p. 214）。スペインはトルデシリャス条約による大西洋上の分界線から、一八〇度西方に位置する「対蹠《たいせき》分界線」までを自国の勢力圏と主張し、西太平洋に位置する「西方諸島《イスラス・デル・ポニエンテ》」はその圏内に属するとみなしていた。レガスピはフィリピンを拠点として、琉球を含む「西方諸島」への進出を図っていたのである。

　また一五六七年にも、レガスピはセブ島から国王に書簡を送り、ルソン島やミンドロ島には、華人や日本人が毎年交易に来航し、絹・磁器・綿布などをもたらすと伝えている（*The Philippine Islands*, vol. 2, p. 238）。彼が挙げる華人や日本人の輸出品はほとんど中国産品で、日本銀は含まれていない。一五六七年は明朝が海澄―東南アジア貿易を解禁した年であるが、当時は明朝が東シナ海期における海防を強化し、倭寇勢力は活動の主舞台を南シナ海域に移していた。おそらく日本人と華人密貿易者が一体化した倭寇勢力も含め、華人海商が日本人も交えて、フィリピン諸島との密貿易に従事していたのだろう。

琉球とルソン貿易

一五七〇年、レガスピはルソン島に侵攻してマニラを占領し、翌年にはマニラ市をスペイン領フィリピンの首都とした。レガスピの占領当時、マニラには華人四〇人と日本人二〇人が居留していたという（*The Philippine Islands*, vol. 3, p. 101）。また一五七三年、レガスピ艦隊の幹部であったディオゴ・デ・アルティエダの報告書では、日本に交易に赴いたムスリム海商から得た情報として、日本人は絹などの中国産品を銀で購入し、またレケス（leques）と呼ばれる鋭利な短剣を造っていると記している。レケスとは明らかに琉球《レケオス》に由来し、琉球が南海諸国に多量の日本刀を中継輸出していたことに由来するのだろう。

さらにアルティエダは、琉球についても次のように記す。

これらの（日本）諸島と中国との間のやや東側に、琉球《レキオス》諸島があります。富裕な島々だということですが、それ以上はわかりません。私はそこに行った人に会ったことがないからです。それらの島々は小さく、人々はあまり交易を行っていないと考えられます。（*The Philippine Islands*, vol. 3, p. 204）

一六世紀前半には琉球船が毎年ルソンに渡航していたと伝えられるのに対し、一五七〇年代初頭にはフィリピンのスペイン人が琉球人と接する機会はなかったようだ。ただし当時はスペインの勢力がルソン島北部に及びはじめたばかりであり、琉球船がなおルソン北岸で交易を行っていた可能性はある。

一方、スペイン人船長ファン・パチェコ・マルドナドが、一五七五年に国王に送った書簡によれば、当時は日本船が毎年フィリピンに来航し、黄金と日本銀を一：二～二・五の比価で交易していたという（*The Philippine Islands*, vol. 3, p. 298）。一六世紀後半には日本人の海外渡航が活発化するとともに、日本船が直接に大量の日本銀をフィリピンに輸出するようになっていたのである。

ただしこの時期にも、スペイン人が琉球への関心を失っていたわけではない。一五七四年にはフィリピン総督ギド・デ・ラベザリスが国王宛書簡において、「私は日本の側にある琉球諸島を発見するために、人員を派遣するつもりです。これは陛下へのきわめて重要な奉仕となるでしょう」と述べている（*The Philippine Islands*, vol. 3, p. 275）。また上述のマルドナドも国王に対し、本国から五〇〇人の兵士を派遣して、日本や琉球への植民・探索を行うことを提案していた（*The Philippine Islands*, vol. 3, p. 302）。

国王フェリペ二世も一五八九・一五九六年に、ルソン島北方のバブヤン諸島・台湾《エルモザ》・琉球などに進出し平定すべきことを、フィリピン総督に重ねて指示している（*The Philippine Islands*, vol. 7, p. 167; vol. 9, p. 247）。実際に一六二〇年代にスペイン人が台湾北部に進出・植民したことを考えれば、琉球進出もまったくの絵空事だったわけではなさそうだ。

九州―琉球―ルソン貿易

一五六〇年代末に華人海商の漳州―ルソン貿易が解禁されたのにつづき、一五七〇年代末からはスペインのガレオン船が、メキシコのアカプルコからマニラに渡航し、ポトシ銀山などで産出した大量のアメリカ銀を、華人海商がもたらす中国商品と交易するようになる。一六世紀末には華人商船の海澄―マニラ貿易と、ガレオン船のアカプルコ―マニラ貿易という二大幹線の拡大に連動して、支線としての九州―ルソン貿易も成長していった。

フィリピンに大量のアメリカ銀が流入するようになると、日本銀の輸入は減少し、日本船はおもに小麦粉・魚介類などの食品、刀剣などの武器、各種の工芸品などをマニラに輸出するようになる。このうち小麦粉・魚介類には琉球産品も含まれたであろう。一六世紀末には、日本船はほぼ毎年マニラに来航するようになり、マニラには華人街（パリアン）とともに日本人町も成立した。

一方、現時点では琉球船がスペイン領フィリピンに渡航したことを示す具体的な記録は確認できない。ただし実際には、一六世紀後期以降も多くの商船が琉球―ルソン間を往復していたようだ。この時期に九州―ルソン貿易に従事していたスペイン商人アビラ・ヒロンは、九州の南方には琉球などの島々が点々と連なり、「そこからマニラまで前述の島のつながりが続いているので、ここからマニラまで毎日夜は陸上で寝ていくことができる」

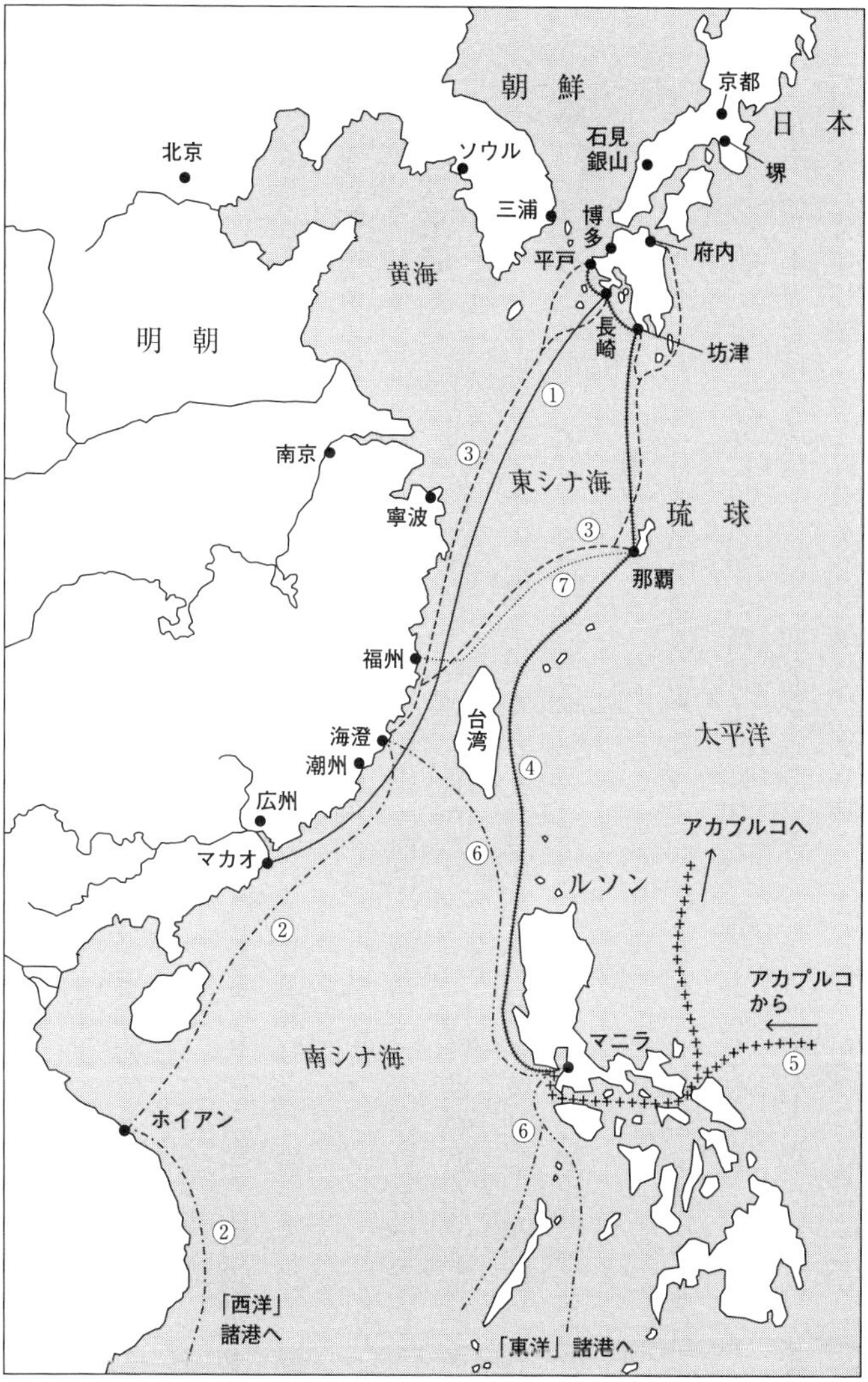

図26　16世紀末，東アジア海域の主要貿易ルート

① ———— マカオ—長崎貿易
② -·-·-·-· 海澄—「西洋」貿易
③ - - - - - - - 華人海商の対日密貿易
④ ━━━━ 九州—琉球—ルソン貿易
⑤ +++++++++ アカプルコ—マニラ貿易
⑥ -··-··-··- 海澄—「東洋」貿易
⑦ ·········· 琉球の朝貢貿易

と記している（『日本王国記』）。

特に外洋航海に弱い平底の日本船の多くは、南九州から南西諸島を南下し、台湾近海からバシー海峡を経てマニラにいたる、島づたいの航路をとったであろう。一五九二年に豊臣秀吉がフィリピンに派遣した使節船も、「マニラに到るもっとも早い経路」として、琉球経由の航路をとることにしたという（*The Philippine Islands*, vol. 9, p. 54）。琉球船の南海貿易がほぼ途絶してからも、琉球は九州―ルソン貿易の主要中継拠点となっており、琉球人も日本商船や華人商船に同乗してルソン貿易に関与していたと思われる。

琉球王府とルソン貿易

一五七〇年代以降、琉球船の「西洋」航路での南海貿易は途絶し、漳州―琉球間の密貿易も、漳州―東南アジア・九州貿易の拡大によって衰退していった。そのなかでなんとか琉球の中継貿易を支えていたのは、長期低落傾向にはあったが、なお日明間を結ぶ唯一の合法的ルートであった福州での朝貢貿易と、九州とルソンを結ぶ中継貿易であった。

琉球が九州とルソンを結ぶ中継拠点となっていくとともに、那覇に居留する日本人も増えていった。そのなかには首里の琉球王府に仕え、琉球士族となる者も少なくなかった。日本にルーツを持つ琉球士族は二四名を確認でき、このうち八名が堺・京都など畿内出身、二名が越前出身、一三名が九州出身である（他一名は不明）。九州出身者は一名を除き南九州（薩摩・大隅・トカラ列島）に出自する。彼らは日本との外交・通商業務にたずさわるほか、対明通交や那覇の行政に従事する者もあった。那覇の浮島には、久米村の北側に隣接して日本人居留地である若狭町も形成されている（上里二〇〇五）。

とりわけ堺出身の川崎利兵衛は、長崎において琉球では貴重な中国商品が入手可能だと聞き、島津氏から渡航許可証（印判）を得て琉球に渡った。彼はそのまま琉球王府に仕え、一五九八年には「南蛮才府」に任じられた。「才府」とはもともと琉球船の交易責任者を指し、「南蛮才府」とは王府によるルソン貿易の担当責任者であろう（上里二〇〇五）。

また琉球人の新垣善房は、国王の命により日本人の「自安大円宋治」とともに交易業務のため、「南蛮の属島呂宋《ルソン》」に渡航したという（真栄平二〇二〇：上三五）。この「自安大円宋治」という日本人については不明だが、「大円」（大員・大湾）とは台湾中部の貿易港（現台南市安平港）の名称でもあり、オランダ人はこれをタイオワンと称し、「台湾」の語源ともなった。あるいは彼はもともと台湾貿易に従事していた日本商人かもしれない。このように琉球とルソンの間には、日本人と琉球人が混在した商船が往来しており、琉球王府もその交易に主体的に関与していたのである。

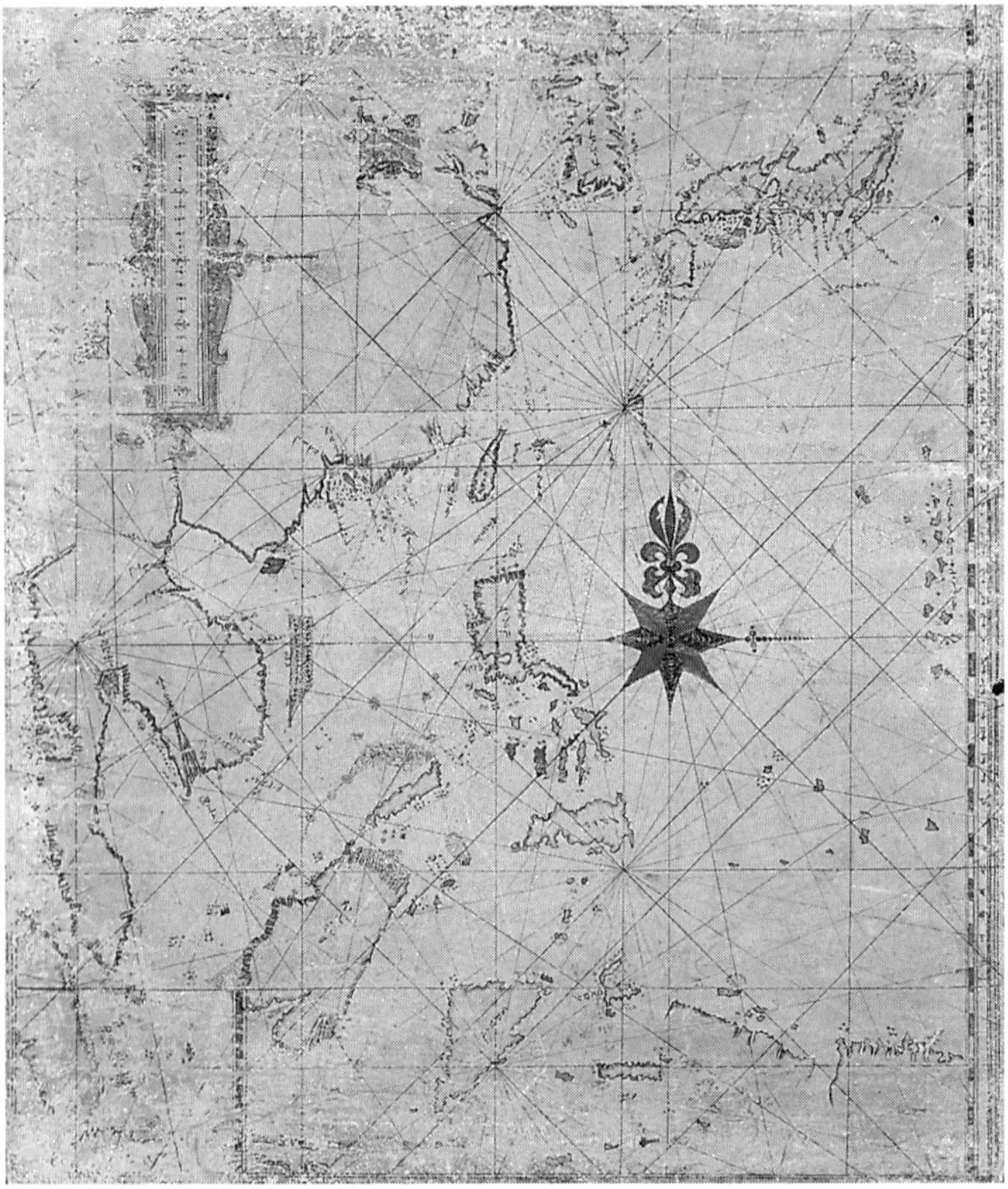

図27　角屋皮製航海図　神宮徴古館農業館所蔵

ヨーロッパ製海図に基づく航海図．琉球（リウキウ）を中心に32本の方位線が放射状にのび，琉球が南海貿易の重要な指標だったことを示す．琉球部分にはコンパスの針穴があり，実際に使用されたものか．

ルソンに往来する人々

一五九六年には儒学者の藤原惺窩《ふじわらせいか》が明朝への渡航をめざして、大隅半島の内之浦港を訪れた。彼はそこで当地の役人であり、琉球に妻子がいる竹下宗怡《そうい》からも琉球情報を聞き、ルソン・琉球への航路記録や、南蛮人が描いた世界地図も実見している。近くの波見《はみ》港には泉州海商の商船が停泊しており、その船主の子はルソンの華人海商のリーダーで、この船も泉州からルソンを経て来航したのだという(『南航日記残簡』)。また一六〇三年には、浄土僧の袋中が九州から琉球に赴き、さらに商船でルソンに渡り、そこから明朝に渡航しようとした。しかし同年にマニラで発生した華人暴動のため、袋中はルソンに上陸できず、琉球に引き返している(『袋中上人伝』、『寤寐集』上、上里二〇〇九：二〇七〜八)。

一六世紀末にはおもに福建海商により、漳州湾—ルソン—南九州を結ぶ交易が活発化し、日本海商もこのルートにより琉球経由でルソン貿易に参入し、南九州の諸港は琉球・ルソン・漳州湾との航海拠点となっていた。琉球王府も日本人を「南蛮才府」などに登用して、日本船のルソン貿易とも連携することにより、ルソンとの通商を行っていたのである。

なお近年、沖縄本島南城市の神座原《かんざばる》古墳において、一七〇六年の石厨子に残された三体の男性人骨のDNA分析が行われた。うち二体は放射線炭素測定によれば、一五世紀後期〜一七世紀前期ごろに比定され、またDNA分析によれば、沖縄を含む日本列島系の集団に属していた。一方、もう一体は分析試料の不足により年代比定ができなかったが、他の二体と同時に納骨されたと思われるので、同時期に属する可能性が高い。かつ注目すべきことに、この一体はDNA分析によれば、両親ともヨーロッパ系集団に属していたのである。つまりヨーロッパ系男性と現地系男性の遺骨がいっしょに葬られていたことになる（水野・松下二〇二四）。

この時期に琉球に渡来したヨーロッパ人としては、一五四二～四四年に到来したポルトガル人や、一六一四～一五年に東インド会社の商船で来航したイギリス人などが確認される。ただしスペイン領フィリピンと琉球の間には、一五七〇年代から半世紀にわたって、日本貿易の中継地として商船が往来しており、その後も一五四〇年代まで、スペイン領のフィリピンや台湾から宣教師が琉球に潜入していた（真栄平二〇二〇：下五九～六一）。神座原古墳のヨーロッパ系遺骨も、スペイン人であった可能性がもっとも高いのではないか。

南海貿易の落日

冊封副使謝杰の証言

琉球船が最後にシャムに渡航してから九年後、一五七九年には尚永王を冊封するために、正使の蕭崇業《しょうすうぎょう》と副使の謝杰《しゃけつ》が琉球に渡航した。謝杰によれば、琉球には「日本館」があり、数百人の日本人が冊封船の到来を機に、交易しようと待ちかまえていた。彼らは日本刀をひっさげて出入し、冊封使一行が外出すると、道の両側にひしめいて見物に来るほどだった。琉球人はつねに日本人に負債があり、日本人は冊封の慶賀を名目として、実際には債務の取りたてに来ているのだという（夏子陽『使琉球録』所収、謝杰「御倭」「日東交市記」、万暦『福州府志』巻二五）。琉球は中継貿易が縮小を続けるなか、日本人から銀などを借り入れて、なんとか交易資本を調達していた。冊封船が到来すると、日本人は那覇に押しよせ、冊封船がもたらす中国商品を入手して債務を回収したのである。

さらに謝杰は琉球の海外貿易の趨勢について、興味深い証言を残している。それによれば、洪武年間には冊封船の乗員五〇〇人が、一人あたり一〇〇斤（約五九キロ）の商品を積んで交易することが許された。一五三四年の陳侃の冊封使節団でも、乗員五〇〇人が総計一万両、一人あたり二〇両前後の利益をあげた。一五六一年の郭汝霖《かくじょりん》の冊封使節団も二匹目のドジョウを狙ったが、その利益は乗員五〇〇人で総計六〇〇〇両、一人あたり一二両前後にとどまった。そして一五七九年の蕭崇業・謝杰の冊封使節団では、乗員四〇〇人で総計三〇〇〇両あまり、一人あたり八両の利益を得たにすぎなかったという。

そのうえで謝杰は、冊封船貿易の利潤減少の背景について、次のように指摘する。

一五三四年の冊封使の時には、琉球に交易に来る外国船は十数か国にのぼり、琉球人は四倍の利益をあげ、我々〔冊封使節団〕の利益も二倍に上った。一五六一年の冊封使の時には、琉球に交易に来る外国船は三、四か国にすぎず、琉球人の利益は減少し、我々の利益も減ってしまった。一五七九年の冊封使の時には、海禁が緩和され、漳州人はみずから南海貿易に赴くようになり、〔琉球には〕一隻も来航せず、琉球人の利益は絶えてしまった。我々の利益が絶えたのも、こうした趨勢の結果なのだ。

（夏子陽『使琉球録』所収、謝杰「琐言二条」）

一五三〇年代には琉球の中継貿易はなお活発で、多くの国々から商船が来航していた。しかし一五六〇年代になると、琉球の中継貿易は衰退し、海外商船の来航も急減する。そして一五七〇年代には、漳州—東南アジア貿易が解禁され、華人商船は琉球にほとんど来航しなくなる。これとともに冊封船の貿易利潤も減少の一途をたどったというのである。

貿易陶磁の激減

一六世紀後半に琉球の海外貿易が急速に衰退したという謝杰の証言は、文献史料だけではなく、貿易陶磁の出土状況からも確認することができる。那覇港での貿易陶磁の出土量は、一五世紀末期～一六世紀前期の二二一〇点から、一六世紀後半にはわずか一四点と激減している。同様に、首里城での出土数も三四三点から七三点、今帰仁グスクでの出土数も一二四五点から一一〇点と、大きく減少している（瀬戸二〇二三）。特に那覇港で劇的な減少を示すのは、それまで漳州—那覇間の密貿易によって大量の貿易陶磁を供給していた華人海商が、一六世紀後半には海澄から東南アジアへの合法的貿易や、九州への密貿易に一斉に転じたからだろう。

これに対し、九州東岸の豊後府内（現大分市）遺跡では、一六世紀後期に貿易陶磁の出土数が急増する。特にポルトガル船がマカオから大量に輸出していた景徳鎮青花が多く、福建海商がもたらしたと思われる漳州産青花がそれに次ぐ。また中国産の輸送用陶器壺の出土も多いが、琉球で出土するタイプの中国産陶器壺は急減している（吉田二〇〇八、續二〇二三）。こうした出土状況は、一六世紀後期には琉球を経ずに、貿易陶磁がポルトガル船や福建商船などによって直接九州に運ばれていたことを示す。

さらに堺遺跡でも、一六世紀後半には九州から搬入されたと思われる中国産・東南アジア産陶磁の出土が増加しているが、琉球で出土するタイプの中国産・東南アジア産陶器壺の出土はやはり激減している（續二〇二三）。これらの貿易陶磁もポルトガル船や福建商船により、琉球を介さずに九州に輸出され、堺にも運ばれたのだろう。一方、博多遺跡では一六世紀後期には貿易陶磁の出土量が減少しているが（田中二〇一一）、琉球—博多貿易の衰退もその一因にちがいない。

島津氏の圧力

一六世紀中期以降、琉球の中継貿易が斜陽に向かうのと表裏して、薩摩島津氏の琉球に対する政治的圧力が増大していった。一六世紀初頭、琉球王国が尚真王のもとで最盛期を迎えていたころ、島津氏は一族の内紛によって弱体化していた。一五〇八年には、島津宗家が琉球に対し、島津家の「印判」（渡航許可証）のない商船の交易を許さないように依頼し、領内の琉球貿易の統制を図っているが、琉球がそれに応じたとは考えがたい。

その後、一五五〇年代には島津貴久が薩摩の大半を掌握し、大隅にも勢力を広げていく。同時期に琉球王国の中継貿易は下り坂に向かっていたが、なおこの時点では、琉球と島津氏は対等な通交を行っていた。一五六一年には琉球が島津氏に対し、冊封使の来航に備え、島津氏領内から来航する商船の武器を一時的に収容し、島津氏の印判のない商船は追い返すと通知している（『島津家文書』一—一一〇六号）。ここでの印判携帯は、冊封使の来航時に倭寇的勢力が入港しないよう、琉球側から求めた措置である。

しかし一五七〇年代になると、島津氏は薩摩・大隅を掌握して日向にまで進出する一方、琉球の中継貿易はさらに衰落し、島津氏は琉球王府に対し高圧的な要求をつきつけるようになる。一五七五年には島津義久の家督相続を祝う琉球船（あや船）が到来したのに際し、琉球が島津氏の印判のない商船を受けいれたことなどを強く非難した。当時、島津氏は自領内のみならず、他国から琉球に向かう商船にも印判の所持を要求しており、また琉球に対し、島津氏と対立する日向伊東氏との通交貿易の中止も求めていた。それまで琉球が九州各地の勢力と自由に行っていた貿易を、島津氏が統制しようとしたのである。

斜陽の琉球王国は、島津氏の高圧的な要求に従うしかなかった。一五八七年に豊臣秀吉が九州征伐により島津氏を屈服させると、琉球は今度は豊臣政権の圧力にさらされ、一五九二年には秀吉の朝鮮侵略に際し、一万石以上の兵糧供出も余儀なくされる。一六〇〇年の関ヶ原の戦いの後、島津氏は政治的・経済的苦境を乗りきるため、琉球に対する圧力をさらに高めていく。島津氏による全面的軍事侵攻の足音は着々と迫りつつあった。

一六世紀末以降、琉球王国の対明貿易でも動揺が目立ちはじめる。この時期には琉球の進貢船がしばしば漂着・遭難している。おそらくそれまで琉球の海外通交を担っていた華人船員が、より利益の大きい漳州―東南アジア貿易や漳州―九州間の密貿易に転じ、進貢船が琉球で建造した小型船となるなど、航海・造船技術の低下が影響したのだろう。

同時期には、久米村華人以外の漳州出身者などが、琉球の対明通交・貿易に従事することも多くなる。そのなかには中国沿海での密貿易や、はては海賊行為にまで関与する者もあった。当時は久米村華人は対明通交に十分なマンパワーを提供できなくなっており、琉球王府は新たに漳州人などをリクルートせざるを得なかった。そのなかにはもともと対日密貿易に従事していた者も少なくなかったと思われ、朝貢貿易の利潤減少に苦しむ琉球人とともに、密貿易にも手を出していたのだろう（上里二〇〇九：一九〇～六）。

また一七世紀初頭には朱印船がルソン貿易の主役となるが、外洋航海に優れた朱印船は琉球を経由せず、長崎から東シナ海を直航して、八重山諸島と台湾の間を通ってルソンに向かうことが多かった。その後も九州―琉球―ルソン航路を往復する商船はあっただろうが、総じて琉球のルソン貿易の中継地としての役割も低下傾向にあった。

対明貿易の変容

明朝との朝貢貿易についても、一五五〇～七〇年代に年平均一・五～一・九隻であった進貢船の派遣数は、一五八〇～一六〇〇年代には〇・八～一隻とほぼ半減している（岡本二〇一〇：一八）。また附載商品としての蘇木の輸出は一五七九年で途絶し、その後は進貢品の琉球産硫黄と、附載商品の琉球産土夏布（芭蕉布）がおもな輸出品となっており、琉球船による南海産品の中継輸出もその役割を終えつつあった。この時期の琉球は、ポルトガル船のマカオ―長崎貿易、華人海商の対日密貿易、朱印船の南海貿易などのメインルートを補う、ローカルな中継貿易地へと後退していったのである。

冊封使夏子陽の証言

一六〇六年、尚寧王の冊封のため、夏子陽《かしよう》が正使として琉球に赴いた。彼は当時の琉球の状況を、次のように記している。「海上の島国のうち、琉球がもっとも貧しいという。その地には特産もなく、優れた人材も少ないので、商人もそこに赴こうとはしない。このため海上の珍奇な奢侈品も乏しいのだ。その進貢する物産もわずかなものだが、それも当然だろう」。かつて活発な海外貿易を支えていた久米村華人も、次のような状態であった。「各姓は没落し、わずかに蔡・鄭・林・程・梁・金の六姓が残っているが、族人はあまり多くない。（中略）居住地を営中〔久米村〕というが、今では大半が廃墟となっている」（夏子陽『使琉球録』群書質異）。いささか極言にすぎるとはいえ、琉球の海外貿易が衰退の一途をたどり、華人社会も凋落していたことは確かだろう。

その一方、日本人は大手を振ってまかり通っていた。夏子陽は琉球での見聞として、「千人近い日本人が抜き身の刀を持って交易しており、琉球はやがて日本に屈服してしまうだろう」とも述べている（万暦『福州府志』巻二五）。琉球が日本に屈服するという彼の予感は、わずか三年後に現実化することになる。

ただし琉球も、座して海外貿易の衰退に甘んじていたわけではない。夏子陽は帰国後、朝廷の儀礼を司る太常寺の次官となるが、一六〇七年に琉球国王尚寧は、昨年の冊封に対する謝恩使に託して、夏子陽らに咨文を送り、対明貿易の沈滞の打開を試みたのである。

最後の打開策　尚寧王はこの咨文で、まず琉球はかつて朝鮮や南海諸国と交易してきたが、今では久米村華人も衰亡し、南海貿易も途絶して、六〇年以上にわたり海外貿易の利益を失い、貧窮化していると訴える。実際にはこの時点でシャム貿易が途絶してから四七年になるが、ルソンを除く南海貿易が半世紀近く断絶していたことは確かである。

そのうえで尚寧王は、次のように請願する。「（福建の）総督・巡撫に通達して、文引を発給して（琉球への）通商を許し、毎年一、二隻の商船を定数として、東洋航路に準じて（関税を徴収し）、軍費に充てていただきたい」。一五六七年に明朝が海禁を緩和し、漳州―東南アジア貿易を解禁した際には、福建当局が華人海商に文引（渡航許可証）を発給して、

「東洋」「西洋」への渡航を許していた。尚寧は琉球にもこの制度を適応し、毎年一、二隻の華人海商に文引を発給して、琉球渡航を認めてほしいと要請したのである。

明朝の海禁緩和以降、それまで琉球との密貿易に従事していた漳州海商の多くは、利益が大きくかつ合法的な漳州―東南アジア貿易に転じてしまった。これに対し、琉球王府は年間一、二隻でも漳州―琉球間の合法的民間貿易のルートを開くことにより、漳州海商を琉球貿易に引き戻し、福州での朝貢貿易とともに対明通商の両輪としようとしたのだろう。

しかしこの要請に対する夏子陽らの回答はにべもないものだった。夏子陽らはまず、琉球への文引発行・通商公認は前例がないとはねつけ、もし華人海商の琉球通商を許せば、琉球は日本人もそれに引きこみ、ふたたび倭寇の跳梁を招きかねないとも述べる。そしてさきに琉球に渡航した際、実際に日本船が来航して交易を行っていたことも指摘し、「通商の議は断じて開くべからず」というゼロ回答を示したのである（宝案〇七―一一三）。

明朝の海禁緩和により、「東洋」航路のルソンなどには、華人海商が大量の中国産品をもたらしアメリカ銀と交易していた。もし尚寧王が要請したように、明朝が「東洋」航路に準じて華人商船の琉球渡航を公認すれば、中国産品と日本銀の新たな合法的交易ルートとして、琉球の海外貿易の頽勢を挽回することも期待できた。ただし琉球において日本人の横行を実見した夏子陽らが、華人海商と日本人の結託による倭寇の再来を危惧して、この要請を却下したのも無理のないことだった。

なお同年には、尚寧王はやはり謝恩使に託して上奏し、久米村華人の減少により朝貢を担う人材にも事欠いていると訴え、洪武帝が閩人三十六姓を下賜した前例にならって、新たに華人を下賜してほしいと請願した。この請願も却下されたものの、代替策としてかつて琉球に帰航する進貢船を護送した、漳州人の阮国・毛国鼎の二名を、琉球に入籍させ朝貢を担わせることが認められている（宝案〇四—〇五）。

南海貿易の終焉

一六〇六年に夏子陽が危惧したとおり、三年後の一六〇九年三月、島津氏は徳川幕府の認可を得て、ついに琉球への全面侵攻を発動した。四月には島津軍は首里城を包囲し、尚寧王は降伏して薩摩に連行された。こうして琉球が完全な独立国家として海外貿易を推進した古琉球時代は幕を下ろすことになる。一六一一年、尚寧王の琉球帰国にあたって、島津氏は「掟《おきて》一五カ条」を発布し、対明貿易で島津氏の注文品以外の商品を購入すること、島津氏の渡航許可証のない商人と交易すること、島津氏の領外に琉球商船を派遣することなどを禁じ、琉球王国の海上貿易を統制下に置いた。その後は江戸時代を通じて、琉球王国の海外貿易は、島津氏統制下での明朝・清朝との進貢貿易に限定されることになる。

ただしその後、一六一五年には島津氏の統制下ではあるが、琉球王国の最後の南海貿易が試みられている。同年九月、徳川家康は島津家久の申請により、琉球人にルソン渡航を認める朱印状を発給した（『異国渡海御朱印帳』）。当時、西国大名による朱印船派遣はほぼとだえており、幕府とスペインとの公的通交もこの年を最後に途絶しているが、民間商人の朱印船は依然としてルソンに渡航していた。島津氏はその統制下に、対明朝貢貿易とともに琉球―ルソン間の朱印船貿易も開くことを図り、幕府もそれを認めたのである。

琉球の朱印船派遣に際し、島津家久はフィリピン総督に次のような漢文書簡を送った。

琉球はもともと僻遠な異国でした。（中略）その後わが薩摩の属国となり、今に到るまで貢納を行っています。琉球は貴国と長年にわたり交易を続けていたと聞きます。この二〇年来、（琉球の）商船が往来していないのは、小国で財貨も乏しく、遺憾ながら通交を絶っていたためです。このたび日本の大将軍家康公は、琉球国司に朱印状を下賜し、長年絶えていた通交を開こうとしていますので、この小船に交易を許されるようお願いします。

（『江雲随筆』）

この書簡が記すように、一六一五年時点で、琉球とルソンの通交が二〇年来とだえていたとすれば、一五九〇年代までは琉球はなんらかの形でルソンと公的通交を行っていたことになる。なお同じく一六一五年には、イギリス東インド会社も平戸に加えて那覇にも商館を開き、南海貿易の拠点とすることを計画していた（真栄平二〇二〇：上六一〜七九）。

これらの計画が実現・継続すれば、琉球は島津氏の統制下とはいえ、南海貿易の窓口としての役割をはたしつづけた可能性がある。

しかし翌一六一六年に海外貿易に熱心だった家康が没すると、幕府の対外通商政策はより消極的になり、同年にはヨーロッパ船の入港地は長崎と平戸に制限され、那覇にイギリス商館を設置する計画も挫折した。一六一五年のルソンへの朱印船派遣計画を最後に、琉球船が南海諸国と通交を行った形跡も確認できない。一五二三年には日本船のルソン渡航が、二年後にはスペイン船の日本渡航が禁じられ、琉球はルソン—日本貿易の中継地としての役割も失った。その後も華人商船はなおルソンや台湾から琉球に渡航していたと思われるが、一六三五年に華人商船の来航が長崎一港に制限されてからは、華人商船によるルソン—琉球貿易もほぼ途絶したであろう。

こうして一六一五年を最後として、琉球船の南海貿易は、一四世紀末以来の歴史に終止符を打ったと考えられる。その後の琉球王国の海外貿易は、薩摩藩の統制下での明朝・清朝との朝貢貿易に限られることになった。一九世紀末、伊波普猷の青年時代には、かつて琉球王国が南海諸国と二〇〇年間以上にわたって海上交易をくりひろげたという歴史も、忘却の淵に沈んでいたのである。

「万国の津梁」の二〇〇年――エピローグ

一九〇三年、伊波普猷は「海の沖縄人」において、古琉球の海外貿易の活況を次のように思い描いている。「御物城《おものぐすく》下に暹羅、ボルネオ、フイリピンの商船碇船して那覇市中に南客の往来繁《しげ》きを見む。更に眼を転じて南の方マラッカ海峡の辺《ほとり》を見ずや、数隻のヤンバラー船が金、銀、絹糸、磁器、胡椒、香料、象牙、檀香等の物品を荷積みしつゝ今しも本国に向つて帆かけんとするの光景を見む」（ルビは中島による）。これは伊波がわずかな文献の記述から想像をふくらませたもので、マラッカに渡航した琉球船を中国式のジャンクではなく、琉球式の山原《やんばる》船とするような誤解もある。しかし全体として、伊波が抱いたイメージは、本書で論じた琉球王国の南海貿易の実態に近いものといえるだろう。

近年の古琉球史研究では、こうした琉球王国の海外貿易について、『歴代宝案』に記された明朝との朝貢貿易の動向により、一五世紀前期の永楽年間に最盛期をむかえ、一五世紀中期以降は長期低落傾向にあったと論じることが多い。それによれば、尚真王期の中央集権化や版図拡大も、海外貿易の発展にともなう王権の強化拡大というよりも、海外貿易の衰退に対応した内政強化策だと考えられるという。

しかし朝貢貿易は琉球の海外通交の中心ではあるが、琉球船はそれ以外にも多様な交易活動をくりひろげており、『歴代宝案』は琉球海域史の根本史料ではあるが、そこには記録されていない交易活動も多い。本書で論じたように、『歴代宝案』にくわえて、その他の漢籍・和文史料、ヨーロッパ史料、さらに考古資料などにより、琉球海外貿易の全体状況を展望してみると、また違った歴史像が見えてくるのである。

一五世紀中期以降、たしかに朝貢貿易は長期低落に向かうが、王朝交替期から尚真王期にかけて、福建・広東での私貿易の拡大、日本・朝鮮貿易の成長、南海貿易の多角化、那覇に来航する華人・南海商船との貿易などを通じて、琉球の海外貿易は全体としてなお活況を維持し、あるいはさらに発展していたと考えられる。那覇港における貿易陶磁の出土量が、一五世紀末〜一六世紀前半にピークを迎えることも、このことを裏付ける。一五二〇年代以降、朝貢貿易は一段と縮小するが、それでも一五三〇年代には、日本銀の大量流入により、琉球の中継貿易は最後の繁栄を迎えることになる。琉球の中継貿易が急激に衰退するのは、一五四〇年代に中国・東南アジア・日本を直接的に結ぶ貿易ルートが出現・拡大してからのことであった。

琉球の海外貿易が一四世紀後期から一六世紀中期まで、二〇〇年近くにわたり繁栄を享受できたのは、まず琉球が地理的に東アジア海域の中心的位置にあったためであった。現在の日本という国家、ないし日本列島という陸地の視点からすれば、琉球はその最南端の辺境にすぎない。しかし視点を東アジア海域に移せば、琉球は東・南シナ海域の結節点という中心性をもっている。たとえば香港やシンガポールは、陸地の視点からみれば、それぞれ中国大陸や東南アジア大陸部の南端という辺境にすぎない。しかし海域の視点から見れば、両者はいずれもアジア最大級の貿易中心地として機能している。同様の機能を一五・一六世紀の琉球もはたしていたのである。

さらに西方に目を転じれば、一五・一六世紀の琉球王国と同じような海上交易国家として、一二世紀のシチリア王国を挙げることができるだろう。シチリア王国は一二世紀初頭、北フランス、ノルマンディー出身のノルマン人傭兵が、シチリア島と南イタリアを征服して建てた王国である。シチリア島はヨーロッパという陸地、イタリアという国家から見れば南端の辺境である。しかし海域から見れば、東地中海と西地中海、ヨーロッパとアフリカとの結節点であり、地中海世界の地理的中心に位置していた。

一二世紀のシチリア王国では、ノルマン人の支配層のもとに、アラブ人、ギリシャ人、イタリア人、その他のヨーロッパ人が混在し、アラブ・イスラム文化、ギリシャ・ビザンツ文化、ラテン・キリスト教文化が併存していた。国王に仕える官僚や知識人にもアラブ人・ギリシャ人・ラテン人が含まれ、首都パレルモにはラテン系・ギリシャ系教会とイスラム教のモスクが建ち並んでいた。パレルモは地中海貿易の中核地点でもあり、エジプトとチュニジア・スペインを東西に結ぶ交易ルートの中継港であるとともに、ジェノヴァやヴェネチアを通じて西ヨーロッパの経済圏とも結びついていた（高山博『神秘の中世王国』東京大学出版会、一九九五年）。

こうした中世シチリア王国の姿は、現地の首長連合体と北方からの海上勢力や華人交易勢力が結びついて生まれた王権のもとに、琉球人とともに華人や日本人も共存し、中国・日本・朝鮮・南海諸国を結ぶ海上交易の結節点となっていた琉球王国も思い起こさせる。琉球王府には琉球人のほか久米村華人や日本人禅僧も仕え、首里・那覇には琉球固有の信仰の場とともに、中国系の仏教・道教寺院、日本系の仏教寺院や神社などが併存していた。両者はともに海域交流の拠点に成立した、多文化・多民族が混在する島嶼国家だったのである。

中世シチリア王国は、一二世紀末にノルマン系の王統が断絶して神聖ローマ帝国に併合され、一三世紀にはラテン・キリスト教化が進み、アラブ・イスラム系文化は消失していく。また北イタリア・フランス・スペインの商船が直接にエジプトや東地中海に渡航するようになり、シチリアは地中海貿易の中核としての役割もしだいに失っていった。これに対し、琉球王国はより長く、二世紀にわたって東アジア海域交流の一拠点としての機能を失うことはなかった。それは琉球の海域における地理的中心性とともに、明朝がこの二世紀の間、朝貢・海禁体制という特異な通商システムをとり、琉球がそれを補完するサブシステムとしての機能を果たしつづけたからであった。

明朝を中心に周辺諸国が一対一の国家貿易を行う放射状の朝貢体制のもとでは、宋元時代に華人海商によって担われていた、ネットワーク型の海上交易は機能不全に陥ってしまう。琉球の中継貿易は、こうした朝貢貿易システムの硬直性を補完するために不可欠なサブシステムとして、明代初期に組みこまれたのである。

一五世紀中期以降、海域アジアとの朝貢貿易は縮小し、福建・広東では華人海商の密貿易が拡大していく。ただしこの時期にも、琉球の中継貿易は朝貢・海禁体制の弛緩と連動して密貿易の比重を高めつつ、依然として東アジア海上貿易における重要なサブシステムとしての役割を担っていた。一六世紀前期には華人海商の南海密貿易がさらに拡大するが、対日密貿易はなお強く抑制されており、琉球の中継貿易は南シナ海域から東シナ海域にしだいに比重を移し、一五三〇年代に日本銀流入によって最後のピークをむかえたのである。一六世紀後半にいたり、明朝の朝貢・海禁体制が解体に向かい、東・南シナ海を直結する密貿易が急拡大するとともに、琉球の中継貿易も急速に衰退していくことになる。

しかしそれに先だつ二〇〇年近くを通じて、日明間の海上貿易のメインルートは、多分に断続的な日明朝貢貿易よりも、むしろ朝貢貿易・密貿易の双方を含めた琉球の中継貿易であった。また一五世紀中期の「明代のギャップ」による中国磁器の輸出急減期に、南シナ海域への主要な中国磁器（特に青磁）の供給ルートとなったのも琉球の中継貿易であり、磁器以外の中国産品についても同様だっただろう。琉球王国はこの二〇〇年にわたり、実際に東アジア海域における集散拠点、すなわち「万国の津梁」としての機能を果たしつづけていたのである。

あとがき

私が琉球史に関する研究に着手したのはかなり遅く、最初に琉球関連の論文を発表したのは二〇一三年、四九歳の時だった。その少し前から、大航海時代の東アジア海域史研究のためポルトガル語の独学をはじめ、ポルトガル史料に多くの琉球《レキオス》関連記事が残されていることを知ったのがきっかけである。その後は集中的に琉球関係のポルトガル史料を収集・検討し、その成果として刊行したのが、『大航海時代の海域アジアと琉球――レキオスを求めて』（思文閣出版、二〇二〇年）である。

同書ではおもにポルトガル・スペイン史料により、大航海時代初期にヨーロッパ人がアジア東端の交易国家としての琉球情報を得てから、一五四二年にポルトガル人が実際に琉球に到達するまでのプロセスを論じるとともに、それらの史料に記された琉球人の南海貿易の実態についても検証した。同書は特殊なテーマの専門書であるにもかかわらず、幸いにも琉球史以外の分野からもひろく反応があり、二〇二一年には第四一回沖縄タイムス出版文化賞、第六四回日経・経済図書文化賞、第三三回アジア・太平洋賞特別賞をいただくことができた。本書で琉球の中継貿易を朝貢貿易体制の「サブシステム」として論じているのも、杉原薫先生による日経・経済図書文化賞の選評（日本経済新聞、二〇二一年一一月三日）でのご指摘を受けたものである。

吉川弘文館の若山嘉秀氏から、同書の内容をふまえた一般書を、歴史文化ライブラリーの一冊として刊行することをご提案いただいたのも、二〇二一年のことであった。ただし六〇〇頁を超える同書全体を、読みやすくコンパクトにまとめることは難しかったため、琉球王国の南海貿易をテーマとすることにした。琉球王国の朝貢貿易については、すでにすぐれた一般書が何冊も刊行されているが、その南海貿易についての専著は、一般書・専門書を問わず、未刊行であったためでもある。

本書では琉球王国の南海貿易について、時間的・空間的な全体状況を描きだすことを試みた。時間的には南海貿易の開始前夜からその終焉まで、三世紀あまりの期間を通史的に叙述している。また空間的には『歴代宝案』に記事がなく、従来は見過ごされてきた諸国との交易についても、ヨーロッパ史料などにより全体的に検証している。さらに南海貿易と関連が深く、やはり『歴代宝案』だけでは十分に解明できない、日本・朝鮮貿易や福建・広東との密貿易の動向についても、新たな知見を示すことができたと考えている。

本書のうち、「尚真王期の南海貿易」の後半から、「南海貿易の変容と終焉」の前半までは、前著『大航海時代の海域アジアと琉球』をはじめ、おもに私のこれまでの研究成果に基づいている。他の部分はおおむね新たな内容となっているが、前著を参照した箇所も少なくない。そのなかには前著での解釈を改めた部分も若干ある。たとえば前著では尚円王の即位年を通説により一四六九年としたが、本書「王朝交替と海外貿易」では一四七〇年と推定している。本書では新たな内容が多くなったこともあり、予定の分量をかなり超過し、かつ原稿の完成も大きく遅れてしまったが、なんとか一書にまとめることができたのも、編集の若山氏のサポートによるところが大きく、あらためて厚くお礼を申しあげたい。

古琉球史の難しさは、近世琉球史にくらべてはるかに少ない史料で、歴史過程を探究しなければならない点にあり、かつその面白さは、近世琉球史以上に多様性のある史料で、その実態にアプローチしうる点にある。本書がそのようなアプローチで古琉球史を描くことができていれば幸いである。

二〇二四年一二月

中島楽章

主要参考文献

本書全体に関するもの

赤嶺守・朱徳蘭・謝必震編　二〇一三『中国と琉球　人の移動を探る』彩流社
安里延　一九四一『日本南方発展史』三省堂
上里隆史　二〇一八『海の王国・琉球』新装版、ボーダーインク
内田晶子・高瀬恭子・池谷望子　二〇〇九『アジアの海の古琉球』榕樹書林
岡本弘道　二〇一〇『琉球王国海上交渉史研究』榕樹書林
沖縄県文化振興会史料編集室編　二〇一〇『沖縄県史各論編第三巻　古琉球』沖縄県教育委員会
小葉田淳　一九三九『中世南島通交貿易史の研究』日本評論社
関周一　二〇一五『中世の唐物と伝来技術』吉川弘文館
瀬戸哲也　二〇二二「考古学からみる琉球国の形成過程」『歴史学研究』一〇二四
瀬戸哲也　二〇二三「今帰仁グスクにおける貿易陶磁研究」『貿易陶磁研究』四三
高橋康夫　二〇一五『海の「京都」』京都大学学術出版会
高良倉吉　一九八〇『琉球の時代』筑摩書房
高良倉吉　一九九三『琉球王国』岩波書店
高良倉吉　一九九八『アジアのなかの琉球王国』吉川弘文館

續伸一郎　二〇二三「堺環濠都市遺跡から出土した貿易陶磁器」『貿易陶磁研究』四三
豊見山和行　二〇〇二「南の琉球」入間田宣夫・豊見山和行『北の平泉、南の琉球』中央公論新社
中島楽章　二〇二〇『大航海時代の海域アジアと琉球』思文閣出版
東恩納寛惇　一九四一『黎明期の海外交通史』帝国教育会出版部
真栄平房昭　二〇二〇『琉球海域史論』上・下、榕樹書林
村井章介　二〇一三『日本中世境界史論』岩波書店
村井章介　二〇一九『古琉球　海洋アジアの輝ける王国』角川書店
琉球新報社編　一九九一『新琉球史　古琉球編』琉球新報社
吉岡康暢・門上秀叡　二〇一一『琉球出土陶磁社会史研究』真陽社
リード・アンソニー　二〇〇二『大航海時代の東南アジア』Ⅱ（平野秀秋・田中優子訳）、法政大学出版局
リード・アンソニー　二〇二一『世界史のなかの東南アジア』上（太田淳・長田紀之監訳）、名古屋大学出版会
Reid, Anthony, 1999. *Charting the Shape of Early Modern Southeast Asia*, Chiang Mai: Silkworm Books.

海上王国の船出

安里進　二〇〇六『琉球の王権とグスク』山川出版社
上田信　二〇一六『貨幣の条件』筑摩書房

榎本渉　二〇〇七『東アジア海域と日中交流』吉川弘文館
柴田圭子　二〇一七「消費地遺跡からみた元末明初中国陶瓷の受容と流通」『貿易陶磁研究』三七
新里亮人　二〇一八『琉球国成立前夜の考古学』同成社
関口明　二〇一三「中世日本の北方社会とラッコ皮交易」『北海道大学総合博物館研究報告』六
真栄平房昭　一九八三「琉球＝東南アジア貿易の展開と華僑社会」『九州史学』七六
宮城弘樹　二〇二二「琉球列島の出土銭貨」中島圭一編『日本の中世貨幣と東アジア』勉誠出版
向正樹　二〇二四『クビライと南の海域世界』大阪大学出版会
村井章介　二〇一三『日本中世の異文化接触』東京大学出版会
森達也　二〇一五『中国青瓷の研究』汲古書院
山内晋次　二〇一九「海を渡る硫黄」鈴木英明編『東アジア海域から眺望する世界史』明石書店
横手裕　二〇一五『道教の歴史』山川出版社
吉成直樹　二〇一一『琉球の成立』南方新社
Chen, Dasheng, 1992. "A Brunei Sultan in the Early 14th Century," *Journal of Southeast Asian Studies*, 23-1.
Cooke, Niall P. et al., 2023. "Genomic Insights into a Tripartite Ancestry in the Southern Ryukyu Islands," *Evolutionary Human Sciences*, 5.
Reid, Anthony, 2010. "Hybrid Identities in the Fifteenth Century Straits," in Geoff Wade and Sun Laichen eds., *Southeast Asia in the Fifteenth Century*, Singapole: NUS Press.
Smits, Gregory, 2019. *Maritime Ryukyu: 1050-1650*, Honolulu: University of Hawaii Press.

南海貿易の発展

青山亨　二〇〇一「シンガサリ＝マジャパヒト王国」石澤良昭編『東南アジア古代国家の成立と展開』岩波書店

石井米雄　二〇二〇「港市国家アユタヤー」飯島明子・小泉順子編『タイ史』山川出版社

小川博　一九九八『中国人の南方見聞録』吉川弘文館

深見純夫　二〇〇一「海峡の覇者」石澤良昭編『東南アジア古代国家の成立と展開』岩波書店

深見純夫　二〇一三「タイ湾における暹の登場と発展」『南方文化』四〇

松浦史明　二〇二三「東南アジアの十四世紀と気候不順」千葉敏之編『一三四八年　気候不順と生存危機』山川出版社

山﨑岳　二〇二二「アジア海域における近世的国際秩序の形成」荒川正晴他編『構造化される世界　一四～一九世紀』岩波書店

和田久徳　一九六七「十五世紀初期のスマトラにおける華僑社会」『お茶の水女子大学人文科学紀要』二〇

和田久徳　一九八一「十五世紀のジャワにおける中国人の通商活動」『論集近代中国研究』山川出版社

Brown, Roxanna M. 2010. “A Ming Gap? Data from Southeast Asia Shipwreck Cargos,” in Geoff Wade and Sun Laichen eds., *Southeast Asia in the Fifteenth Century*, Singapole: NUS Press.

Kobata, Atsushi and Mitsugu Matsuda, 1969. *Ryukyuan Relations with Korea and South Sea Countries*, Kyoto: Atsushi Kobata.

王朝交替と海外貿易

荒木和憲　二〇〇六「一五・一六世紀の島津氏—琉球関係」『九州史学』一四四
荒木和憲　二〇二一「古琉球王権論」『国立歴史民俗博物館研究報告』二二六
伊藤幸司　二〇二一『中世の博多とアジア』勉誠出版
上里隆史・深瀬公一郎・渡辺美季　二〇〇五「沖縄県立博物館蔵『琉球國圖』」『古文書研究』六〇
鄭成一　二〇一一「朝鮮と琉球の物流」河宇鳳他『朝鮮と琉球』（金東善他訳）榕樹書林
小島瓔禮　一九八六「芥隠承琥伝」『球陽論叢』ひるぎ社
瀬戸哲也　二〇二一「出土陶磁器から見た首里グスク」島村幸一編『首里城を解く』勉誠出版
高瀬恭子　一九八五「明代琉球国の「久米村人」の勢力について」『南島　その歴史と文化』5、国書刊行会
高瀬恭子　二〇〇三「同時代史料にみる古琉球の王たち」『史料編集室紀要』二八
高良倉吉　一九九三「琉球王国における拠点中枢機能の構造覚書」比嘉政夫編『海洋文化論』凱風社
冨村真演　一九七六「尚円王考」『南島　その歴史と文化』国書刊行会
橋本雄　二〇〇五『中世日本の国際関係』吉川弘文館
松井和幸・新郷英弘　二〇二四『鋳物と職人の文化史』吉川弘文館
宮本義己　一九九五「室町幕府と琉球使節」『南島史学』四五
矢野美沙子　二〇一四『古琉球期首里王府の研究』校倉書房

尚真王期の南海貿易

荒木和憲　二〇〇七『中世対馬宗氏領国と朝鮮』山川出版社
市村高男　二〇一〇「中世の航路と港湾」荒野泰典他編『倭寇と「日本国王」』吉川弘文館
大田由紀夫　二〇二一『銭躍る東シナ海』講談社
菊池百合子　二〇一七『ベトナム北部における貿易港の考古学的研究』雄山閣
高良倉吉　一九八七『琉球王国の構造』吉川弘文館
田中克子　二〇一一「博多遺跡出土の中国陶磁器と対外交易」『博多研究会誌』二〇周年記念特別号
續伸一郎　二〇二二「首里城二階殿地区から出土したチャンパ黒釉四耳壺」『貿易陶磁研究』四二
橋本雄　一九九八「撰銭令と列島内外の銭貨流通」『出土銭貨』九
弘末雅士　二〇〇四『東南アジアの港市世界』岩波書店
古澤義久　二〇二一「永楽通宝の日本流入に関する一考察」『七隈史学』二三
村井章介他編　二〇一五『日明関係史研究入門』勉誠出版
山田浩世　二〇一二「明清代東アジア海域における渡航証明書の役割について」『沖縄文化』一一二
山崎岳　二〇一三「ムラカ王国の勃興」中島楽章編『南蛮・紅毛・唐人』思文閣出版
Tana, Li, 2024. *A Maritime Vietnam*, Cambridge: Cambridge University Press.
Whitmore, John K., 2011. "'Mac Gap' and the End of the Jiaozhi Ocean System," in Nola Cooke et al. eds., *The Tongking Gulf Through History*, Philadelphia: University of Pennsylvania Press.

岩井茂樹　二〇二〇『朝貢・海禁・互市』名古屋大学出版会
岡本良知　一九八七「Japanといふ語の由来」同『キリシタンの時代』八木書店
合田昌史　二〇〇六『マゼラン』京都大学学術出版会
小葉田淳　一九七六『金銀貿易史の研究』法政大学出版局
菅原正子　二〇二二「一五・一六世紀日本の「島織物」と島」『国際服飾学会誌』六一
濱下武志　一九九八「南海海域通航史のなかの琉球」『琉球をめぐる日本・南海の地域交流史』科研費成果報告書
前嶋信次　一九七一『東西文化交流の諸相』誠文堂新光社
的場節子　二〇〇七『ジパングと日本　日欧の遭遇』吉川弘文館
吉田寛　二〇〇八「陶磁器から見た大友氏の南蛮貿易」鹿毛敏夫編『戦国大名大友氏と豊後府内』高志書院
湯開建　一九九八『明清士大夫与澳門』澳門基金会
Cortesão, Armando, 1935. *Cartografia e Cartógrafos Portugueses dos Séculos XV e XVI*, 2 vols., Lisboa: Seara Nova.
Loureiro, Rui Manuel, 2000. *Fidalgos, Missionários e Mandarins*, Lisboa: Fundação Oriente.
Perret, Daniel, 2004. "Patani dans les grands réseaux marchands du XVIIe siècle," in *Études sur l'histoire du sultanat de Patani*, Paris: École française d'Extrême-Orient.

Thomaz, Luis Filipe F.R., 2000. "Melaka and Its Merchant Communities at the Turn of the Sixteenth Century," in Denys Lombard and Jean Aubin eds., *Asian Merchants and Businessmen in the Indian Ocean and the China Sea*, Oxford: Oxford University Press.

南海貿易の変容と終焉

上里隆史　二〇〇五「古琉球・那覇の「倭人」居留地と環シナ海世界」『史学雑誌』一一四―七
上里隆史　二〇〇九『琉日戦争一六〇九』ボーダーインク
上田信　二〇一三『戦国日本を見た中国人』講談社
梅原弘光　二〇一三『スペインはなぜフィリピンを占領したのか?』書籍工房早山
屋良健一郎　二〇一八「中近世の種子島と島津氏」木村直樹・牧原成征編『十七世紀日本の秩序形成』吉川弘文館
岸野久　一九八九『西欧人の日本発見』吉川弘文館
岸野久　一九九八『ザビエルと日本』吉川弘文館
黒嶋敏　二〇一六『琉球王国と戦国大名』吉川弘文館
中島楽章　二〇二四「一五四〇年代の東アジア海上貿易と琉球・九州」『史学雑誌』一三三―七
夫馬進編　一九九九『増訂　使琉球録解題及び研究』榕樹書林
水野文月・松下真実　二〇二四「遺骸と科学分析2　沖縄県南城市神座原古墓群の人骨分析から」松原典明編『近世大名家　墓の形成と背景』雄山閣

村井章介　一九九三『中世倭人伝』岩波書店

Schurhammer, Georg, 1963. "O Descobrimento do Japão pelos Portugueses no Ano de 1543," in *Orientalia*, Lisboa: Centro de Estudos Históricos.

主要史料

池谷望子・高瀬恭子・池谷望子編訳『朝鮮王朝実録　琉球史料集成』訳注編・原文編、榕樹書林、二〇〇五年

沖縄県教育庁文化課　一九七八『辞令書等古文書調査報告書』沖縄県教育委員会

那覇市史編集室編『家譜資料』(一)〜(四)、那覇市史編纂室、一九七六〜八三年

波照間永吉校注『おもろさうし』ゆまに書房、二〇一三年

原田禹雄訳注『明代琉球資料集成』榕樹書林、二〇〇四年

和田久徳校訂・訳注『歴代宝案』校訂本・訳注本、第一・二冊、沖縄県教育委員会、一九九二〜九七年

和田久徳他『『明実録』の琉球史料』(一)〜(三)(沖縄県文化振興会公文書管理部史料編集室、二〇〇一〜〇六年

黄彰健校勘『明実録　附校勘記』中央研究院歴史語言研究所、一九六二〜六八年

国史編纂委員会編『朝鮮王朝実録』国史編纂委員会、一九五五〜六三年

夏子陽(原田禹雄訳注)『使琉球録』榕樹書林、二〇〇一年

蔡温『中山世譜』伊波普猷他編『琉球史料叢書』東京美術、一九七二年

申叔舟（田中健夫訳注）『海東諸国紀』岩波書店、一九九一年
陳侃（原田禹雄訳注）『使琉球録』榕樹社、一九九五年
馬歓（万明校注）『馬歓《瀛涯勝覧》校注』海洋出版社、二〇〇五年
トメ・ピレス（生田滋他訳注）『東方諸国記』岩波書店、一九六六年
フェルナン・メンデス・ピント（岡村多希子訳）『東洋遍歴記』全三冊、平凡社、一九七九〜八〇年
Barros, João de, *Ásia de João de Barros*, 4 vols., Lisboa: Agência Geral das Colónias, 1945-46.
Cartas de Affonso de Albuquerque, 7 vols., Lisboa: Academia Real das Ciencias de Lisboa, 1884.
Blair, Emma Helen and James Alexander Robertson, eds. *The Philippine Islands, 1493-1898*, 55 vols., Cleveland: Arthur H. Clark, 1903-1911.
Garcia, José Manuel, 2007. *Viagem de Fernão de Magalhães e os Portugueses*, Lisboa: Editorial Presença.
Loureiro, Rui Manuel, 1992. *Cartas dos Cativos de Cantão, Cristóvão Vieira e Vasco Calvo (1524?)*, Macao: Instituto Cultural de Macau.
Manfroni, Camillo, *Relazioni del primo viaggio intorno al mondo di Antonio Pigafetta*, Milano: Alpes, 1928.
Shaw, Carlos Martinez, *Garcia de Escalante Alvarado: Viaje a las Islas del Poniente, Santander*: Serviso de Publicaciones de la Universidad de Cantabria, 1999

著者紹介

一九六四年、長野県に生まれる
一九八九年、早稲田大学文学研究科修士課程修了
一九九八年、博士（文学）（早稲田大学）
現在、九州大学大学院人文科学研究院准教授

〔主要編著書〕
『明代郷村の紛争と秩序―徽州文書を史料として―』（汲古書院、二〇〇二年）
『徽州商人と明清中国』（山川出版社、二〇〇九年）
『南蛮・紅毛・唐人―一六・一七世紀の東アジア海域―』（編著、思文閣出版、二〇一三年）
『大航海時代の海域アジアと琉球―レキオスを求めて―』（思文閣出版、二〇二〇年）

歴史文化ライブラリー
618

琉球王国の南海貿易
「万国津梁」の二〇〇年

二〇二五年（令和七）五月一日　第一刷発行

著　者　中《なか》島《じま》楽《がく》章《しょう》

発行者　吉川道郎

発行所　株式会社　吉川弘文館
東京都文京区本郷七丁目二番八号
郵便番号一一三―〇〇三三
電話〇三―三八一三―九一五一〈代表〉
振替口座〇〇一〇〇―五―二四四
https://www.yoshikawa-k.co.jp/

印刷＝株式会社 平文社
製本＝ナショナル製本協同組合
装幀＝清水良洋・宮崎萌美

ISBN978-4-642-30618-8

歴史文化ライブラリー

1996.10

刊行のことば

現今の日本および国際社会は、さまざまな面で大変動の時代を迎えておりますが、近づきつつある二十一世紀は人類史の到達点として、物質的な繁栄のみならず文化や自然・社会環境を謳歌できる平和な社会でなければなりません。しかしながら高度成長・技術革新にともなう急激な変貌は「自己本位な刹那主義」の風潮を生みだし、先人が築いてきた歴史や文化に学ぶ余裕もなく、いまだ明るい人類の将来が展望できていないようにも見えます。このような状況を踏まえ、よりよい二十一世紀社会を築くために、人類誕生から現在に至る「人類の遺産・教訓」としてのあらゆる分野の歴史と文化を「歴史文化ライブラリー」として刊行することといたしました。

小社は、安政四年（一八五七）の創業以来、一貫して歴史学を中心とした専門出版社として書籍を刊行しつづけてまいりました。その経験を生かし、学問成果にもとづいた本叢書を刊行し社会的要請に応えて行きたいと考えております。

現代は、マスメディアが発達した高度情報化社会といわれますが、私どもはあくまでも活字を主体とした出版こそ、ものの本質を考える基礎と信じ、本叢書をとおして社会に訴えてまいりたいと思います。これから生まれでる一冊一冊が、それぞれの読者を知的冒険の旅へと誘い、希望に満ちた人類の未来を構築する糧となれば幸いです。

吉川弘文館